# 纸本书挽歌

罗维扬 著

WUHAN UNIVERSITY PRESS
武汉大学出版社

**图书在版编目(CIP)数据**

纸本书挽歌/罗维扬著．—武汉：武汉大学出版社，2012.7
ISBN 978-7-307-09921-0

Ⅰ.纸…　Ⅱ.罗…　Ⅲ.图书—出版工作—研究　Ⅳ.G23

中国版本图书馆 CIP 数据核字(2012)第 121183 号

责任编辑：张福臣　　责任校对：黄添生　　版式设计：韩闻锦

---

出版发行：**武汉大学出版社**　(430072　武昌　珞珈山)
(电子邮件：cbs22@whu.edu.cn　网址：www.wdp.com.cn)
印刷：武汉中科兴业印务有限公司
开本：880×1230　1/32　印张：10.125　字数：233 千字　插页：1
版次：2012 年 7 月第 1 版　　2012 年 7 月第 1 次印刷
ISBN 978-7-307-09921-0/G·2546　　定价：25.00 元

---

# 献　词

人是活的，书是死的；活人读死书，可以把书读活。好书有强大的生命力，它活在人们心目中；人“书”俱老，书比人长寿。

书为人所著，书为人所编，书为人所售，书为人所购，书为人所读，书为人所用，书乃人之友也。

书为人所信，但不能唯书是信，“尽信书不如无书”。

书为人所疑，才不断有新书问世。

书坛有花旦，如电子书；更有青衣，如纸本书。

在屏阅读超过纸阅读的当下，我想为有些沮丧的纸本书唱首歌,是挽歌，也是颂歌，更是一支思念之曲，“你从哪里来，我的朋友？”

谨以此书献给一切爱书人，献给一切用心读书并试图著书立说、想成名成家的人。

# 目　录

*CONTENTS*

# 屏阅读与纸阅读

高科技的发展，使得当今的出版传播有两种方式，即数字传播和印刷传播；当今的阅读相应地也有两种方式，即屏阅读和纸阅读。

所谓纸阅读，是指纸质出版物书、报、刊的阅读，而屏阅读则包括网络在线阅读、手机阅读、电子阅读器（电纸书）阅读、光盘读取，因为有大大小小的屏幕——iPhone、MP4、iPAD 和 Kindle（号称“金读”，是亚马逊公司开发的电子书阅览器），读书亦便成了“读屏”，所以叫“屏阅读”比较恰切，也与在纸面阅读的“纸阅读”般配。屏阅读是读一层没有厚度的平面上所显示的文图，只是具象，不是物质，只占有时间，不占领空间；而再薄的纸也是有厚度的，是物质的存在，占有三维空间。

联合国教科文组织的一项调查显示：全世界每年阅读书籍排名第一的是犹太人，一年平均每人是 64 本。上海在中国排名第一，只有 8 本。我国 13 亿人口，扣除教科书，平均每人一年读书一本都不到。

2009 年“世界读书日”活动时，温家宝总理指出：“读书决定一个人的修养和境界，关系一个民族的素质和力量，影响一个国家的前途和命运。一个不读书的人、不读书的民族，是没有希望的。”为此，他大力提倡全民要“读书好、好读书、读好书”。

前不久教育部公布的义务教育阶段19个学科科目的新课程标准提出，一名初中毕业的学生，课外阅读量要达到400万字以上。从小养成阅读习惯最重要。有阅读习惯的人心里最踏实，有阅读习惯的人不寂寞，阅读时接触的世界永远都那么清晰。

价格优势、购买便利等因素使读者转向屏阅读，屏阅读在阅读量上挤占了对传统纸质读物阅读瓣机会。独立实体书店，正遭受着房地产（房租）和网络书店的双重挤压。民营实体书店仅北京的风入松、第三极、光合作用、单向街图书馆，这些曾风行一时的独立书店此前已经一个个关张倒下了。实体书店倒闭不可怕，可怕的是蛰伏其后的支撑精神的坍塌。

连续几年的民众阅读率调查表明，屏阅读在上升，纸阅读在下降。

备考的、畅销的、通俗的、流行的、实用的、娱乐的书籍，被书店摆在最显眼的位置，以招徕顾客，而读书人要找自己想读的书，在高楼入云的购书中心里有如大海捞针。求知的、审美的、无功利的纸阅读明显疲软，纸本书的销路成了问题。

2009年5月6日，美国在线购物企业亚马逊公司首席执行官杰夫·贝索斯在纽约举行的记者招待会上展示大屏幕电子阅读器“Kindle DX”。

当日，亚马逊公司宣布推出这款大屏幕电子阅读器，其电子显示屏尺寸约为9.7英寸，机身厚度约0.8厘米，重约535克，存储容量3.3GB，最多可存储约3500本书。

一周之后，5月13日又传来一条“电纸书”的消息：

官杰夫·贝索斯在推销他的电子阅读器

两鬓花白的汉王科技董事长刘迎建拿着一本新近推出的“电纸书”，接受了《e视界》独家专访。

《e视界》：你手里这台电纸书听说刚刚在广交会上有500万美元的意向成交额？

刘迎建：500万美元其实不多，今年汉诺威展会上汉王就拿到了3万台的订单，在美国拉斯维加斯CES电子展上也红得发紫。目前欧洲、中东、俄罗斯等地的人非常看好这个产品，海外销量占了汉王电纸书总销售的近三成。

《e视界》：古人好打发，但电纸书要想大卖必须依赖内容资源，那么多新书的版权怎么解决？

刘迎建：我们刚刚和文字著作权协会签订全国性的战略协议，这个组织负责保障国内著作人的权益，而我们以后遇到的版权问题也只与该协会商谈即可。目前电纸书内置500本书，马上会提高到1000本，这一数目每月都会增长，用户获得的增值服务将会更多。

《e视界》：电纸书现在每本卖2000多元，你觉得大多数国内消费者能够接受吗？

刘迎建：目前的纸质书籍成本中，作者的版权费占不到10%，其余九成以上都是纸张、印刷、库存、销售等方面的成本。而到了电纸书时代，这90%的成本理论上都可以压缩。明年或许读者每下载一本新书只需付版权费即可，折算起来还不到纸质书价的3折，你说划算不？

《e视界》：你是否考虑过在电纸书增加更多的附加功能？

刘迎建：当然，下周我们就会推出带手写功能的新版本。我们还在与移动等运营商谈判，随后还会加入上网浏览、订阅杂志等功能，都是可以利用3G、WIFI等网络无线传输数据的。

《e视界》：年初你给电纸书定下50万台的销量任务，现在完成进度怎样？

刘迎建：销量每月都在翻番，现在我们已经超过索尼成为全球第二大电纸书制造商。按照这个速度，到年底月销量将达到9万台左右，50万台的年度目标肯定会超额完成。

电子阅读器和电纸书，只是叫法不同，其实都是电子书。电子书的好处是显而易见的：更低的生产成本，更少的发行费用，更环保，更方便购买、储存、检索与携带。随着技术的进步，使用电子阅读器与传统阅读体验之间的差距正在日益缩小，数字图书君临天下的日子看来不会远了。为此，我问自己：我写的这本书，是纸本书的颂歌，还是纸本书的挽歌呢？要不要把它写完？

不久又传来消息：名牌杂志、百年老刊美国《读者文摘》申请破产保护，有27年历史的法国中文报纸《欧洲日报》宣布2009年8月31日停刊，惜别华人读者。总部位于美国芝加哥的不列颠百科全书公司2012年3月13日宣布，将停印有244年历史的纸质版《不列颠百科全书》（又称《大英百科全书》），今后将只提供电子版。难道纸阅读的末日就要到来吗？

《人民日报》2012年4月20日报道：第九次全国国民阅读调查项目19日在京公布调查结果表明，不到一成的人认为自己读书多，网上阅读的人多了，愿意付费下载的少了。这表明了不尊重知识产权，爱占便宜、贪小便宜的国民心理。

除图书外，报纸、期刊等传统媒体的阅读量与阅读率均有所下降，18岁至70周岁的国民数字阅读方式的接触率为38.6%，比2010年上升了5.8个百分点，增幅为17.7%。在接触过数字化阅读方式的国民中，41.8%的人能够接受付费下载阅读，这一比例比2010年的53.8%明显下降。数字化阅读接触者总体能够接受一本电子书的平均价格为3.50元，比2010年增加0.05元。11.8%的数字阅读接触者在读完电子书后还曾购买过该书的纸质版。

网络在线阅读、手机阅读、电子阅读器阅读、光盘读取等数字化阅读方式的接触率，均有不同程度的上升。手机阅读人群平均每天进行手机阅读的时长接近40分钟，平均每年花费在手机阅读上的费用约为20元。手机阅读主要是网络小说、穿越小说等大众化的内容，所以读者集中在年轻人和学历较低者。

2011年我国国民包括书报刊和数字出版物在内的各种媒介的综合阅读率为77.6%，比2010年增加0.5个百分点。其中，图书阅读率为53.9%，较上年增加了1.6个百分点，连续第四年增长；报纸阅读率为63.1%、期刊阅读率为41.3%，分别较上年下降3.7和5.6个百分点。

从对传统纸质出版物阅读量的考察来看，2011年我国国民人均阅读图书、报纸和期刊分别为4.35本、100.70期（份）、6.67期（份）。除纸质图书阅读量外，本次调查还考察了国民对电子书的阅读数量。结果显示，2011年我国国民人均阅读电子书1.42本。

2012年5月29日，在京交会数字出版大会上，新闻出版总署科技与数字出版司司长张毅君向记者透露，去年中国数字出版产业总产值达到1400亿元，占新闻出版业总收入10%左右，比去年同期增长200亿元。2010年产值已经突破1000亿元大关，连续5年增长幅度按近或超50%，一举成为新闻出版业当之无愧的新的经济增长点。

据EnfoDesk易观智库最新发布的数据显示，2012年第1季度中国手机阅读市场总营收增速2.57%，达12.15亿元。其中，手机报收入为5.8亿元，环比出现负增长；其他营收为6.35亿元，环比增长7.4%。

中国新闻出版研究院院长、首席研究员郝振省分析，传统纸质图书的阅读率和阅读量双双上升，虽然幅度不是很大，但至少说明，传统阅读方式仍占重要地位。他说，我国的情况和发达国家不同，广大农村地区人口和城市中老年人口对传统纸质图书的阅读仍有很深的感情和牢固的习惯，随着生活水平的提高和寿命的提升，传统阅读仍有发展空间。

陕西省国家级教育教学调研员、全国校园文化建设先进工作者赵光务老师说："与其让孩子在网上蜻蜓点水地浏览这信息那信息的，还不如让孩子从头到尾、细细阅读品味一本好的纸质书。"

2012年6月初，在银川举办的第22届图书交易博览会上，谈到传统阅读和网络阅读时，畅销书《论语心得》的作者于丹说，不应该将这两种阅读方式对立起来，因为它们分别带给人不同的体验，应该让所有的阅读去成全一颗心。我享受网络阅读带来的便捷，也迷恋纸质书的墨香。虽然这是一个电子阅读的时代，但是翻纸质图书的感觉还是让我很留恋。同时，我也常常带着笔记本、带着手机阅读。书博会阅读大使、著名作家王蒙也指出，"现在读书的人少，一部分是受网络的影响，事实上，我们要承认网络阅读也是阅读，只是这样的阅读是浏览式的，往往不精。相信经过一段时间后，知识型、提升型的阅读会被重视。"

屏阅读和纸阅读并不矛盾，根据读者的各自需要，二者可以结合起来进行，相互补充，还可相互转换。近几年我的屏阅读的时间和数量已超过纸阅读，尽管我藏有几十年积累起来的几千册图书，仍然经不起纸本书的诱惑，每年要买二三十种我所需要的书。我的日均阅读量，不少于胡耀邦提出的每天两万字，经常超额。我的屏阅读，主要是网络在线阅读，有人说网络在线阅读只能是浅阅读，未免过于武断，我的网络在线阅读，同样是深阅读。每天我都要上新华网，点击"读书"和"副刊"栏目；上人民网，点击"文化"和"文史"栏目；上文新传媒网，点击"笔会·夜光杯"栏目；上国学网，点击"国学资讯"；上光明网，看评论员文章。我的网络阅读是先浏览目录，发现好文章，就打开读一遍，用得上的再"复制"、"粘贴"在我的文件夹内的空白文件里，进行“编辑”：变体，改成“宋体”；变号，改成“小三”；变色，将标题和重要段落涂成红色；再放大到“150%”；重命名，并冠之类别，如“文化”“人生”“时政”“科技”等，像藏书一样将它们分门别类地收藏起来，备忘、备查、备考、备用。我这样做，难道还是浅阅读吗？不，已转化为“深阅读”，并且是研究式的阅读，可以说是“研读”，这对我的研究大有好处，为我的写作积累着参考资料或素材。再就是利用“百度”，凡是我不知道的或有疑问的，我键入关键词，用“百度”或“谷歌”搜索，搜索到的资讯，还得鉴别其真伪和准确度，加以校勘；搜索不到的，更好，起码在网上还无人涉及，我正好加以研究。

一些家长像警察逮小偷一样防着上学的孩子偷偷上网，担心孩子上网玩游戏而耽误了学习。这种现象的产生有双方的原因，一是孩子缺乏鉴别力，缺乏自制力，经不起网络上的声色诱惑，而沉溺其中；二是家长缺乏引导力，不能引导孩子利用网络求知、解惑、怡情、益智。物质产品的极大丰富和信息爆炸造成的混乱，对人们的自控、自主能力带来前所未有的挑战。阅读价值观的变化，与生活观念的嬗变如影随形，时下大众阅读的标尺，躲不开物质和精神的孰重孰轻谁先谁后的本能选择：是做金钱和物质的奴隶，还是做金钱和物质的主人？是让物质和信息为我所用，还是被物质和信息淹没，任其左右，被它牵着鼻子走？这是个问题，是“人之为人”的大问题，是每个人必须解决的问题！

我不用手机阅读，却在网上发现中国移动将我的《三色堇》一书的电子文本收进它的“阅读基地”里去了，舍弃了原封面，设计了新封面，没给我报酬，我无意打官司去讨，因为太麻烦，得不偿失；我没打算买电子阅读器或电纸书。我的藏书早够我这辈子读了，它的电子书我基本不需要。在网上我也免费下载过几种电子书，但基本没读。

我的纸阅读，主要是读书，另有中国作家协会赠送的《文艺报》，和我自费订阅的三种期刊：《读书文摘》、《随笔》、《文学自由谈》。

屏阅读和纸阅读各有利弊。屏阅读，方便、快捷，能得到最新资讯，它是批发的流水线生产的“方便食品”，具有普适性，多半是大路货，它的最大好处，是不消耗木材，最大的坏处是伤眼睛、损视力；纸阅读的好处是贴近、亲切、舒适、任意打开或合拢，随时停止，随手放下，翻三覆四，什么时候想起来便接着读或反复读，可以一目十行地浏览，也可以摇头晃脑地诵读，领会其精神，吸收其营养，它的可触摸和书香味更合乎人性。屏阅读的感觉，是向外界表明“我在读书”，既有怕别人看见的窥视心理，又有想让别人羡慕的炫耀心理，其出发点是打发时间，消磨时光，是消愁，是解闷儿，是一次性阅读，如过眼云烟，读过撂过，不再理它；而纸阅读的感觉是“我读我的书”，是“开小灶”，是享用烹调食品，读书是为我自己，不管别人看见还是看不见，专心致志，怡然自得，入心入脑，融进自己的血液里。用灵魂和内心体察咀嚼文字的美感的阅读态度，今天显得弥足珍贵。

纸阅读永远不会被屏阅读全部取代，它可能暂时减少，但还会慢慢地多起来。

笔者立足中国，放眼世界，以历史的纵深感研究人与书的关系，专讲纸本书的写作、编辑、复制（印刷）和发行，还讲书的昨天、今天与明天。读了这本书，你就知道了编辑出版的常识、常规，可以自己动手来编辑印制纸本书了。就像走进一间“书吧”（有如“印客”），比走进制陶、纺织、刺绣等作坊的DIY有趣多了，高级多了，也更有意义，更有人文价值。

若说，我比着现成的纸本书，照葫芦画瓢，也会编书印书的。那你一定是一个聪明人。但现成的书，是别人编辑出版的结果，它的编辑出版的过程你无从知晓。这本书是讲编辑出版常识、常规，讲编辑出版内涵，讲编辑出版过程，你实践这个过程，才能得到你自己的结果。不是常说，重要的不是结果，而是要享受那个过程吗？

再说，你看现成的书，只是感觉，而不是理解。感觉到的东西，并不能马上理解它；只有理解了的东西，才能更深刻的感觉它。

本书以书史为纲，打通著作界和编辑出版界，取法乎上，对孔子、毕昇、张元济、鲁迅、叶圣陶、孙犁、钱锺书/周振甫、赵家璧、叶永烈、王选等取得卓越成就、享有崇高地位、具有深远影响的著名人物进行个案分析，既有综述，又有生动细节，从他们的经历和经验中，接受最切实、最生动的编辑出版学、写作学和编辑出版史、文章史的教育，上的是中国文化课，学的是著述和编辑出版的本领。

我国已有上百所高等院校开设了编辑出版专业，有本科层次的，还有硕士研究生层次的。他们要学习四至六年，光专业课就有十几门，毕业了出版机构还不一定接受他参加编辑出版工作。而这本书，几乎将他们所学习的内容，融会贯通，发扬光大，用通俗的语言表达出来，既有趣，又有益，还有可操作性。读读这本书，对于屏阅读读者和纸阅读读者，以及电子书和纸本书的著作者和编辑出版者，不无好处。

# 书从哪里来?

## 一

若问，你这本书是从哪里来的?答案将是各种各样的。

甲说，是用钱买来的。——这说明，书是商品。

乙说，是印刷厂印的。——这说明，书是工业产品。

丙说，是出版社出版的。——这说明，书是出版物，由专门的出版机构出版。

丁说，是作家写的。——这说明，书是著作者的著作。

戊说，是祖上传下来的。——这说明，书是财产，可以作为遗产传给后代。

己说，是人家送给我的。——这说明，书还可以作为礼物送人。

庚说，是从图书馆借来的。——这说明，书可能是公物，供民众借阅，遗失或损坏了要赔偿。

辛说，是“漂流”来的。——这说明，书可以像漂流瓶那样“漂流”，无论什么人都可以随便拿走，阅读后归还原处，再供别人取去阅读。

壬说：这是农村书屋办公室配发农家书屋的。——这说明书是政府赠送的公益品。

癸说：是从网上下载的。——这说明，书也可以是数码，是电子产品。

以上十位回答都不错，但都不完全，都不够严密。

## 二

那么，书到底是从哪里来的，书是什么呢？

书，是书籍的简称。用纸张印出来的书，叫纸本书、纸质书，或纸印本。

难道还有不是用纸印出来的书吗？

有。有用像纸一样平展光洁的塑料薄膜印出来的书，有用比纸更柔软更耐磨的丝绸印出来的书，还有用比纸贵重得多的金箔印出来的书哩。

就是用纸印出来的书，也可使用各种各样的纸张。有的纸洁白，有的纸不怎么白，还有红、黄、绿、蓝等颜色的专色纸；有的纸硬，有的纸软；有的纸轻，有的纸重（指比重，即一平方米多少克，如60克胶版纸）；有的纸韧性好，结实耐翻；有的纸抗拉性能差，卷曲、折叠容易破碎；有的纸贵（卷筒纸每吨多少元），有的纸便宜。

印书要用油墨，油墨通常是黑色的，但也有红、黄、蓝、绿等颜色的油墨，不同颜色不同质地不同价格的纸张和不同油墨印出来的书，其视觉效果、触觉效果是不一样的。

你说书是商品，但它不同于超市里出售的一般日用品和食品，也不同于各种商店里可以买到的其他物质商品，还不同于文具商店经营的纸制品、印刷品，如没有内容的作业本、笔记本、账本、帕纸簿等，书是印着文图内容具有精神内涵的特殊商品。

你说书是工业产品，但有的书并不是工厂生产出来的，如网络上的书，它是借助互联网传播的信息，供网民浏览、阅读，也可以购买、下载、收藏。这种电子书，没有物质形态，是双手无从把握的虚拟书，只能在线阅读，借助阅读器阅读，即时阅读；而纸印书，可以拿在手上看，摊在桌上看，不想看了可以搁置在身边或别的地方，以后拿起来再接着看。纸印书是现实的客观的存在物，它不受时间和地点的限制，可以超越时空。

你说书是出版物，但它不是唯一出版物，用纸张印制的出版物，还有报纸、期刊和图片、文告等散页。书籍和报纸、期刊，在纸质出版物中是并列的三大类。纸质出版物之外，还有缩微胶卷、盒带、光盘、电子书、电纸书等出版物，还有没有物化只是信息的网络出版。

你说书是著作，但有的著作发表在报纸、期刊和网络上，并没有印成书；有的著作是手写、打印或复印在纸上的，尚未公开发表，但可以在著作者允许的范围内传阅。

你说书是收藏品，但书的主要功能是供阅读，即使专供收藏的书籍，也可以使用，不像别的收藏品那样罩在玻璃容器里，只能做“近距离观察”，不许触摸，不准动它。图书馆的藏书，也是收藏品，它是集中收藏，以供读者大众或特别许可的对象借阅。只有国家版本书库，只收藏，不外借。

你说书可以作为礼品，但它又不同于别的礼品，送给你吃，送给你喝，送给你穿，送给你戴，送给你玩，而是送给你阅读。所谓礼品书，其装帧、制作讲究一些，高档一些，豪华一些，但与同种书的普通版本，内容是一样的。礼品书的商品价值高一些，卖得贵一些，但其精神内涵，并不比普通版的同一种书高贵、深厚。

你说书是公物，公共图书馆的藏书确实属于公共财产、国家财产。与其说它是公物，不如说它是“公器”。我国有“学术乃天下公器，人皆不可得而私之”之古训。作为书本的内容，本是个人的创造、创作，一旦公开发表，进入社会，就成了全社会的精神财富，可以供众人、后人学习和研究。书的著作者拥有著作权，著作权分人身权利和经济权利，著作者的经济权利通常为50年，50年以后著作权只剩下它的人身权利，即著作者的署名权；这著作再版或重印，著作者和拥有著作的继承权者，便得不到经济报酬了。

你说书是“漂流”物，这种“漂流书”是从漂流瓶演变而来的简易借阅方式，即不履行借阅登记、不用钱物抵押、不追究去向，而无偿地随意借阅，它检验和培养着人们的诚信品质。如果取而不还，中饱私囊，它就无从继续“漂流”而“终结”了，等于你无偿地占有了别人的私有财产，算是“窃书”。鲁迅笔下的孔乙己狡辩道，“窃书不为偷”！

你说书是政府赠送的公益品，但这种书一般不具有实用价值，不能吃，不能喝，不能穿，不能戴，只能拿在手里看。书提供的是精神食粮，或者说提供精神营养，这种营养只能养心，而不能养身。当然有些书有实用价值，比如怎样种小麦，怎样养鸡，怎样制作家具，但也是在读者读懂了，读进心里去了，才能照着做。

## 三

你说，我的著作尚未出版，那有没有著作权哩？回答是肯定的。义务教育阶段的学生完成老师布置的作业，一般来说是不能称为著作的。可以称为著作的，是独创性作品、完整的作品、比较成熟的作品。作品一旦完成，其著作者就拥有了著作权，出版社出版你的著作，是使用你的著作权，属于著作权的有限转让，必须签订出版合同，是得到你的允许而接受转让的，要付给报酬，即稿酬。

出版社出版你的著作，但出版社有权对你的著作进行编辑和适当加工，然后才予以出版。

## 四

编辑和出版不是一回事吗？

这就要弄清楚，什么是编辑，什么是出版了。

所谓出版，包括三个环节。

一是编辑，二是复制，三是发行。也就是业内人士常说的“编、印、发”。

先说编辑。

编辑，这个词儿，这个概念，有五个义项。

作为名词的“编辑”，有两种含义。

一是职业，指出版机构内从事编辑工作的人员，如“他在报社当编辑”。

二是职称，指编辑工作人员的专业技术职务，如“他评上了编辑”。出版社、期刊社的出版专业技术职务称分为四个档次，初级的叫“助理编辑”，中级的就叫“编辑”，高级的有副高和正高，副高叫“副编审”，正高叫“编审”。又有文字编辑、美术编辑和技术编辑之分，技术编辑从事编辑出版的事务性工作。

作为动词的“编辑”，有三种含义。

一是指编辑活动和编辑工作。如“主编说，这篇稿子你编（辑）一下吧！”你就是该稿件的责任编辑了。

二是电脑程序的编辑。电脑显示器屏幕上方“文件、编辑、查看、收藏、工具、帮助”里的“编辑”，“编辑”菜单上列有“撤销重命名、剪贴、复制、粘贴、粘贴快捷方式、复制到文件夹、移动到文件夹、全部选定、反向选择”等项，你可用鼠标点击，打开，就可以对“文件”进行“编辑”了，完成剪贴、复制、粘贴等程序。这种“编辑”，是技术层面的编辑，对文件的文图内容未做实质性改动，与上一义项本质上是不同的。

三是著述方式。书的封面、内封、版权页上要印有著作者及其著述方式字样，若印“某某编”、“某某某选编”、“某某某编订”、“某某校注”，这说明这本书不是原创作品，而是演绎作品。原著的著作者有的是一人，有的是一群人，有的是一个团体，有的是古人，有的是今人，有的是外国人，而这本书的著作者将搜集、选择已有作品的全部或部分，按一定的方式构成一部新的书稿。

再说出版。

编辑是出版的中心环节、主要环节。没有编辑过程，就无从出版。编辑工作是出版机构的日常工作、基础工作、重要工作、中心工作。

但仅有编辑工作，出版是不能实现的，还得复制和发行。

编辑定稿之后、承印厂复制之前，必须制造模具或建立模板、模式。出版的“版”，就是指这种模具、模板、模式，以保证复制出来的出版物对于原版不失真、不走样。俗话说，“像一个模子倒出来的”。

缩微胶卷的复制，复制的是影像；盒带的复制，复制的是图像或声音。需采用化学材料、化学方法，其材料成本高，技术要求也高。

光盘复制又叫刻录，在复制前也要制造模具、建立模板或模式，即母版，通过光盘生产线大批量复制。

电脑操作的“复制”，是复制电子文图，有的网站要用户注册登记，并在网上付费后，才能复制（下载）电子书籍，就是将这本电子书卖给你了。它比纸本书便宜，一般只三四元钱，但没有纸本书使用方便，看起来也费眼睛、损视力。

复制出来的出版物，放在仓库里仍然是产品，只有进入流通领域，投放市场才叫商品，让购买者用货币来交换，才能实现出版物的出版价值。这个阶段就叫“发行”。

“编、印、发”构成完整的出版行为，缺少一个环节，都不能叫出版。

无论电子书，还是纸本书，都要编辑、复制和发行，都不会轻而易举地来到这个世界上。它像胎儿一样，也有受精、孕育、阵痛和分娩，才呱呱坠地。

# 书籍的形态与类别

## 一

你书包里装着一本书，有人问是一本什么样的书，不要你告诉他书名，也不要你掏出来给他看，你该怎样回答，怎样描绘这本书的形态呢？又会将这本书归于什么类别呢？这就要弄清书籍形态和书籍分类了。

《易经》云：“形而上者谓之道，形而下者谓之器。”

书籍形态，有形而上形态，还有形而下形态。

形而下形态，是直观的、可以触摸可以把握的、感官可以觉察的形态。

书籍的形而下形态，可分为质地形态、制作形态、外观形态。

质地形态。从造纸术的发明和纸张成批生产、印刷术产生以来，直到如今，书籍的质地形态，是以纸质书为主。

纸质书出现之前，有泥版书、砖头书、石崖书、石板书、竹质和木质的简策、巾帕书、草质书（纸莎草）、树叶书和皮质书。

公元前2350年西亚两河流域的美苏尔泥板

北京市房山县云居寺石刻佛教大藏经，简称“房山石经”，是从隋朝静琬发起刻造，越千年至明朝末期不断刻造的石刻宝库。

西班牙画家利贝拉的油画《圣哲罗姆》，画中人物圣哲罗姆双手摊开长长的羊皮纸卷阅读着，他是推行羊皮纸书的先驱之一。

纸质书出现十个世纪之后，有了缩微胶卷、塑料书、丝绸书、金箔书，如今又有了光盘书。

2000年，文汇出版社出版了世界第一本全彩印真丝绸诗集《唐诗三百首》。这部中英文对照诗集，采用防水、防蛀、防缩、防紫外线处理的11160电力纺真丝绸彩印，充分体现了我国当代印花技术的先进水平。诗集限量印制3000册，印完销版，以确保其收藏价值。

笔者在中国印刷博物馆看到过这本丝绸书。

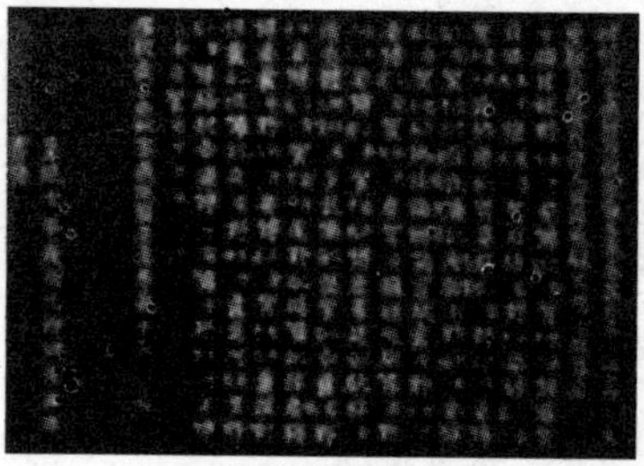

石经题记的拓片

纸质本书籍的制作形态，有手抄本、印刷本；纸质本有旋风装、蝴蝶装、线装本；后来又有精装本、软精本、压膜本、简装本（平装本）。

纸质本书籍的外观形态，开本的大小，通常有 32 开、大 32 开和

贝叶经是用铁笔在贝多罗树叶上所刻写的佛教经文

16 开本，还有多种异型开本；书页的形态，有文字书、图画书、图文并茂的书；页面上，有版心、天头、地脚、切口、书眉、页码；线装本页面上还有鲤尾。

油画《圣哲罗姆》

经折装示意图

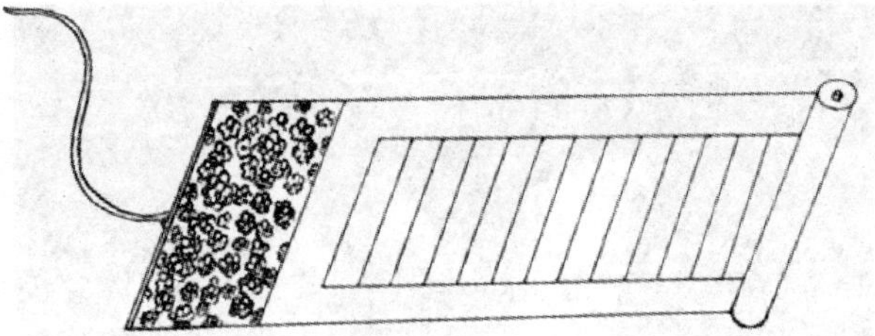

卷轴装示意图

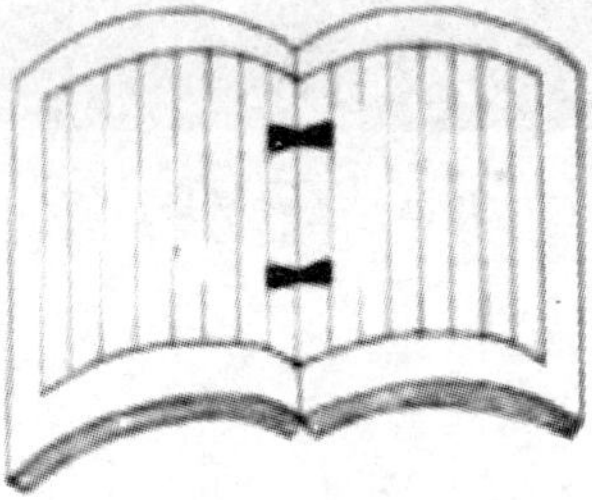

旋风装示意图

蝴蝶装

## 二

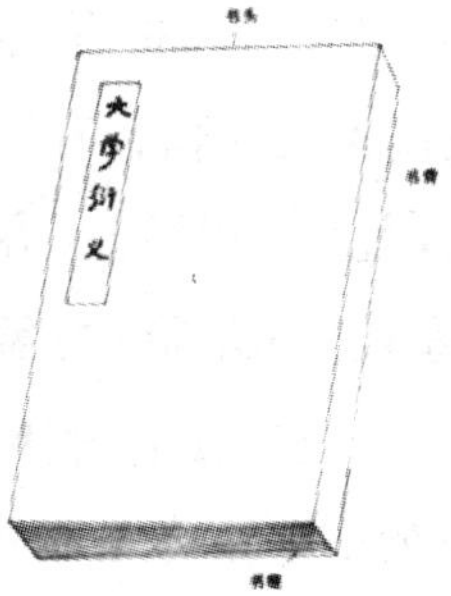

包背装

书籍的形而上形态，有结构形态、内容形态、意识形态。

书籍的结构形态，通常分封皮和内文两部分。封皮和内文是用不同的纸张不同的油墨分别印刷的，在装订时才合在一起，用封皮包裹内页。有的书在封皮之外，还有封套，或者书腰。

展开整张封皮，从左至右，依次是前勒口、封面、书脊、封底、后勒口；封面的背面是封二，封底的背面是封三。

线装本《金瓶梅词话》封面

内页，包括正文和附件，正文为主，附件为辅。

正文是书籍的内容所在，根据著作者提供的底稿制作而成；附件有环衬、内封、版权页、目录页、内容提要、作者简介等，是根据责任编辑提供的文字材料由美术编辑制作的。

## 三

书籍的内容形态，关乎图书分类。

“经、史、子、集”是我国古代读书人对经典的分类，清朝乾隆年间编纂的《四库全书》采取了这种分类法。

“经”是指古代社会的政教、纲常伦理、道德规范的教条，主要是儒家的典籍，有儒学十三经：《周易》《尚书》《周礼》《礼记》《仪礼》《诗经》《春秋左传》《春秋公羊传》《春秋穀梁传》《论语》《孝经》《尔雅》《孟子》。

“史”是各种体裁的历史著作，分为正史、编年、纪事本末、别史杂史、诏令、奏议、传记、史钞、载记、时令、地理、职官、政书、目录、史评十五类。

“子”是诸子百家及释道宗教著作，分为儒家、兵家、法家、农家、医家、天文算法、术数、艺术、诸录、杂家、类书、小说家、释家、道家十四类。

“集”是收历代作家一人或多人的散文、骈文、诗、词、散曲等的集子和文学评论、戏曲等著作，分为楚辞、别集、诗文评、诗词五类。

2006年商务印书馆影印国家图书馆所藏的文渊阁《四库全书》，按需出版原大版，四合一缩印版和十二合一缩印版等多种版本。四合一缩印版约1500册；十二合一缩印版共500册，定价18万元，单本价360元。（如下图）

当下，我国有两种图书分类法，即《中国图书馆分类法》和《中国科学院图书馆分类法》。

《中国图书馆分类法》（简称《中图法》）是我国图书馆和情报单位普遍使用的一部综合性的分类法。到1999年，《中图法》已进行四次修订（F经济，TN无线电电子学、电信技术，TP自动化技术、计算机技术等三类为重点修订大类）。

《中图法》共分 5 个基本部类、22 个大类。采用汉语拼音字母与阿拉伯数字相结合的混合号码，用一个字母代表一个大类，以字母顺序反映大类的次序，在字母后用数字作标记。为适应工业技术发展及该类文献的分类，对工业技术二级类目，采用双字母。

《中图法》部类名称如下：

马克思主义、列宁主义、毛泽东思想

A 马克思主义、列宁主义、毛泽东思想

哲学

B 哲学

社会科学

C 社会科学总论

D 政治、法律

自然科学

N 自然科学总论

O 数理科学和化学

P 天文学、地球科学

Q 生物科学

R 医药、卫生

S 农业科学

T 工业技术

U 交通运输

V 航空、航天

X 环境科学、劳动保护科学

综合性图书

Z 综合性图书

《中国科学院图书馆图书分类法》（简称《科图法》）同《中图法》一样将知识门类分为五大部类，但它在这五个基本部类序列的基础上，组成了二十五个基本大类。各级类目的分类号码采用单纯的阿拉伯数字制，不附加任何基本符号，单纯简洁，易写、易记。其号码分为两部分，第一部分采用顺序制，从00—99分配二十五个大类及其主要类目。第二部分采用小数制，以容纳细分类目：在号码编制技术上采用双位法，借号法和交替类等方法，使号码组配灵活，伸缩性助记性强。

《科图法》部类名称如下：

00 马克思列宁主义、毛泽东思想

10 哲学

20 社会科学
21 历史、历史学
27 经济、经济学
31 政治、社会生活
34 法律、法学
36 军事、军事学
37 文化、科学、教育
41 语言、文字学
42 文学
48 艺术
49 无神论、宗教学
50 自然科学
51 数学
52 力学
53 物理学
54 化学
55 天文学
56 地质、地理科学
58 生物科学
61 医药卫生
65 农业科学
71 技术科学
90 综合性图书

《中图法》和《科图法》都是图书馆的藏书分类，而出版界，通常简单地分为三大类，一是教学用书，包括教材、教辅；二是一般图书，非教材教辅者均为一般图书；三是图片。而到了书店，以销售速度和销售数量分为畅销书和滞销书；或成人书和童书；或学习用书和生活用书。谈不上科学，是跟着感觉走。营业员往往将自认为畅销的书、走得动的书，放在显眼的地方，以吸引进入书店人们的眼球。他们的主要精力还是用在教材教辅的推广上，吃教材教辅的饭。对一般图书，是靠天收。

## 四

书籍的意识形态，是潜在的、隐蔽的形态，被一般读者忽略，但著作者和编辑出版者是不敢马虎的。按“主义”分，有封建主义意识形态、资本主义意识形态、社会主义意识形态；按阶级和阶级斗争的观念分，有地主阶级的意识形态、资产阶级的意识形态、无产阶级的意识形态。

1962 年，上海学者周谷城在《新建设》上发表了《艺术创作的历史地位》一文，对艺术活动中的一系列重大问题谈了自己的见解，提出了著名的“时代精神观”，他说：“超出模仿的东西，就一方面说，虽属于创作，然就另一方面说，却是广泛流行于整个社会的时代精神。在原始社会，因着人与自然的斗争，部落与部落的斗争，常形成各种不同的思想意识，汇合而为氏族社会的时代精神。在奴隶社会里……又形成了较此前更复杂的思想意识，汇合而为更复杂的奴隶社会的时代精神……封建时代又有各种思想意识，汇合而为当时的时代精神；资本主义时代又有各种思想意识，汇合而为当时的时代精神。

各时代的时代精神虽是统一的整体，然从不同的阶级乃至不同的个人反映出来，又各截然不同。这种不同，进入各种艺术作品，即成创作的特征或独特性，或曰天才表现。就其广泛流行于社会而言，曰时代精神；就其分别反映具体作品而言，曰天才表现。”

这种“时代精神汇合”论的提出，不啻向一潭静水投下了巨石，立即掀起了波浪，引起了哲学、美学、艺术理论界的广泛注意，对此展开了热烈的讨论。

## 五

书籍形态是由编辑出版者对书籍的整体设计再通过印制而形成的。

所谓整体设计，是设计者根椐书籍的著作者和编辑者确定的结构形态、内容形态、意识形态而由出版者对其外观形态、质地形态、制作形态做全面设计，对书籍整体与局部、材料与工艺、表面和内部、生产与成本等因素统一安排。

外观形态设计在书稿齐、清、定之后，就要做。

一是封皮设计，主要是封面设计；封面画的选择或绘制，书名是手书题签，还是用印刷体的字；书名、著作者名、出版社名放在什么位置，字形和字号；要不要勒口，作者照片和简介放在什么地方，内容提要放在什么地方，是前勒口，还是后勒口；等等。

二是装帧设计，多大开本，是否加环衬，单环衬还是双环衬，内封的文和图，辑封的文和图，版权页放在卷首还是卷末，插页插在什么位置，是彩印还是单色印刷；要不要加书签或丝带，等等。

三是版式设计，是横排，还是竖排；用简体字，还是用繁体字；一、二、三级标题的字体、字号；正文的字体、字号；天头和地脚的宽窄，注释的位置、字体、字号；正文中的题图、插图、尾花的绘制和安排；书眉和页码的设计和安排；等等。

书籍的外观设计，由美术编辑完成，但需征求责任编辑的意见和建议，以取得一致意见。

质地形态的设计，是对材料的选择和搭配，封皮、环衬、封套、书腰用什么纸，内文用什么纸，用什么品种和质量的油墨印刷，等等，都要事前筹划；

制作形态的设计，是凸版印刷，还是凹版印刷，是平版印刷，还是网版印刷；是单色印刷，还是彩色印刷；打开方式是从右到左，还是从左到右；用什么方式装订，是线订，还是胶粘订；是平装，还是精装，抑或大部分平装、小部分精装，做不做一部分毛边本，也要考虑周全。

质地形态和制作形态的设计，是由联系承印厂的编务人员完成的，但需征求美术编辑和责任编辑的意见和建议，以取得一致意见。

## 六

书籍形态是受时代影响的，也是社会风气使然，有常态，也有异态；有恒态，也有变态。20 世纪 50 年代末至 60 年代初我国的书籍形态，由质朴而变为简陋，是当时经济社会形势的反映；如今书籍形态的豪华之风，也是当下经济社会形势的反映。

编辑出版者都不乏求美之心，总想把自己编辑出版的书做得更漂亮些，更美一些。

1927 年，德国书界组织了一次对现代图书艺术和设计尽可能广泛的展示，共有 20 个国家 1100 名图书艺术家的 2 万件作品参加了评选和展示。这是“世界最美的书”评选活动的前身。从 1991 年起，在莱比锡市的支持下，开始由德国图书艺术基金会负责组织“世界最美的书”竞赛。此后每年 3 月，在德国莱比锡都要由德国图书艺术基金会、德国国家图书馆和莱比锡市政府联合举办“世界最美的书”评选活动，获奖作品会按国别进行展出。

“世界最美的书”评选活动有着“图书装帧设计奥斯卡奖”的美誉，是当今世界图书装帧设计界的最高荣誉，反映出世界书籍艺术设计的最高水平，迄今已产生了两百多种“世界最美的书”。

该奖项的评选标准不只是封面好看，而是要求作品有整体而清晰的视觉系统，从功能翻阅感受到内容诗意的表达，均要求有完整的思路。

在 2003 年度的评选中，唯一的金奖给了我国河北教育出版社出版的《梅兰芳（藏）戏曲史料图画集》。整本书采用中国传统线装方式，书籍外壳烫金，字体用凹版印刷，打开方式是自右向左，读者也能从纸张的色彩、重量，到装订风格、外包装设计等细节中体会到设计者的匠心。莱比锡图书艺术基金会主席乌塔·施耐特女士对这本书的评价是“完美”二字。她说，《梅兰芳（藏）戏曲史料图画集》书几乎把所有的图书装帧方式都用尽了。

曹雪芹除了《红楼梦》以外，还写过一部名为《南鹞北鸢考工志》的书，专门讲述风筝的“扎、糊、绘、放”四艺，从而创立了“曹氏风筝”这一民间工艺品。1943 年，《南鹞北鸢考工志》原书已被日本人买走，至今下落不明。在2006年度“世界最美的书”评选中，由北京工艺美术出版社出版、赵健工作室设计的《曹雪芹风筝艺术》与另外13种来自其他国家的图书分享了这种荣誉称号。

由湖南美术出版社出版、王序设计的《土地》一书，曾获得“第六届全国书籍装帧艺术奖”整体设计奖金奖。评委之一、装帧艺术家陶雪华说，《土地》富有个性、有特色。整本书内容都是观众留言卡和展览场面图片，封面设计成简单的卡片，这与传统的不一样。该书获得2005年“世界最美的书”荣誉奖。

中国友谊出版公司出版的《朱叶青杂说系列》一共五本，外包装比较简洁，书脊的经脉暴露，个性化设计，与众不同，它与《土地》一起在2005年“世界最美的书”获得荣誉奖。

由江苏古藉出版社出版、装帧设计师朱赢椿设计的《不裁》，在2007年度的评选中荣获铜奖。

由首都博物馆策划编著、著名书籍装帧设计家吕敬人设计、文物出版社出版的大型画册《中国记忆——五千年文明瑰宝》，与来自36个国家的700多本图书的同场角逐中，荣获2009年度“世界最美的书”称号。这是中国图书连续第六年在这项代表当今世界最高水平的图书设计评奖活动中获奖。

2010年由高等教育出版社出版的《诗经》一举荣获2009年度“世界最美的书”殊荣。线装书式的装帧古意盎然，让中国古籍经典《诗经》同时融合了深沉经典与现代风尚的灵与肉，被中外业界评委赞赏不已。

2011年德国莱比锡“世界最美的书”评选，共有32个国家和地区参加，参评图书596种，其中14种书获得了“世界最美的书”称号。由中国选送、2010 年度“中国最美的书”——《漫游：建筑体验与文学想象》（中英双语版），荣获 2011 年“世界最美的书”称号。它由中国青年出版社出版，欧宁主编，小马哥和橙子设计。其采用中国古代线装形式设计的封面，简洁明快，同时富有时尚感；柔软的纸质，色彩自然，富有层次，在 2010 年度“中国最美的书”的角逐中，特别受评委称道，评委对它的评语是：封面设计采用中国古代线装形式，简洁明快，同时富有时尚感；柔软性的纸质，色彩自然，富有层次；版式新颖，建筑照片与草图交相辉映，意趣横生，创意彰显。

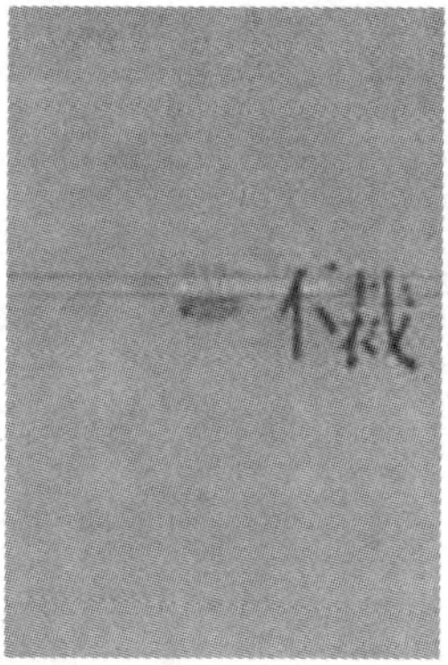


《不裁》之封面

# 内 容 为 王

## 一

书籍形态、书籍外观不可忽视，但书的内容更为重要。倘若一本“最美的书”，其内容却低俗、浅薄、乱七八糟，不堪入目，不忍卒读，那就是“金玉其外，败絮其中”了。这对于读者是欺骗，对于装帧设计者是才华的浪费，对于印制它的物质材料是无意义的消耗。

内容为王，是书界箴言，是编辑要义，是出版指南。可靠的、切实的、新颖的、精深的、几近完美的内容，是著作者的创造，是写作的成果。

## 二

人为什么要写作呢？大抵是有话要说，不用嘴说，而用笔说。说什么呢？说点看法，说点想法。看法和想法，便是写作的内容。说看法，即反映客观世界，属唯物主义的反映论；说想法，即表达思想感情，属“唯心主义”的性灵说。写作既反映客观，又表达主观，这就有个主观与客观的关系问题。

既没有脱离客观的完全主观，也没有避开主观的纯粹客观，主观与客观应该结合起来。“自己”该是主观吧，但自己的躯体、自己的头脑也是客观的存在，人的性灵能离开人的躯体、人的头脑而独立存在吗？不能。人是认识客观世界的主体。虽说动物也有视觉、听觉、味觉、触觉，对外界能做出反应，也有表达感受的特定“语言”，但动物只有第一信号系统，是不能思维、没有思想的。写作的内容，无非是人对客观世界的反映，和人的主观世界的外化。

人能正确地反映客观世界吗？毛泽东提出一个问题，人的正确思想是从哪里来的？他自问自答，是从天上掉下来的吗？不是。是自己头脑里固有的吗？不是。他认为，人的正确思想，只能从社会实践中来，只能从生产斗争、阶级斗争和科学实验这三项实践中来。他是择其重点，人的日常生活实践被忽略不计，其实这三项社会实践与衣食住行、吃喝玩乐的日常生活实践是分不开的。现在说，既要主旋律，又要多样化，主旋律和多样化也是分不开的。

还应追问，写作所表达的都是正确思想吗？不一定，也可能表达错误思想。那么，人的错误思想又是从哪里来的呢？刘少奇注意到这个问题，并且用《人为什么犯错误》作了回答，他说：“任何人都要犯错误，人从降生的那一天起，便不断的犯错误（小孩子的弄火伤手、吃东西、戏水等，都是一连串的犯错误的过程），只有在不断的犯错误，不断的碰钉子的过程中，才能逐渐懂得事情。”人只要参加社会实践活动，就可能犯错误。人的认识和行为违背了客观规律，就要犯错误。

何况，错误和正确是相对的，是比较而言的，只有经过实践来检验、辩别、判断，经过修正、改进、改革，才能由错误走向正确。并且，正确和错误还随着时间、地点、条件的转移而转移，所谓“此一时也，彼一时也”，“此亦一是非，彼亦一是非”。

写作内容的正确与否，与人的思想正确与否息息相关，紧密相联。写作，其实是在整理思想，在整理中表达，在表达中整理。整理，是归整、是梳理，是提炼，是充实，是加工，是修正，也是提高。

写作，要言之有物，不能空洞；要丰富，不能干瘪；信息要真实，不能虚假。这是写作对内容的最起码的要求。

## 三

人类在写作实践中创造着并逐步规范着写作的形式，有规范的写作形式便成为文体，有的文体有严格的模式，便成了格律。我国古代的律诗、绝句、词、曲和律赋，就有格律，句数、句式、字数、字的平仄，尾字的押韵、字词句的对仗，词牌、曲牌、乃至文章的起、承、转、合，都有严格的规定，不可更改。

有格律的文体，免去写作者为创造形式而操心，是占了便宜；然而限制了内容的自由表达，又吃了大亏。按照格律写作，犹如“戴着镣铐跳舞”，是在争自由中受限制，在被限制中争自由。精通格律，又运用自如，也能出精品，出传世佳作。

现代写作，文体已没有镣铐式的格律，只作大体的规范，或者说只有个格式，如毕业论文的写作，有题目、署名、内容提要（中英文对照）、关键词、正文、结束语、致谢、参考文献署录的格式，至于正文的论点、论据、论证，是由写作者自己掌握的。应用文的写作，讲究格式，各种应用文要按各自的格式写。文学创作的体裁，有诗歌、小说、散文、戏剧四大件，每大件中又有若干小件，但这些文体并无严格的规范。即使把文学体裁摆弄得再清楚，仍然无法从事文学创作，一提笔还是得着急怎么写。

学写作犹如游泳，必须下水，在游泳中学游泳，也只有在游泳中才能学会游泳。写作课教师虽说教不会学生“怎么写”，但写作的规律是可以研究的，也是可以传授的，这种传授犹如下水前在岸上讲讲游泳的要领。

写作的一般规律，无非是下笔前的“心动”（灵感、构思、取材、立意），下笔后的“行动”（叙述、描写、抒情、议论、说明，穿插和过渡、交代和照应，要求语言准确、鲜明、生动，文从字顺，中心突出，层次清楚，合乎逻辑，通情达理），收笔后的“改动”（修改、定稿）。《写作基础知识》或《写作概论》就是讲这些一般规律的。

但读了《写作基础知识》或《写作概论》，就是背得滚瓜烂熟，也解决不了“怎么写”的问题。

急于求成的写作者往往陷入误区，即总想找到“怎么写”的诀窍，最好能找到秘诀，总想走捷径。应该坚定明确地告诉他们，写作无秘诀，也无捷径可走！

写作课的难处，在于老师无法教会学生写作，再高明的作家也回答不了“怎么写”的问题，鲁迅也只能开出唯有“多看和练习”的药方。“看”，是阅读和阅世；练习，是作文和修改。有定评的作家作品，全部说明了应该怎么写。阅读名著，阅读范文，在阅读中去领悟怎么写。读留有修改笔迹的作家手稿，可以从中认识“不该这样写”。“怎么写”的问题，最终只能由写作者在写作实践中逐步解决。

写作的难处，在于既不能重复别人，又不能重复自己。写作是个体的独立的创造性的脑力劳动。每一次写作，写出每一篇作品，都是创造，既创造着内容，也创造着形式，创造出表达特定内容的最佳形式，从而写出自己最要表达最为满意的内容。

“怎样写”和“写什么”是密不可分的，也就是形式与内容密不可分。但必须明确，“内容为王”，内容决定形式，形式服务于内容，写作者应力求以最完美的形式去表达最需要表达的内容；使内容能为受众最乐意、最充分地接受的形式，便是最好的形式。

写作也应反对形式主义，努力避免“形式大于内容”。

## 四

从前讲写作，谈创作，对“写什么”和“怎样写”的问题讲得多，而“写给谁”和“谁来写”的问题讲得少。后两个问题是不容忽视的。

写作者必须在动笔之前就要弄明白“写给谁”。写给谁，谁就是你的客户，谁就是你的服务对象。“写给谁”的“谁”，有个体，如情书，写给恋爱对象，表白爱情；借条，写给把钱借给你的那个人，立此为据；秘书的讲稿，是专为要讲话的首长写的，供他照本宣科；“谁”，也有群体，如新闻报道，是为广大民众写的；教科书，是为老师和学生写的。

读者意识，在出版界已具备了；读者细分，是出版界提出来的经营策略。外国的儿童书，甚至按年龄段来细分，从零岁至四岁，四岁至七岁，七岁至十二岁，十二岁至十五岁，每个年龄段都有专供图书。出版社出每一本书，都要有明确的读者对象；读者对象模糊的书，就难得出；而著作界的读者意识还比较淡薄，有的作者，只顾自己写，未考虑或不考虑写给谁看。有的大作家无视读者，不为读者着想，他们“自说自话”，靠他写作的内容和相适应的完美形式征服读者。也就是说，任凭读者来选择他，他有这种自信和力量，所谓“奇货可居”。

毛泽东在《反对党八股》一文列举的“党八股的第三条罪状是：无的放矢，不看对象”论述了“写给谁”的重要性。他认为，真想做宣传，就要看对象，就要想一想自己的文章、演说、谈话、写字是给什么人看、给什么人听的，否则就等于下决心不要人看，不要人听。他同时又认为，我们和无论什么人做朋友，如果不懂得彼此的心，不知道彼此心里面想些什么东西，能够成知心朋友吗？做宣传工作的人，对于自己的宣传对象没有调查，没有研究，没有分析，乱讲一通，是万万不行的。他还用“看菜吃饭”、“量体裁衣”、“到什么山上唱什么歌”来说明写作要有针对性。我们写作，也“要看对象”、也要对对象进行“调查”“研究”“分析”，知道他们“心里想些什么”，以便适应他们，满足他们的需要，为他们服务好，服务到家。

毛泽东当年讲写作对象，只分成识字和不识字的、文化水平低和文化水平高的，而现在把写作对象分得更细，更为明确：有男性，也有女性；有老人，也有小孩；有城里人，也有乡下人；有富人，也有穷人；有健全人，也有残疾人；有党派成员，也有无党派人士；有领导干部，也有普通百姓。读者对象不同，他们的经历、阅历、思想、感情、生理、心理、需要、喜好以及接受能力、欣赏水平就存在差别，有所不同，写作者尊重这种差别，适应这些不同，在写作的内容和形式也应有所区别，有所不同。大众读物不能写得像学术专著，低幼读物不能写得像老年读物，小说不能写得像哲学讲义，工作报告不能写得像相声小品，当活泼的就得活泼，该严肃的还得严肃，当通俗就得通俗，是深奥的还得深奥。有经验的写作人，在写稿之前，已经想好所要投寄的报刊，并根据报刊的读者对象，报刊发行的地域、行业，报刊的风格、特色，乃至编辑的口味，来写作这篇稿子，写完后寄出去命中率就比较高，这是注意了“写给谁”的效应。

对待读者的正确态度是：一要尊重，二要适应，三要引领。尊重和适应自不待言，所谓引领，就是在思想上、格调上、趣味上引导读者向上，向前，而不要落在读者的后面，更不要匍匐在读者的脚下，不能投合读者中的落后意识和低级趣味。引领，不是充当读者的上司或教头，不能站在读者的头上发号施令，不能板起面孔教训人，不能把自己的嗜好强加于人，而是因势利导，循循善诱，让读者能在喜闻乐见中接受。引领的前提是尊重和适应，没有尊重和适应就没有引领的资格和本事。

## 五

自己写作，不存在“谁来写”的问题，我写就是了，我写自己的作品，不会偷工减料，我对自己的作品负责，责无旁贷。

“谁来写”的问题，有以下四种情形：

一是“我来写”，有个什么东西要写，几个人都能写，其中某人自告奋勇，主动承担，说“我来写”。你愿意写就写吧，没有人反对，没有人阻拦。这种写作，很可能是尽义务，写出来也不是什么大不了的东西。

二是“请谁写”，比如不认识字的农妇，要请人给他在外的丈夫写封信，村子里会写信的人有几个，请谁写呢，自然由农妇选择，她会选择与她关系好的、请得动的，善解人意的某个有文化的人来写，某人是“友情出击”，不是有偿服务。

三是“叫谁写”，比如县委书记要在大会上做的报告，可以叫办公室主任写，也可以叫秘书写，还可以叫宣传部搞新闻报道的干事写，是上级对下级的选择，叫谁写，谁就得写，这是命令，是任务，落到实处，必须完成。

四是“约谁写”，比如出版单位的编辑策划了一个选题，要物色作者，谁最合适，谁会写得最好，谁有时间，谁愿意接活儿，由编辑从他所掌握的作者队伍中选择。“谁来写”的“谁”，有“舍我其谁”的自信和自豪，也是有偿服务，对写出来的作品拥有著作权，有稿费，何乐而不为。

在现代出版中，编辑策划图书选题，经过论证，列入出版计划，“物色作者”就成了关键，套用毛泽东的话“政治路线确定之后，干部就是决定的因素”来说，就是“选题确定之后，作者就是决定的因素”。物色作者关系到选题策划能否成功实施，和出版后的社会效益和经济效益问题。

“谁来写”，跟“写什么”“怎样写”“写给谁”是有联系的。所以物色作者，除了作者的自身素质和写作能力外，还得与“写什么、怎样写、写给谁”联系起来考虑。可以提出以下问题：谁最合适？谁对此选题最感兴趣？谁有时间写？谁会写得最好？这得从一排作者中去考察、分析、比较，排查，从中选取。

作者选准了，作品就成功了一半；作者未选准，写出来了书稿也用不上，还可能报废。报刊编辑策划什么选题，选作者写一篇文章，选得不准，文章即使报废，还可再请个作者写，损失不大；一部书稿，若选错了作者，给编辑带来的麻烦就大了。1941 年，美国兰登出版社的老板得知一部关于莉莲·拉塞尔的电影就要放映了，连忙与一个自封作家的人帕克·莫雷尔签订合同，出版一部同名书《莉莲·拉塞尔》，并预付了一笔稿费，还雇了一名研究员帮他收集资料。老板派著名编辑萨克斯·康明斯去盯着莫雷尔，催促他突击脱稿。康明斯估计他已写出初稿了，赶到他写作住地的宾馆，谁知他成天与他的情妇鬼混，一个字也未写，连提纲也没拿出来。出版在即，任务压头，康明斯只得帮他草拟了写作计划，全书分 22 章，后又减为 20 章，制定了日程表，限定他在 5 月 1 日前完成 75000 字的初稿。康明斯抽空回纽约向老板汇报，转来后，见莫雷尔仍未动笔。为了完成老板交给的任务，康明斯不得不替他写作。《莉莲·拉塞尔》出版后，得到好评，莫雷尔出席出版家举行的宴会时，表现得优雅自恃，似乎早已忘记是编辑康明斯替他写的。康明斯在日记中反映了这一事件的始末，按小时记录下雷莫尔的无能、无赖和无耻，在全球流传至今。幸好康明斯是位负责任的能干的会写作的编辑，若像雷莫尔一样窝囊废，那兰登的老板就输惨了。

完全可以说，编辑策划选题，物色作者写作，是一种冒险。原山东画报出版社总编辑、现生活·读书·新知三联书店副总编辑汪稼明认为“目前常见的由编辑策划选题，组织作者实施的作法，反映了出版者急于充当原创角色的心情，实际上往往使出版物成为一种拼凑物，人工的痕迹太浓，类似机械产品。这是市场上许多书的品质低劣的原因之一。”（见2003年3月19日《中国新闻出版报》汪家明文章）

文学作品、学术著作，是不能按编辑的策划而写作的，“写什么和怎样写”应由著作家做主。编辑策划选题，物色作者编写（编写也是一种著作方式）一本什么书还是可行的，但一定要选准作者。选准作者也要知己（选题）知彼（作者），方能百战百胜。

## 六

著作者与出版者的关系是供求关系，著作者向出版者供稿，出版者寻求值得出版的文本。当供大于求时，是买方市场，由出版者挑三拣四、披沙拣金；当求大于供时，是卖方市场，出版者捡到篮子里的就是菜。当下我国的出版市场是买方市场；著作者数以万计、十万计、百万计，尽管每年出版二三十万种书，而未出版的书稿可能会有几百万部，这倒不足为奇，问题是，出版了的未必是好的书稿，而好的书稿未必能出版。

著作者往往强调自己的书稿的文学价值、艺术价值、学术价值，而出版者强调它是否有出版价值，是不是“好看”，是不是“走得动”，即书稿变成出版物后的社会效益和经济效益。两个效益是不好预测的，预测也可能“测不准”；社会效益是不好评价的，尤其不好量化评价，而经济效益是硬指标、硬通货。畅销书不是事前能定制的，往往是瞎猫子碰到个死老鼠，有心栽花花不发，无意插柳柳成荫。著作者与出版者是一对矛盾，矛盾的主导方面，在当下是在出版者。出版机构正在改制，改了制也还是国有企业，还是官办机构。著作者处于弱势，只有那些所谓的畅销书作者、那些已被电视捧红了的作者，才是出版机构竞相追逐的对象，声称“印他们的书就是印钞票”。当下出版者的铁定原则，是不赚钱的书不出，哪怕你的书稿再好，也不出；除非你提供出版费用，或是什么科研项目经费，或是由什么基金支持。因此，致使不少有创见的学术著作、高品位的文学著作、有骨头的人文著作、乃至有利于国计民生的著作，仍被埋没。出版体制改革任重而道远。

# 编辑业界的祖师爷——孔子

## 一

孔子（公元前551—前479年），姓孔，名丘，字仲尼，春秋末期鲁国陬邑（今山东曲阜东南）人，后人昵称为孔夫子，谐称为孔老二。1984年，美国出版的《世界名人大词典》中，孔子被列为世界十大思想家的首位；英国出版的《人民年鉴手册》，同样把孔子列为世界十大思想家和文化名人的首位。1988年1月，75位诺贝尔奖获得者在巴黎聚会，诺贝尔物理学奖得主、瑞典科学家汉内斯·阿尔文博士指出："人类要生存下去，就必须回到25个世纪之前，去汲取孔子的智慧。"

孔子是我国古代著名的思想家、教育家，也是编辑家。

西汉司马迁在《史记·孔子世家》一文的后半部分记载了孔子的编辑业绩：

"孔子之时，周室微而礼乐废，《诗》《书》缺。追迹三代之礼，

孔子画像

序《书传》，上纪唐虞之际，下至秦缪，编次其事。曰：‘夏礼吾能言之，杞不足徵也；殷礼吾能言之，宋不足徵也。足，则吾能徵之矣。’观殷、夏所损益，曰：‘后虽百世可知也，以一文一质。周监二代，郁郁乎文哉！吾从周。’故《书传》《礼记》自孔氏。

“孔子语鲁大师：‘乐其可知也。始作，翕如，纵之，纯如，皦如，绎如也，以成。’‘吾自卫反鲁，然后乐正，《雅》《颂》各得其所。’

“古者，《诗》三千余篇；及至孔子，去其重，取可施於礼义，上采契、后稷，中述殷、周之盛，至幽、厉之缺，始于衽席，故曰‘《关雎》之乱以为《风》始，《鹿鸣》为《小雅》始，《文王》为《大雅》始，《清庙》为颂始’。三百五篇，孔子皆弦歌之，以求合《韶》《武》《雅》《颂》之音。礼乐自此可得而述，以备王道，成‘六艺’。

“孔子晚而喜《易》，序《彖》《系》《象》《说卦》《文言》。读《易》，韦编三绝。曰：‘假我数年，若是，我于《易》则彬彬矣。’

“孔子以《诗》《书》《礼》《乐》教，弟子盖三千焉，身通‘六艺’者七十有二人。如颜浊邹之徒，颇受业者甚众。”

“子不语：怪，力，乱，神。”

“子曰：‘弗乎，弗乎，君子病殁世而名不称焉。吾道不行矣，吾何以自见於后世哉?'乃因史记作《春秋》，上至隐公，下讫哀公十四年，十二公，据鲁、亲周、故殷，运之三代。约其文辞而指博。故吴、楚之君自称王，而《春秋》贬之曰'子'；践土之会，实召周天子，而《春秋》讳之曰'天王狩于河阳。'推此类以绳当世。贬损之义，后有王者举而开之，《春秋》之义行，则天下乱臣贼子惧焉。

"孔子在位听讼，文辞有可与人共者，弗独有也。至于为《春秋》，笔则笔，削则削，子夏之徒不能赞一辞。弟子受《春秋》，孔子曰：'后世知丘者以《春秋》，而罪丘者亦以《春秋》。"

《史记·孔子世家》最后写道：

"太史公曰：《诗》有之：'高山仰止，景行行止。'虽不能至，然心向往之。余读孔氏书，想见其为人。适鲁，观仲尼庙堂车服礼器，诸生以时习礼其家，余祗回留之不能去云。天下君王至于贤人众矣，当时则荣，殁则已焉。孔子布衣，传十余世，学者宗之。自天子王侯，中国言《六艺》者折中于夫子，可谓至圣矣!"

试将以上并不连贯的几个段落译成白话：

在孔子时代，周朝王室已经衰微，而礼乐的制度教化也废弛了，《诗》《书》典籍零散残缺。于是孔子探循三代以来的礼制遗规，厘定《书传》的篇次，上起唐尧、虞舜之间，下到秦穆公止，依照事类秩序加以编排。他说："夏代的礼制，我还能讲述个大概来，只是夏的后代杞国已经不足取证了；殷代的礼制，我还能讲述个大概来，也只可惜殷的后代宋国已经不足取证了。要是杞、宋两国确有足够文献的话，那我就能拿来印证了。"孔子考察了殷、夏以来礼制增损的情形后，说道："以后就是经过百代，那变革的情形也是可以推知的。因承袭不移的是礼的精神本体，增损改变的是礼的文采仪节。周礼是参照了夏、殷两代而制订的，它的内容文采是那么样的盛美啊！我是遵行周礼的。”所以《书传》《礼记》是出自孔子之手的。

孔子对鲁国的大乐官说：“音乐演奏的过程是可以知道的。刚开始的时候，要八音五声齐全配合，接着乐音慢慢放开之后，要清浊高下协和一致，又要宫商分明、节奏清爽，更要首尾贯串、声气不断，这样直到整首乐曲的演奏完成。”又说：“我从卫国回到鲁国之后，才把《诗》《乐》订正了，使《雅》诗、《颂》诗都能配入到原来应有的乐部。”

古代留传下来的《诗》原有三千多篇，到了孔子，把重选的去掉，选取可以用来配合礼义教化的部分。所取诗篇，最早的是追述殷始祖契、周始祖后稷的诗，其次是歌颂殷、周两代盛世的诗，再次是讽刺周幽王、厉王政治缺失的诗，而一切都要以男女夫妇的家庭伦常为起点，所以说《关雎》这一乐章是《国风》的第一篇；《鹿鸣》是《小雅》的第一篇；《文王》是《大雅》的第一篇；《清庙》是《颂诗》的第一篇。三百零五篇诗，孔子都把它入乐歌唱，以求合乎古代《韶乐》（虞舜乐）、《武乐》（武王乐）以及朝廷《雅》乐、庙堂《颂》乐的声情精神。先王礼乐教化的遗规，到此才稍复旧观而有可称述。王道完备了，“六艺”（《周礼·保氏》：“养国子以道，乃教之六艺：一曰五礼，二曰六乐，三曰五射，四曰五驭，五曰六书，六曰九数”）也齐全了。

孔子晚年喜欢《易》学，他阐述了《彖辞》《系辞》《象辞》《说卦》《文言》等。他读《易》很勤，以致把编书简的皮绳都弄断了三次。还说过：“再让我多活几年，这样的话，我对《易》学的研究就可以文辞义理兼备充实了。”

孔子用《诗》《书》《礼》《乐》做教材来教人，就学的门生大约有三千人，而精通“六艺”的有七十二人。像颜浊邹一般都受到孔子教诲却没有正式入籍的学生，为数也很不少。

孔子不谈论关于怪异、暴力、悖乱以及鬼神的一些事情。

……孔子说：“不成，不成！君子最遗憾的就是死后没有留下好名声。我的救世理想已经无法达成了，我要用什么来贡献社会留名后世呢?”于是根据鲁国的史记作了《春秋》一书：上起鲁隐公元年，下至鲁哀公十四年，前后一共包括十二位国君。以鲁国为记述的中心，尊封周王为正统，参酌了殷朝的旧制，推而上承三代的法统。文辞精简而旨意深广。所以吴、楚君自称为王的，《春秋》就依据当初周王册封时的等级，降称他们为“子”爵；晋文公召集的践土会盟(事在鲁僖公二十八年)，实际上是周襄王应召前去与会的，《春秋》以为这事不合法统而避开它，改写成：“周天子巡狩到了河阳。”推展这类的事例原则，作为衡量、判断当时人行事违背礼法与否的标准。这种贬抑责备的大义，后代如有英明的君王加以倡导推广，使《春秋》的义法得以通行天下，那些窃位盗名为非作歹的人，就会有所警惕惧怕。这就是后世所说的“春秋笔法”了。

孔子过去任官审案时，文辞上如有需要与人共同商量斟酌的，他是不肯擅作决断的。到他写《春秋》时就不同了，认为该记录的就振笔直录，该删削的就断然删削，就连子夏这些长于文学的弟子，一句话都参酌不上。弟子们接受了《春秋》之后，孔子说：“后世的人知道我是在圣王之道的，只有靠这部《春秋》；而怪罪我以布衣借褒贬来行王者赏罚的，也是因为这部《春秋》了。”

太史公说：《诗》上有言道："像高山一般令人瞻仰，像大道一般让人遵循。"虽然我达不到这个境地，但心中总是向往着他。我读了孔子的遗书，想像得到他为人的伟大。到鲁地去的时候，参观了仲尼的庙堂，以及他遗留下来的车、服、礼器，那些读书的学生，都还按时到孔子的旧家来演习礼仪。我一时由衷敬仰，徘徊留恋，不肯离去。自古以来，天下的君王贤人也够多了，当他们活着时都很荣耀，待他们一死就什么也没有了。孔子仅是一介平民，他的道统家世至今传了十几代，学者们都崇敬而仰慕他。从天子王侯以下，凡是中国研讨六经道艺的人，都依孔夫子的话来做最高的衡量、判断的标准，真可说是一位圣明到极点的人了！

## 二

孔子在世时，尚无"编辑"一词。书籍的载体是简策，即一支支刻着或写着文字的木椟和竹简，"编"就是将"辑"（收集）来的简椟用皮绳穿在一起，卷起来就是一册书了，称为简策。

当时的社会分工还没有职业编辑这个行当，编辑和著述并不是分开的两种行为，编辑工作又和教学工作连在一起，更没有一般图书与教材教辅的区别，然而，孔子的编辑业绩是客观存在的，孔子的编辑成果流传至今，并且孔子有明确的指导思想，创建了完备的编辑程序和编辑方法。

孔子的指导思想是"吾从周"，"克己复礼"。

面对春秋末年动荡的社会局面，孔子试图恢复以"仁"为核心的周礼，以维护周天子统治。孔子选编《诗经》的重要原则，就是

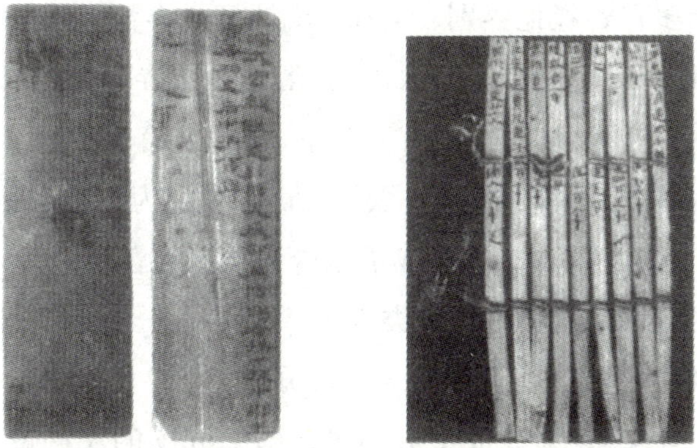

木椟和竹简的实物照片

“取其可施于礼义者”，用以“诗教”。他认为“《诗》可以兴，可以观，可以群，可以怨，迩之事父，远之事君，多识于鸟兽草木之名。”他着重书的教育性和知识性。孔子编写《春秋》，主张“为尊者讳，为亲者讳，为贤者讳”，按自己的原则“笔则笔，削则削”，从而达到“春秋之义行，则天下乱臣贼子惧焉”的传播效果。

孔子创建了完整的编辑程序和编辑方法：

一是广泛搜集材料。

他编《礼记》时，就尽可能充分地占有材料，说：“夏礼，吾能言之，杞不足征也；殷礼，吾能言之，宋不足征也。文献不足故也。足，则吾能征之矣。”他发现，过去留下来的文献已经不多了，如果足够多的话，他会设法征集来的。

二是对材料有所删削。

对征集来的材料，孔子有比较，有鉴别，多闻阙疑，无征不信，排斥虚妄。编《诗经》时，孔子和他的弟子到处搜集流传的歌谣，搜集了三千多首，经他鉴别、选择，淘汰了大多数，只留下305首精品。与其说孔子编《诗》，不如说是孔子删《诗》。删削，就是反向选择。编《尚书》时，得三皇五帝书3000余篇，孔子“芟夷烦乱，剪裁浮辞，举其宏纲，撮其机要”，最后编定为100篇的《尚书》；得“百二十国宝书”，最后编成了流传至今的《春秋》。

三是对选用的材料进行分类排序。

他编《诗经》时将选取的305首分成“风”“雅”“颂”三类，“风”是“国风”，细分成十五国风，即十五国的民间歌谣，共160首；“雅”是朝廷之乐，分为“大雅”和“小雅”，共105首；“颂”是当朝官吏的作品，共40首。分类之后，他讲究排序，将《关雎》放在《国风》之首；将《鹿鸣》放在《小雅》之首；将《文王》放在《大雅》之首，将《清庙》放在《颂》之首。孔子编《春秋》时，在记事义例的基础上，按照年、季、月、日进行时序安排，“记远近，别异同”，既能表明史实发生的先后，又可考出这一历史事件的背景及与其他事物的关系。由此可见孔子对选用材料的分类排序工夫。

四是对选用材料做适当加工。

以《春秋》为例，虽然都是史实的记录，但其中也有“微言大义”，如：故吴楚之君自称王，而春秋贬之曰“子”，践土之会，实召周天子，而春秋讳之曰“天王狩于河阳”，“天王狩于河阳”，好像周天子去狩猎，其实就是晋国非常不礼貌地把周天子要挟去的，如果照实写，就会损害周天子的尊严，孔子只好改笔，替他掩饰过去。又如：当时周天子早已成了空架子，变成了一尊偶像，但孔子仍然在

《春秋》中以周纪年，大书什么“春王正月”。这是孔子为维护周天子权威而做的适当加工。孔子说自己“述而不作”，表明其保留原有文献的内容及风格，他只是一个传达者，并非推广自己的创作。但从读物的思想内容看，孔子还是大大发展了古代帝王们的观点，提出了“仁”的核心，“礼”的形式，“中庸”的方法论，是以人为本的伦理哲学。貌似“述而不作”，实是寓作于述，或以述为作，借用古人的语言来体现自己的思想。

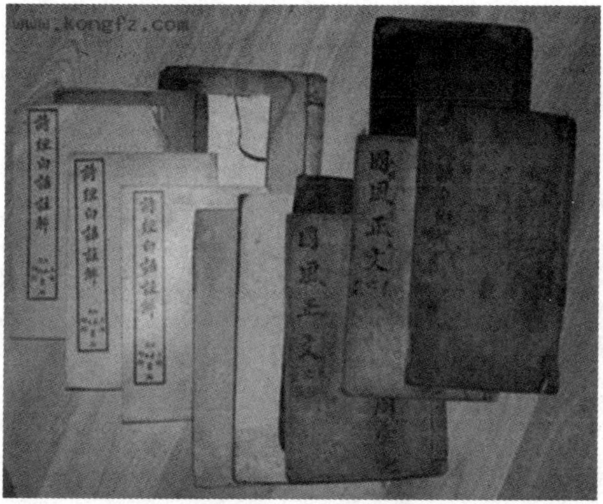


历代《诗经》纸质书版本

孔子曾修《诗》《书》，定《礼》《乐》，序《周易》，作《春秋》，这是他不可磨灭的编辑业绩。

孔子对中国古代文化的保存、传播和发展，是通过他的编辑活动、编辑业绩而达到的，以实现其宣传政治文化思想、教书授徒的目的。我们现在的编辑学理论，强调编辑的“选择、组构、完善”三大功能，便是从孔子这里来的。所以，学者李光宇称“孔子是我国第一位大编辑家”，孔子是中国编辑事业的开业元勋，是编辑业界的祖师爷，是当之无愧的，也是今人认可的。

## 三

“孔子年七十三，以鲁哀公十六年四月己丑卒”。

孔子于公元前479年去世，他死后的第九年，苏格拉底（公元前470—前399年）诞生了。

苏格拉底塑像

孔子和苏格拉底是同时代的人，一个在中国的春秋末期，一个在古希腊，东方和西方各自出现了改变其思想史的最重要的人物，这是一个巧合，还是人类社会的发展使然？

孔子——苏格拉底时代，人类的兴趣从用神话故事来解释大自然，转移到解释历史、考察社会、研究人的思想上面来了。他们怀疑神话故事的真实性，开始用自己的脑袋思索问题，这是人类史上智慧大爆发的时期之一。孔子和苏格拉底提出了相似的伦理观，而这样的伦理观深深地影响着人类社会的发展。

孔子与苏格拉底互不知晓，生死两界无法对话，但他们不约而同地思考着伦理观的核心问题，即什么是善，善是什么？从这个问题出发，他们建立起了各自的伦理观。

善和美，来源于毕达哥拉斯学派对数学和音律的认识，但苏格拉底彻底地抛弃这两方面的考虑，单从社会层面来阐述“善”这个概念。孔子也是如此，他认为“善”不是隐藏在自然界之中，而是来自于人的心灵。从这样的角度出发，他们对道德都很重视，甚至可以说他们都把道德等同于“善”，或者说道德即“善”。

孔子和苏格拉底都未能留下自己的著作。苏格拉底的生平事迹和思想，保留在他的弟子柏拉图的早期著作《理想国》和色诺芬的回忆录里。在苏格拉底看来，一个国家的统治者应该具有什么样的品质，人民应该具有什么样的品质，达到了这样的要求才是一个好的国家。上和下有严格的划分，互不干扰而各尽其责，这才符合正义。

孔子的思想，主要保存在他自己编辑的《礼记》及他的学生记录整理他的言行及师生关系、君臣关系的语录体著作《论语》，和后来的《孟子》之中。孔子的伦理观的经典语录是“劳心者治人，劳力者治于人”，“君君，臣臣，父父，子子”，人与人之间，界限清楚，关系明确，这是他的理想社会。

对于知识的看法，孔子和苏格拉底也近似。既然善是如此重要，那就需要每个人去了解它。所以每个人都需要不断地学习，那些自以为无所不知的人其实是浅薄的人。苏格拉底说：“我只知道自己是一无所知的。”孔子则说：“知之为知之，不知为不知，是知也。”

这种知识观使他们同样重视教育，他们两个人也是各自国度各自社会里教师中的代表人物。他们都同意“善”是人人可掌握的，但并不是每个人都天生知道何者为“善”，所以，教育是很重要的。每个心灵都向往着“善”，但有时人可能会被蒙蔽，需要老师开启心灵，在老师的指导下走向理性。

孔子和苏格拉底思想的主要差异，是孔子主“仁”，而苏格拉底主“知”。

孔子处于周室衰微和礼乐诗书废缺的乱世。他哀叹中庸之德“民鲜久矣”；并忿然于征伐战乱和犯上作乱，对“八佾舞于庭”痛恨至极，到了“是可忍也，孰不可忍也”的地步。孔子以“警世的木铎”自居，在收徒讲学、做官从政和在异国他乡颠沛流离中逐渐认识到，社会的治乱取决于人际关系的“有道”与“无道”，而周礼是处理人际关系的典范，奉行这一典范，就是“有道”，背弃这一典范，就是“无道”。他认为，周礼的崩坏导致了时世的动乱，为此，他提出“仁”的主张，作为根治社会痼疾的良方，试图变“无道之世”为“有道之世”。

孔子的“仁”，就是“仁者爱人，泛爱众”。以人道代替殷周以来的鬼道和天道，统治者要“养民如子”，被统治者要“齐之以礼”“有耻且格”；教育培养人才，不能局限在“亲亲”与“爱私”的血缘关系上，应当“举贤才”“有教无类”。孔子的“仁”又是指人际关系的规范，要人们克制利欲，正名复礼，“克己复礼为仁”。

古希腊的苏格拉底也是一个愤世嫉俗者。在柏拉图的早期对话篇《苏格拉底的申辩》中，苏格拉底把自己比作一只“马虻”，他在法庭上，要求雅典人不要将他处死，“因为你们如果杀了我，不易再找到像我这样与本邦结下不解之缘的人，用粗鄙可笑的话说，像马虻粘在马身上，良种马因肥大而懒惰迟钝，需要马虻刺激；我想，神把我绑定在此邦，也是同此用意，让我到处追随你们，整天不停地对你们个个唤醒、劝告、责备”。

与孔子不同，苏格拉底为社会弊病所开的治方突出了一个“知”。

苏格拉底认定，把权力分散在缺乏真理而只具有意见的多数公民手里是当时雅典社会的症结所在，因此，他提出以“知识”来纠治这一弊病。通过把权力集中在真正具有知识的人手里，才能保证城邦的繁荣强盛。苏格拉底还把知识作为改造城邦每一个公民的根本手段。他断言，美德即知识，“一切别的事物都系于灵魂，而灵魂本身的东西，如果它们要成为善，就都系于智慧”。

孔子的“仁”和苏格拉底的“知”都有传人，各自对中西文化产生了深远影响。继孔子之后，孟子提出了“王道”和“政得其民”的主张。但由于“仁”的思想只注重人，而不注重对外部世界和未知世界的探索，造成了思想意识的极度僵化。孔子奉先王之道为至理，强调治国必须法古，“行夏之时，乘殷之辂，服周之冕”，这种尊古、法古、复古的社会观在中国历史上产生了极大的消极影响，奉《六经》（即《诗经》《尚书》《礼记》《周易》《春秋》《乐记》）为圭臬，各个时代的思想都被禁锢在儒学的樊笼内，更加深和保护了社会的闭塞和呆滞。

苏格拉底之后，柏拉图继续强化“知”的作用，他在《理想国》中把培养哲学王作为社会的头等任务。到了亚里士多德，更把求知的对象延扩到植物界、动物界和精神界等领域，赓续了雅典学派的重知精神，形成了西方的科学传统和科学方法论。但是，片面推崇理性，过分偏重于对外部世界的求索，也给西方文化带来了消极的影响。尼采以他犀利的目光揭露了西方文化的这一弊病，他把苏格拉底看作是这一弊病的魁首。他认为苏格拉底推崇知识的三句话，“德行就是知识，一切罪恶皆起于无知，只有有德之士才快乐”，招致了希腊悲剧的死亡。尼采断言“上帝死了”，在一定程度上代表了西方思想家对于外部世界的绝望心理。从 19 世纪下半叶以来，愈来愈多的西方思想家把视线转向人类自身，诚如海德格尔所言“在整个历史上还没有一个时代像现在这样关心人自身的问题”。

现代世界的文化正出现两种倾向：东方文化的“西方化”和西方文化的“东方化”。孔子的“仁”和苏格拉底的“知”两大思想潮流正在相互补充，相互渗透和相互兼容，这一进程势必会丰富全人类的文化，并使东方和西方的思想都得到富蕴生命力的滋养。

## 四

中西文化交流，除了人员往来、物质互通有无外，出版物交换及版权贸易是更重要的方面。

书籍的编辑出版对于中西文化的创造、积累和传播起了重要的别的传播方式不可替代的作用。

“最好的编辑所代表的，不是最多的编辑或者最少的编辑，而是编辑到什么程度最能让作者的才华发挥得淋漓尽致，使作者的作品放出最耀眼的光彩，引致如潮佳评，提高作者的专业声誉和自我评价，吸引到作者原本想要吸引的目标读者，而且读者群的数目大到令作者有足够的自信再度提笔写作、发挥创造力”（引自齐若兰译《编辑人的世界》，中国工人出版社 2000 年版）。

迄今，尚不知古希腊的苏格拉底是否从事过编辑活动和编辑工作，有什么样编辑业绩，如果没有的话，那么孔子也是人类编辑的老祖宗。

中国的乃至全世界的著作者、编辑者和读书人，不能忘记孔夫子。

# 毕昇：活字印刷推动出版

## 一

纸张是传统书写和印刷的必备材料。

早在汉朝，蔡伦在前人利用废丝绵造纸的基础上，采用树皮、麻头、破布、废渔网为原料，成功地制造了一种既轻便又经济的纸张，总结出一套较为完善的造纸工艺和方法，使造纸技术有了飞跃进步。公元105年（元兴元年，汉和帝刘肇年间），蔡伦将造成的纸张献给朝廷，受到皇帝的赞扬。从此，人们都用这种纸，并在全国通称蔡伦造的纸为“蔡侯纸”。

公元8世纪，我国已经广泛使用纸，此后几个世纪中，我国将纸出口到亚洲各国，并严保造纸工艺秘密。公元751年，唐朝和阿拉伯帝国发生冲突，阿拉伯人俘获几个中国造纸工匠。没过多久，造纸业便在撒马尔罕和巴格达兴起，造纸技术便逐渐在阿拉伯世界各地传开，后来又传到北美和欧洲。在蔡伦发明造纸术后的一千多年，欧洲才建立第一个造纸厂。

出版印刷，首先得有个版，才能刷印。我国从五代时就有了刻版印刷术。最早的版，是用刀具刻在木板上的，叫雕板或雕版。在雕版上刻字、刻符号、刻图画；刻的是反的，印在纸上才是正的。最早的印刷品，是将纸蒙在涂了墨的雕版上，用刷子在纸的背面刷，要刷得均匀，刷得磁实，印在纸上文字和图画才清晰可辨。如今用图章盖印，就是完好保存的最简单的雕版印刷。

我国纪念邮票上的蔡伦像

毕昇发明活字后，雕版印刷才变为活字印刷。毕昇发明的是泥活字，后来有了铜活字、铅活字，直到20世纪80年代，印刷厂还是铅活字或铅锌活字印刷。首先是用铸字机制成单个的汉字，再将汉字上架，接着检字、拼排、校对、改版，然后打成纸型，再将纸型翻铸成铅锌版，将铅锌版固定在木板上，装上印刷机器，开动机器，开始印刷。

毕昇画像

## 二

北宋科学家沈括（公元1031—1095年），晚年以平生见闻，在镇江撰写《梦溪笔谈》，其中有一篇《活板》，全文如下：

板印书籍，唐人尚未盛为之。五代时始印五经，已后典籍皆为板本。庆历中，有布衣毕昇，又为活板。其法：用胶泥刻字，薄如钱唇，每字为一印，火烧令坚。先设一铁板，其上以松脂、蜡和纸灰之类冒之。欲印，则以一铁范置铁板上，乃密布字印，满铁范为一板，持就火炀之；药稍熔，则以一平板按其面，则字平如砥。若只印三二本，未为简易；若印数十百千本，则极为神速。常作二铁板，一板印刷，一板已自布字，此印者才毕，则第二板已具，更互用之，瞬息可就。每一字皆有数印，如“之”“也”等字，每字有二十余印，以备一板内有重复者。不用，则以纸帖之，每韵为一帖，木格贮之。有奇字素无备者，旋刻之，以草火烧，瞬息可成。不以木为之者，文理有疏密，沾水则高下不平，兼与药相粘，不可取；不若燔土，用讫再火令药熔，以手拂之，其印自落，殊不沾污。昇死，其印为予群从所得，至今保藏。

这篇《活板》虽只三百余字，但内涵丰富，包括了活字印刷的整个工艺流程：刻字、置范、排版、固版、印刷、拆版及效率，以及印版下落。这不仅增加了这一记载的可信度和权威性，也可看出同代人的毕家和沈家有比较密切的关系。

毕昇造的是胶泥活字，元朝王祯的《造活字印书法》一文，记载了木活字的制造和排版印刷，他写道：“今又有巧便之法。造板木作印盔，削竹片为行，雕板木为字，用小细锯锼开，各作一字，用小刀四面修之，比试大小高低一同，然后排字作行，削成竹片夹之。盔字既满，用木榍榍之，使坚牢，字皆不动，然后用墨刷印之。”王桢又写道：“近世又铸锡作字，以铁条贯之，作行，嵌于盔内，界行印书。”这说明已出现金属活字。

1990 年，湖北省英山县出土了毕昇墓碑。

1995 年 12 月 26 日至 28 日，“毕昇墓碑研讨会”在湖北英山召开。

毕昇墓碑拓片

由于毕昇活字印刷术没有实物流传下来，近年来国外一些学者对它的真实性产生了怀疑，甚至唯一记载此事的沈括的《梦溪笔谈》也遭到否定。我国印刷界专家花费两年多时间，用实证的方法全面复原了毕昇的原创性工艺与技术，以事实驳斥了国外学者的质疑。2005 年 4 月 11 日，在北京大兴的中国印刷博物馆里，印刷专家们用毕昇的方法进行泥活字印刷，印刷的经折装宣纸印本《毕昇活字版印实证研究》，复原毕昇工艺流程图，是近千年来的第一次。其泥料选自北京大兴的黄村，刻工是延庆一个农民，在延庆旧县城盆窑村烧制。泥活字工艺首先用胶泥制成字坯，然后刻字，刻字完了经过烧，最后检字排版进行印刷。

为了证明毕昇的伟大发明，国际上最权威的办法就是进行实证研究。我国专家采取工科的研究模式，对毕昇活字印刷术工艺和技术做了大量系统的科学数据，终于依毕昇原法研制成功胶泥活字三千多枚。实验结果表明，普通黏土都可以制成可用的泥活字，只要通过传统闷窑法烧结 800℃制成。泥活字高一般在 1 厘米左右，排版时需用粘药松香、蜂蜡和纸灰固字，如果按一定用量配比，固版和拆版的效果都会很好。国外专家可能用了不合理的配药、松脂蜡或者用了固板的方法，不是毕昇的方法，他们没搞成功，从而推理毕昇的泥活字不

古代印书局的排字房，后面的人读稿，前面的人检字。

成功。通过这次实验，证明毕昇的泥活字完全可用，沈括的记载真实可信。

20 世纪末叶，我国还发现了大量西夏文的泥活字和木活字。这些地方的活字印刷术是沈括在公元 1080 年知延州的时候传过去的。延州即今日之延安，其位置正和西夏交界，如今从宁夏的银川、贺兰山，一直到甘肃敦煌、新疆西域一线上，发现十几处西夏文的泥活字和木活字，这有力地证明了我国活字印刷术在实践中不仅成功了，而且很快向西北传播。

从五代（10 世纪）雕版印刷，到北宋、南宋（11—12 世纪）的泥活字印刷，再到南宋（12—13 世纪）的金属活字印刷，再到宋元

安放在武昌雄楚大道上湖北出版文化城门前的毕昇塑像

之际至元初（13 世纪）经改进的木活字印刷。这是 10—13 世纪我国印刷业的发展轨迹。

1996 年，文化部主持召开的“西夏文佛经《本续》是木活字版印本研究项目鉴定会”；1996 年 12 月 26 日由国家文物鉴定委员会主持召开的对“陕西省出土唐代早期印刷品及有关文物的复鉴会议”。

2002 年 6 月，北京大学新闻与传播学院萧东发教授，应韩国济州岛耽罗大学的第二次邀请，去讲旅游文化课。6 月 12 日，萧东发访问了位于清州市的古印刷博物馆，看到了韩国的金属活字本——

《白云和尚抄录佛祖直指心体要节》的兴德寺刊出本。

韩国古代的金属活字印刷的纸本书

韩国学者徐有榘在《怡云志》卷七的《活版缘起》中说："沈括《梦溪笔谈》记胶泥刻字法，斯乃活版之权舆也，视镂版用力省，而程功速，后世其法寖备，或用木造，或用铅造，或用铜造，我东尤尚之。"可见朝鲜半岛的活版技术源于毕昇之法，而且在材料上推出更多的数量和品种，如陶活字、瓢活字、铅活字、铁活字等。

韩国对活字印刷的发展做过贡献，特别在金属活字方面。在大约相当于我国明代初年的李朝太宗三年（公元 1403 年），设立了专门从事金属活字铸造及印刷的机构铸字所，前后大概铸有几百万枚金属活字，目前尚有大量的活字印本存世，但就活字印刷术这一重大发明而言，其原理是最重要的，它出于我国北宋时毕昇的发明，这是必须承认的。而采用何种材料制作活字则是多样的，木、铜、锡、铁等只

韩国古代的金属活字版

是铸字材料上的扩展和应用。

## 三

谷腾堡，不是古城堡而是人。

谷腾堡1394年生于德国美因茨，原名 Johannes Gutenberg，1434年迁居斯特拉斯堡，专门雕琢宝石，制作镜子。1438年，他同几名金银匠订立研究活版印刷术的合同，秘密制作金属活字。1448年返回美因茨，改进自己研制的字模浇铸铅合金活字技术。从1450年起，与J·富斯特合伙经营印刷所。1452年，谷腾堡开始印制《四十二行圣经》，于1455年完成。其间，因活版印刷术发明权问题，与富斯特

谷腾堡画像

发生争执。1455年富斯特起诉获胜，从而拥有谷腾堡研制的活版印刷器材、《四十二行圣经》铅版和业已印毕的印张。其后，富斯特与P·舍费尔合伙，于1456年印制出《四十二行圣经》。由于富斯特与舍费尔盗用谷腾堡的发明成果，德国谷腾堡博物馆将《四十二行圣经》的印制年代定为1452—1455年。后来，谷腾堡得到美因茨市市长K·胡里的支持，再度进行活版印刷活动。他印制的其他纸本书有：《圣经·诗篇》（1457年）《三十六行圣经》（1460年前）和《万灵药》（1460年）等。

谷腾堡的发明，包括铸字盒、冲压字模、铸造活字的铅合金、木制印刷机、油脂性油墨等等，更重要的是他提出了一套完整而且高效率的印刷程序。谷腾堡正是整个印刷技术大改进的关键人物。他1468年去世后，被欧洲人认为是活字印刷的发明者。

四十二行圣经

谷腾堡的铅活字印刷术，是在比他早400年的我国北宋毕昇发明的活字印刷术的影响下所创制的，但因其成功地发明了由铅、锑、锡三种金属按科学、合理比例熔合铸成的铅活字，并采用机械方式印刷而功勋卓著。西方各国以此为先导，在文艺复兴和工业革命的推动下，开创了以机械操作为基本特征的世界印刷史上的新纪元。

## 四

谷腾堡的印书作坊

我国的现代出版印刷业是从上海开始的。

1898 年（光绪二十四年），上海从日本购进一批日本仿制的欧式一回转印刷机，其价格较之欧制印刷机低廉。

1901 年 5 月，《杭州白话报》创刊。此时杭州尚无活字印制设备，雇木刻工印刷。月出二期，每年售价一元。1902 年改用铅印，价格昂贵。

1906 年（光绪三十二年），又从英国购进以电气马达为动力的华府台单滚筒印刷机，印速达到一小时出千张。通称为“大英机”。

1912 年（民国元年），申报馆购进亚尔化公司的双轮转印刷机，印速已高达每小时印二千张。

1919 年（民国八年），商务印书馆购进了美国人罗伯特·米利（Robert Miehle）二回转平台印刷机。该机开动后滚筒轮转不停，印刷效率大大提高，且印刷质量、尤其是印刷图片，图文清晰，质量甚佳。通称“米利机”。米利机有单色米利机、双色米利机、双面米利机等多种。其中双面米利机于印刷双面图文的书刊，颇为便利。

凸版印刷机械的传入和发展，到清末民初购进和采用大英机、米利机，已与半个世纪前的手板、手摇、脚踏机，不可同日而语。此时已处在中华民族近现代印刷业崛起之时，此后更有带折页设备的滚筒纸、双面轮转印刷机和彩色滚筒纸轮转印刷机的引进，这些印刷机的速度之快、质量之佳，更非以往印刷机可比。这些先进设备的传入和发展，使中国的现代印刷业迅即跃居远东先进水平。为中国印刷业的崛起和发展创造了极为光明、广阔的前景。

新中国成立后，出版印刷的发展分四个阶段。

1949 年到 1956 年为第一阶段。

印刷工业分布东部沿海几个大城市，拥有的全张铅印机占全国总数的三分之二以上，对开铅印机近二分之一。除 12 家国营新华印刷厂以外，绝大多数印刷厂是私营厂。随着文化教育事业的振兴，印刷业很快就兴隆起来，但书刊出版数量的增长并不快，1956 年，随着全国范围内对私营工商业的社会主义改造运动的开展，私营印刷厂或者合并成为公私合营印刷厂，或者并入国营印刷厂。第一个五年计划时期，有计划地将上海、天津等几个大城市的少数印刷厂迁往内地。

1957 年到 1965 年为第二阶段。

经过公私合营和小厂合并以后，报纸印刷厂、书刊印刷厂、包装装潢印刷厂生产能力都有较大提高，制版、印刷、装订及印后加工都配套成龙。1958 年和 1959 年文化部在上海两次召开“印刷技术革新成果经验交流会”，反映了这几年印刷技术发展所取得的成就。1960 年前后，国家处于严重的经济困难时期，纸张及其他印刷原材料供应量及品质都大幅度下降，除了保障学生用课本供应外，其他印刷品像报纸、期刊、图书等出版物的印刷数量都大力压缩，印刷业的发展也放慢了前进的步伐。1963 年以后，随着国民经济形势的好转，文化、教育事业再度繁荣，印刷工业又步入了健康发展的道路。

“文革”十年为第三阶段。

那时把印制毛泽东著作，印刷毛主席画像放在压倒一切的地位。即使把所有可以印书、印画的印刷机器都开动起来，也难以完成数量巨大的印刷任务，从而导致为加速印刷技术改造而制订的印刷机械“28 项重点新产品研制计划”的实施。经过几年努力，扩建、新建了一批印刷机械制造厂，研制生产出了一些印刷机械新产品，使中国印刷机械的自给能力有了较大的提高。但发展重点在印刷机器方面，而忽视了排字和装订及印后加工机械设备的研制和提高，以致“文革”结束后很长时期，书刊印刷生产中出现的排字、印刷、装订三个环节生产能力不平衡的局面难以扭转。在发展印刷机械的制造方面，比较注意了书刊印刷机械生产能力的提高，对包装装潢、印刷和其他印刷机械的问题则关注不够。

改革开放后为第四阶段。

1978 年中共十一届三中全会“拨乱反正”，中国的印刷业像其他行业一样，又走上了健康发展之路。三十年来印刷技术改造，印刷工业的发展取得了重大成就：

——用电脑排版取代传统的铅活字排版，完成了具有历史意义的由“热排”向“冷排”的转变，结束了几百年的“铅与火”的旧时代，而迈进到“光与电”的新时代。

——用电子扫瞄分色过网取代传统的照相分色过网，不但大大提高了分色过网的品质，也缩短了制版周期。

——用平版间接印刷报纸、书刊，取代铅印报纸、书刊，使印刷品质和印刷速度有了进一步的提高。

——印刷技术水平的提高，由计划经济向社会主义市场经济的转变，有力地促进了包装装潢印刷业的发展。从80年代中期开始，全国包装装潢印刷的产值首次超过书刊印刷的产值。

——网版印刷有了突飞猛进的发展，网印技术的提高，应用范围的广泛，都是前所未有的。网印由过去平、凸、凹传统印刷以外的特种印刷，而跻身为平、凸、凹、孔四种常规印刷之一。

前三个阶段是在计划经济体制下，印刷工业的发展主要侧重于生产能力的增加和机械化水平的提高；第四个阶段则是在新技术革命浪潮的带动下，电脑走进了印刷领域，使印刷技术获得了质的飞跃，为印刷工业的发展提供了良好契机和广阔的发展领域。

活字印刷推动了传统出版业的发展。

现代出版业，既是文化产业，也是工业和商业，印刷机械、印刷设备、印刷材料、印刷工艺的高科技化，已经推动并将继续推动出版印刷行业的发展，推动整个纸质出版业的发展。

# 张元济：中国现代出版第一人

## 一

国民中终其一生先后见过自己国家五位元首的人，恐怕不多，张元济也许是仅有的一位。他见过清朝的光绪皇帝，见过中华民国的袁世凯总统、孙中山大总统、蒋中正总统，见过中华人民共和国开国领袖毛泽东主席。

张元济（1867—1959 年），字筱斋，号菊生，浙江海盐人。他出生于名门望族，书香世家。1892 年参加科举考试，中进士，入翰林院任庶吉士，又任刑部主事，后在总理事务衙门任章京。戊戌变法前夕，光绪皇帝要读西方新学的书，开列书单交总理衙门购买，朝中竟无人通晓，在京城书店也无法觅得，张元济却把它们收罗齐全了。这些呈送给光绪皇帝的书，大部分是张元济自己的。因为书上有印章，张元济的名字便给光绪留下了很深的印象。光绪皇帝在下诏变法的第五天，就召见了张元济。张元济向光绪进言，兴办新式学堂、培养各种人才和注重翻译。

戊戌变法失败后，张元济受到清廷“革职永不叙用”的处分。翰林院里的文官们，张謇去办实业了，蔡元培回老家教书了，原本等着坐牢杀头的张元济，因李鸿章相助得以幸免。李鸿章将他推荐给盛宣怀，于是他来到了盛宣怀创办的南洋公学（上海交通大学前身）当了译书院院长，管理译书院事务兼总校，主编《外交报》，又创办了“南洋公学特班”，为中国的将来培养“大才”。“特班”虽只招收一届学生，却出了邵力子、李叔同、谢无量等“大才”。张元济注意翻译书籍的选择，由注重翻译兵书而改为翻译社科、人文书籍。因业务关系，张元济与商务印书馆的创办人夏瑞芳相识。1901 年，他以“辅助教育为己任”，投资商务印书馆。

张元济照片

1902 年，张元济应夏瑞芳的邀请进入商务印书馆。

原来的商务印书馆只是个印刷厂，张元济进入后，设立了编译所、印刷所和发行所，聘请了一批扶助教育和文化建设的有识之士，如蔡元培、高梦旦、杜亚泉、夏曾佑等。蔡元培任编译所所长，后因苏报案离开上海避居青岛，由张元济直接担任编译所所长，他制订了全面系统的编辑出版计划。1916 年张元济任经理，又多次引进国外先进印刷机械和设备和先进技术，吸取国外先进管理方式，将商务印书馆变成了一个真正意义上的现代出版企业。1926 年任董事长直至逝世。张元济不愧为我国现代出版第一人。

## 二

张元济在商务的第一个举措就是编教科书。

清末的教科书都编得不好，一类是教会从西方引过来的，不适合中国国情；另一类是读古书出身的老夫子编的，写的太艰深，不符合青少年教育规律。张元济认为，教科书关系到一代乃至几代中国人的知识结构、思维方式的改变，他决定自己来编一套国文教科书。

张元济编课本的方法很独特，不是一个人闭门造车，单兵作战，而是请一帮人围坐在一起，每人都可以说出想法和主张，倘若是被大家公认为有价值的，则详细讨论。讨论者从儿童启蒙的特点入手，由简入繁，循序渐进。往往因为一个字，大家会争论得面红耳赤，每一问题都要讨论到所有参与者都没有异议为止。每完成一篇课文，大家再“轮流阅读，或加润色，或竟改作，相互为之，毫无成见”。这是多么民主与和谐啊！

1904 年，商务印书馆版《最新初等小学国文教科书》出版，成为当时的教科书范本，被全国各地的学堂广泛采用。商务印书馆发行所挤满了争购的人群。国文教科书翻印 30 多次，印数累计上亿册，发行量占全国的五分之四。因此，盈利颇丰。到 1910 年，商务印书馆已是晚清仅有的 15 家资产超过百万元的企业之一。

当时商务印书馆的老人很多，编写都用的是文言文，张元济以开明开放的态度，兼容并包、海纳百川的胸怀，和纯正高雅的学术情趣，广集人才。1920 年，引进沈雁冰主编《小说月报》，其《改革宣言》阐明不仅译述西洋名家小说，介绍世界文学的潮流，更要创造中国的新文艺。1920年到1922年，陆续进馆的就有陈布雷、谢六逸、郑振铎、周予同、李石岑、王云五、竺可桢、任鸿隽、陶孟和、顾颉刚等，他们之中多人后来成为中国文化科学领域的一代宗师。商务印书馆也因此和“五四”时期蔡元培主持下的北京大学一样，成为“各方知识分子汇集的中心”。

张元济旧学根柢深厚，是近现代中国首屈一指的国学大师，同时他也有罕见的现代意识。放眼世界，他组织翻译了重要的政治、技术和社会学方面的著作的出版，如严复翻译的亚当·斯密的《原富》《天演论》等著作，和林纾翻译的《茶花女》《黑奴吁天录》等西方通俗小说，这些译著新书开风气之先，令思想界、学术界耳目一新。

在张元济的主持下，商务印书馆还编辑出版了一大批工具书。1915年，第一部新式辞书《辞源》在商务印书馆问世，开创了我国现代工具书出版之先河，嗣后又编纂出版了《中国人名大辞典》《中国医学大辞典》《植物学大辞典》《动物学大辞典》《地质矿物大辞典》以及多种中外文对照词典等一大批工具书。

此外，商务印书馆还编辑出版了《东方杂志》《小说月报》《教育杂志》《学生杂志》《妇女杂志》等十多种在民众中有广泛影响的期刊。

## 三

作为一个优秀的版本目录学家和校勘学家，张元济在古籍整理方面成就辉煌。1902年进入商务印书馆，他就立志整理古籍，在给傅增湘的信中吐露心曲：“吾辈生当斯世，他事无可为，惟保存吾国数千年之文明，不至因时势而失坠，此为应尽之责。能使古书多流传一部，即于保存上多一分效力。吾辈炳烛之光，能有几时？不能不努力为之也。”

敦煌典籍被盗两年后的1910年，法国国家图书馆来了一位东方人，他向图书馆的负责人要求查阅他们收藏的敦煌典籍。走过重重铁门和高高的楼梯，他在一间密室里见到了流失至今的古老文献。他欲仔细阅读，并想抄下目录，以便以后再来翻拍、影印，但未能如愿。这个人就是张元济。

张元济多方收集资料，他在家门口竖起一块红底黑字的招牌，上书“收买旧书”四字。有书贩夹了包裹前来，张元济就让家人先替他收下，等晚上回来后再翻阅鉴定。他在报上刊登收购古籍的广告，每到一处，只要见到古籍善本，他必倾囊购买。每一次去北京，他总要到琉璃厂或别的书铺集中的地方去，自己带着古籍书目，在哪一家书店，看到了什么书，是什么样的版本，他都一一记录，作为日后收书、买书的重要线索。张元济特辟专室收藏宋、元、明本旧刊和抄校本，1909年建立涵芬楼，后来资料越来越多，规模越来越大，张元济便决定从历年的公积金中拨款10万元，建五层大楼的图书馆，取名“东方图书馆”。

从第一种《涵芬楼秘笈》开始，张元济陆续主持编校、辑印了《四部丛刊》《续古逸丛书》《百衲本二十四史》《四库全书珍本初集》等，其中绝大部分是他在1926年退休之后完成的，费尽了他晚年的全部心血。

《四部丛刊》从1915年开始酝酿，到1922年初编出版，历时七年，是中国现代出版史上尚无先例的浩大工程。前后印了初编、续编、三编，近五百部书，汇集了中外的宋、元、明善本及一些精抄本。从定书目、选底本、文字校勘，到工价预估、选择印刷纸张，张元济事必躬亲。他对每一册古书，都做着初修、精修、复校、总校的工作，终日伏案，每天的工作量是一百页，每一页都校勘到准确无误为止。《四部丛刊》无论在选目的精当，还是在校勘和影印的质量，都远远超过了清朝乾隆时期编纂的《四库全书》。

1928年，张元济为《四部丛刊》专程赴日访书。在一个半月的时间里，他饱览了东京、京都等地图书馆的汉籍收藏，不停地阅选古书。虽年逾六旬，每天都要做笔记直到深夜。每到一处，都商借拍摄，带回上海影印出版。访书的直接成果则是带回了46种罕见古籍的摄影底片，包括他十分心疼的被日本静嘉堂文库收购走的“皕宋楼”藏书。

张元济是一个嗜书如命的文人，又是经营管理的高手，仅《四部丛刊》初编出版，就赚了一百多万元。

完成《四部丛刊》初编后，张元济又做了一项伟大的文化工程，就是《百衲本二十四史》的影印。二十四史讲述的是中华民族自三皇五帝开始的完整的历史。但历史的流转使它形成了各种版本，张元济不仅要挑出最好的版本作为底本，还要将其他版本的不同之处汇集起来。

“百衲”二字取自于古代和尚所穿的破烂补缀起来的衣服。许多宋代版本的书传下来都有缺卷，需要配其他的宋本，还要配页，所以称为“百衲本”。

顾廷龙先生曾感叹：“这么浩大的工程，都是用手写，那些校勘记，那些批注，所耗费的精力工夫无法估量，这整整十年当中张元济就是每天不间断地在做这样一件工作！”

商务印书馆，不仅是出版机构，还是庞大的社会文化产业。除在上海设有体制完备的总务处、总编译所、总发行所及机械、技术都十分完善的印刷总厂之外，还在北京、香港设有印刷分厂。在各省市和重要商埠设有85处分馆，在香港、新加坡、吉隆坡也设立了分馆。

1932年前上海闸北的上海商务印书馆总厂全景

## 四

侵略者对商务印书馆早有预谋，日军侵沪司令盐泽幸一曾说：“烧毁闸北几条街，一年半年就可恢复，只有把商务印书馆这个最重要的文化机关焚毁了，它则永远不能恢复。”1932年1月29日早上8点多钟，日军的飞机轰炸了商务印书馆。第一枚炸弹就落在油墨仓库里边，瞬间燃烧起来，那些被熔解了的铅字像水一样在地上流淌。宝山路的总管理处、编译所、四个印刷厂、仓库、尚公小学等全部中弹起火被焚毁。随后，日本浪人又潜入东方图书馆纵火，浓烟遮蔽上海半空，纸灰飘飞十里之外，火熄灭后，纸灰没膝，五层大楼成了空壳，商务印书馆80%的资产毁于一旦。最令人痛惜的是东方图书馆的四十六万册藏书，包括善本古籍三千七百多种，三万五千多册，悉数被毁，价值连城的善本孤本图书从此绝迹人寰。

望着漫天飘舞的纸灰，张元济涕泪长流。他唯有自责，对夫人说："这是我的罪过！如果我不将这些书搜罗起来，不是集中保存，仍然让它散存在全国各地，岂不可以逃过这场浩劫！"但一切都无法挽回，他只有仰天长叹："廿年心血成铢寸，一霎书林换劫灰。"这是中华民族历史上无可挽回的损失，是令人永远痛惜的悲剧。

就在东方图书馆被焚毁的当天，66岁的张元济立即重返商务印书馆，主持商务印书馆复兴的工作。他又开始了每天早上八点上班，下午六点下班，晚上回家校勘古书的生活。张元济对向他表示慰问的胡适说："如果商务印书馆从此澌灭，未免太为日本人所轻。"他表示："平地尚可为山，元济一息尚存，仍当力图恢复。"

总馆被毁后，商务印书馆董事会成立特别委员会，致力复兴工作。除少量印刷业务仍在原址，编审、出版、经营部门迁出闸北。1932年10月1日，商务印书馆宣布"每日出版新书至少一种"。

"日出一书"便从此开始。五年以来，从未间断，且逐渐增加。

张元济每天的工作是如此迫切，他似乎忘记了自己的年龄。张元济又从头开始校勘《百衲本二十四史》，他与时间赛跑，要赶在灾难再次来临之前做完此事。任何人在任何时候来看他，他都在伏案忙

被日军轰炸破坏的商务印书馆

碌。他的视力为此受到损害，医生嘱咐他再不能长时间用眼，但他还是坚持，只是用点眼药水，支撑着工作。他白天到商务印书馆工作，晚上回家校勘《百衲本二十四史》。

经过四年多夜以继日地奋斗，于1936年《百衲本二十四史》终于出版，共3301卷，分装成820册。这时，张元济已整整七十岁。他对好友顾廷龙说："能于文化销沉之际，得网罗仅存之本，为古人续命，这是多么幸运啊！"

张元济在《影印百衲本二十四史序》中说明了出版缘由："长沙叶焕彬吏部语余，有清一代提倡朴学，未能汇集善本，重刻十三经、二十四史，实为一大憾事。余感其言，慨然有辑印旧本正史之意。求之坊肆，丐之藏家；近走两京，远驰域外。每有所觏，辄影存之。后有善者，前即舍去。积年累月，均得有较胜之本。虽舛错疏遗，仍所难免。而书贵初刻，洵足以补殿本之罅漏。诵校粗毕，因付商务印书

装在专门书柜里的《影印百衲本二十四史》

馆用摄影法覆印行世，缩损版式，冀便巾箱；真面未失，无虑尘叶。或为有志乙部者之一助欤？”

影印，是按原本照相制版印刷。百衲本，是将相同内容书籍的各种版本参校汇编而成的新版本，有如僧人所穿的百衲衣，故名。朴学，即质朴之学。汉时泛称经学为朴学，清代学者将考据学称为朴学，系针对宋代理学的空疏而言。朴学坚持实事求是的学风，重史实依据，解经由文字入手，以音韵能训诂，以训诂能义理。善本，指精刻、精印、精校的难得古书，珍贵的手稿、孤本，罕见的文献。辑印，收集相关的资料，加以整理，刻印成书。初刻，初次刻印，尤指印刷术普及前所刻印的版本。殿本，武英殿本的简称。清代康乾时在武英殿设立修书处，其刻本甚佳，写刻、校勘、墨色、纸张极为优良，可超元明，足比两宋，实为善本。殿本是明末经厂本的延续。缩损版式，翼便巾箱。制作副本的时候调整原来的版式，以方便携带与存放。巾箱，即裱以绢帛的小箱子。后凡小型本均称巾箱本。乙部，古代图书分为经、史、子、集四部，以甲、乙、丙、丁为次。乙部即史部，或为一部，即全套二十四史。

现将《影印百衲本二十四史》所据底本、原书规格、初版时间、册数记载如下：

《史记》，涵芬楼藏南宋黄善夫刻本，原书匡高20公分，宽13公分；1938年12月初版，30册；

《汉书》，借常熟瞿氏铁琴铜剑楼藏北宋景祐刊本影印，原书板匡高营造尺六寸八分，宽五寸正；1930 年 8 月初版，32 册；

《后汉书》，涵芬楼藏宋绍兴刊本，原阙五卷半，借北平图书馆藏本配补，原书板高营造尺七寸，宽五寸七分；1931 年 8 月初版，40 册；

《三国志》，中华学艺社借照日本帝室图书寮藏宋绍兴刊本，原阙魏志三卷，以涵芬楼藏宋绍兴刊本配补；1931 年 8 月初版，24 册；

《晋书》，涵芬楼藏原海宁蒋氏衍芬草堂藏宋本，原阙载记三十卷，以江苏省立国学图书馆藏宋本配补；1934 年 12 月初版，24 册；

《南史》，北平图书馆及涵芬楼藏元大德刊本，原书板匡高 22 公分，宽 17 公分；1935 年 12 月初版，20 册；

《北史》，同上，1935 年 12 月初版，32 册；

《宋书》，借北平图书馆、吴兴刘氏嘉业堂藏宋蜀大字本影印，阙卷以涵芬楼元明递修本补配，原书高 23 公分，宽 19 公分，1933 年 12 月初版，36 册；

《南齐书》，借江安傅氏双鉴楼宁蜀大字本影印，原书版高营造尺七寸三分，宽六寸；1933 年 12 月初版，14 册；

《梁书》，借北平图书馆藏宋蜀大字本影印，阙卷以涵芬楼元明递修本配补，原书板匡高 23 公分，宽 19 公分；1933 年 12 月初版，14 册；

《陈书》，北平图书馆藏及中华学艺社借照日本静嘉文库藏宋蜀大字本，原书板匡高 23 公分，宽 19 公分；1933 年 12 月初版，8 册；

《隋书》，涵芬楼藏元大德刻本，并借北平图书馆、江苏省立国学图书馆藏本配补，原书板匡高 22 公分，宽 16 公分；1935 年 12 月初版，20 册；

《魏书》，北平图书馆、江安傅氏双鉴楼、吴兴刘氏嘉业堂及涵芬楼藏宋蜀大字本，原书版高 23 公分，宽 19 公分；1934 年 12 月初版，50 册；

《北齐书》，借北平图书馆藏宋蜀大字本，阙卷以涵芬楼藏元明递修本配补，原书板匡高 23 公分，宽 19 公分；1934 年 12 月初版，10 册；

《周书》，吴县潘氏范砚楼及涵芬楼藏宋蜀大字本配元明递修本，原书板高 23 公分，宽 19 公分；1934 年 12 月初版，12 册；

《旧唐书》，借常熟瞿氏铁琴铜剑楼藏宋刊本，阙卷以明闻人诠覆宋本配补；1936 年 12 月初版，36 册；

《新唐书》，中华学艺社借照日本岩崎氏静嘉文库藏北宋嘉祐刊本，阙卷以北平图书馆、江安傅氏双鉴楼藏宋本配补；1936 年 12 月初版，40 册；

《五代史记》，借江安傅氏双鉴楼藏宋庆元本影印，原书板高营造尺五寸八分，宽四寸；1931 年 8 月初版，14 册；

《旧五代史》，影印吴兴刘氏嘉业堂刻原辑永乐大典有注本；1936 年 12 月初版，24 册；

《宋史》，借北平图书馆藏元至正刊本，阙卷以明成化刊本配补；1937 年 3 月初版，136 册；

《辽史》，涵芬楼藏元刊本，原书板匡高营造尺六寸五分强，宽五寸一分；1931 年 8 初版，16 册；

《金史》，借北平图书馆藏元至正刊本影印，阙卷以涵芬楼藏元覆本配补，原书板高营造尺七寸，宽五寸一分；1931 年 8 月初版，

32 册；

《元史》，北平图书馆及涵芬楼藏明洪武刻本，原书板匡高 26 公分，宽 17 公分；1935 年 12 月初版，60 册；

《明史》，据乾隆年武英殿原刊本影印，附王颂蔚编集考证捃逸；1936 年 12 月初版，100 册。

上述可见这一“辑印旧本正史”的浩大出版工程的策划及实施过程。

一是广收善本，精选底本。不拘泥于涵芬楼所藏，还借用了国内外五十多家公私藏书。“后有善者，前即舍去”，不断地淘汰相形见绌者，以保证用“较胜”之本作底本。

二是用初刻本，补殿本之罅漏。殿本已是善本，但编纂者多为御用史官，为帝王左右，史实错讹甚多，不仅有大量单个文字错误，还有段落颠倒、脱落，用初刻本比照校勘以补正。

三是将校勘中发现的错漏，以校勘记的形式写下来，附在正文之后，而不妄改原书。张元济所做的《衲史校勘记》就有一百多册，由此创立了一整套整理古籍的学术规范。

四是版式有所改动，文字内容不动，仍保持原来的面貌，张元济亲自监督印刷，用纸装帧精良。

影印百衲本二十四史是一项浩繁巨大的有许多人参加的旷日持久的大工程，既要忠于原文，又要校勘整理，消灭差错，描润是使原文不走样且变得清晰可辨，不允许任何一个环节留错、出错，必须制订一些死规定，使每个人切实负责。

张元济在《记百衲本二十四史影印描润始末》一文中记载了 1933 年 12 月制订的《百衲本二十四史影印描润工序》：

“原书摄影成，先印底样，畀校者校心卷第叶号：有原书，依原书，不可得，则依别本；对校毕，有阙或颠倒，咸正之。卷叶既定，畀初修者以粉笔洁其版，不许侵及文字，既洁，复校，粉笔侵及文字者记之，畀精修者纠正。

底样文字，有双影、有黑眼、有搭痕、有溢墨，梳剔之；梳剔以粉笔，有断笔、有缺笔、有花淡笔，弥补之；弥补以硃笔，仍不许动易文字，有疑，阙之，各疏于左右栏外。

修精毕，校者复校之，有过或不及，复畀精修者损益之；再复校，取武英殿本及南北监本、汲古阁本，与精修之叶对读，凡原阙或近磨灭之字，精修时未下笔者，或彼此形似疑误者，列为举疑，注某本作某，兼述所见，畀总校总校。以最初未修之叶及各本，与既修之叶互校，复取昔人校本史之书更勘之；既定为某字，其形似之误，实为印墨渐染所致，或仅属点画之讹者，是正之，否则仍其旧；其原阙或近磨灭之字，原版有痕迹可推证者，补之，否则宁阙；阙字较多，审系原版断烂，则据他本写配，于阑外记某行若干字据某某本补，复畀精修者摹写。

校者以原书校之，一一如式，总校复校之，于是描润之事毕。

更取以摄影，摄既，修片；修既，制版；制版清样成，再精校；有误，仍记所疑，畀总校；总校复勘之，如上例。

精校少则二遍，多乃至五六遍，定为完善可印。

总校于每叶署名，记年月日，送工厂。”

“描润”是旧时制版前的一道工序，是透过覆在手抄本、图画、版画原件上看得见的文字或线条描摹润笔，是在底本模糊断缺又无他本可以替代的情况下进行的，若底本清晰就无须描润了。“卷第叶号”，即卷次页码；“阙”，同缺，指遗漏之处；“梳剔”，梳，梳理，整理；剔，剪修，剔除；“损益”，减少和增加；“删增”，引申为得失；“勘”，即校勘，校订、核对。“阑”，书版（或画幅、织物）的界格和行格。

## 五

1911 年至 1949 年，民国时期的 38 年间，共出版各类图书约十三万多种，这是中国编辑出版史上的空前业绩。超过 10% 份额的有文学、政治、经济、教育四类。上海是出版重镇，商务印书馆、中华书局、开明书店、世界书局、生活书店等都集中在上海，65% 的图书是由上海出版的。其次是北京，虽说北京学者作家云集，但其著作往往送上海出版。抗战时，北京、上海沦陷，不少出版社迁往陪都重庆，在艰难困苦中，重庆也出版了不少书籍。

民国的图书出版，以平装为主，印刷装帧比较简朴；以铅印为主，还有少量石印和影印；以 32 开本为主，也有些 25 开本和 36 开本；以白报纸为主，还有些土纸本。

民国的图书出版，涌现出一批编辑出版家，带动着一家家私营出版企业，如张元济之于商务印书馆，陆费逵之于中华书局，沈之方之于世界书局，章锡琛、章锡珊兄弟之于开明书店，邹韬奋之于生活书店，还有国民党办的正中书局等。

民国的出版进步是与当局出版法令的禁止条款作斗争而成就的。

中华民国临时大总统孙中山制定的《中华民国临时约法》第6条第4款规定“人民有言论、著作、游行及集会、结社之自由”，后来袁世凯控制的北京国民政府制订了《出版法》，第11条规定了“八不准”：文字图画有左列各款情事之一者，不得出版：一、淆乱政体者；二、妨害治安者；三、败坏风俗者；四、煽动曲庇犯罪人、刑事被害人或陷害刑事被害人者；五、轻罪、重罪之预审案件未经公审者；六、诉讼或会议之禁止旁听者；七、揭载军事外交及其他官署机密之文书图画者，但得官署许可时，不在此限；八、攻讦他人隐私，损害其名誉者。1928年，国民党中宣部在《宣传品审查条例》中规定：“宣传共产主义及阶级斗争”的宣传品为“反动宣传品”，要“查禁查封或究办之”。1932年11月，国民党中宣部又公布了《宣传品审查标准》，1934年6月还公布了《图书杂志审查方法》，1938年7月，公布了《图书杂志原稿审查办法》等等。1929年至1941年，共查禁书刊2781种。1938年8月，生活书店联合商务、中华、世界、开明等十多家出版企业一起发表宣言，坚决要求国民党立即撤销一切压制言论出版自由的法令，同年10月，邹韬奋争取七十余名参政员联署，在国民参政会第二次会议上，提出了《请撤销图书杂志原稿审查办法，以充分反映舆论及保障出版自由案》，抗日战争胜利后，新闻出版界发动了轰轰烈烈的“拒检”运动，1945年9月22日，国民党政府不得不宣布自10月1日起废除原稿检查制度。

## 六

1933年，邹韬奋主编《生活周刊》发表指责国民党政府的文章，被蒋介石下令禁止出版。张元济前往蒋介石的庐山别墅，为邹韬奋说情，试图说服他解除对《生活周刊》的禁令。

1937年6月25日，张元济将刚出版的《百纳本二十四史》送上庐山呈蒋介石，曾致一函：

介石先生阁下：敬启者，前呈刍荛之言，仰荷批答，转行浙江省饬查，不胜感幸。比闻驻节匡庐，起居康复，尤深欢忭。元济嗜读史籍，深有慨于武英殿重刊之《廿四史》校勘粗率，其中脱叶阙行，衍文错简，指不胜屈。尤甚者改窜作伪，致失原书真目。一代学人，惩于文字之狱，不敢举摘，二百余年，读者几无不受其眩瞀。元济生当鼎革，禁网宏开，因搜集历朝善本，重加勘印，历十余载，幸观厥成，畀商务印书馆影印，顷已全书出版，谨以一部上呈台览，兼附书牍，已交转运公司运至庐山，由敝馆支店赍送行辕，伏祈莞纳。再国难日深，复兴民族，必先提高人格，元济近撰小册，冀唤醒一般民众，附呈一册，并乞裁教。专肃，祇颂台绥。

信中所说的“近撰小册”即张元济编著的《中华民族的人格》一书（见下一面图片）。本子很薄，不到五万字，记述了中国古代十四个杀身成仁，舍生取义的侠义故事。他为此书题词：“孔子曰杀身成仁。所谓仁者，即人格也，生命可掷而人格不可失。”

在日本帝国主义步步紧逼的时候，张元济看到，过去有过一些交往的人，有的落水了，有的当汉奸了，比如商务印书馆第一任董事长郑孝胥，就跑到伪满洲国当总理去了。置身如此世态和时运，张元济异常沉痛地关切着民族的去路，他觉得应该要提倡我们中华民族应有的人格。

《中华民族的人格》

他曾对中国自晚清以来的新教育有一种痛切的反省，他认为，新教育之所以没有起到真正的效果，就是大家只注意到知识的“新”，而没有注意到人格的养成。新教育培养出来的人，如果在人格上不堪一击就东倒西歪，就不是一种成功的教育。这也许是他在国难日益深重之时，编写《中华民族的人格》更为深刻的原因。

1937年8月13日，日本侵略军大举进攻上海，商务印书馆再次遭灾，无法工作。

1937年9月1日，报上刊登张元济所拟《商务印书馆启事》：

敝馆五年以来，两遭国难。二十一年一·二八之役，总馆及总栈全毁，损失奇重，总馆因是停业半年。复业后，鉴于学术救国之重要，于同年十一月一日，宣布每日出版新书至少一种，五年以来，从未间断，且逐渐增加至每日三四种，教科书及大部书尚不与焉。本年八·一三之役，敝馆上海各厂，因在战区以内，迄今无法工作，书栈房亦无法提货。直接损失虽未查明，间接损失实甚严重。自沪战发生之日起，所有日出新书及各种定期刊物、预约书籍等，遂因事实上之不可能，一律暂停出版。月余以来，就较安全之地点，设置临时工场，并就分厂力量，设法调济，决自十月一日起，恢复新出版物。惟是能力有限，纸张短缺，运输亦重感困难，祇能量力分别进止，其继续进行者，亦祇能分别缓急次第出版。邦人君子鉴于敝馆今日处境之困难，始终为文化奋斗之诚意，当能垂谅一切也！

八年抗战，张元济蛰居上海。他主持着没有撤离的商务印书馆董事会，拒绝在汪伪政权下注册，拒绝与日伪任何形式的合作，甚至停止了股东年会。因为生活艰难，这位古稀老人只能靠卖字维持生活。即使卖字，他也决不给汉奸写一个字。

张元济的孙辈张珑回忆说："珍珠港事件后，日军占领了租界，也想弄出一些社会上有威望的人来替他们撑面子，有一次来了两个日本人要见我祖父，祖父就写了个条子'两国交战，不便接待'，让我父亲下楼去交给日本人。"平日他就在家里，出门越来越少，几乎处于一种隐居的状态。

张元济在自家门口

虽然隐居一隅，但张元济依然关注着时局的变化，关注着那因战乱而流散的中华文明的断简残篇。他与叶景葵、陈陶遗等人一起发起成立了合众图书馆，在沦陷的上海，为散佚的古籍文献搭起了一个可栖之所。张元济还给远在北京的顾廷龙写信，邀请他来主持图书馆的工作。

当时创办合众图书馆，可说是空无一人、空无一物。没有现成的馆址，1939 年开始创办，直到 1941 年才把长乐路富民路的房子慢慢盖起来。张元济和叶景葵都倾其所有，不仅把两个人所有的藏

合众图书馆旧址

书都拿出来，口袋里只要有钱也都倾囊而出。

就这样，张元济又办起了一个图书馆。他在战祸连年，文物图书大量散亡之际，收藏、保存古籍善本，发展成为上海最具规模的图书馆。到1949年，合众图书馆已有藏书22万册。上海解放后，张元济捐出了全部藏书，成为今天的上海图书馆中最重要的珍藏。

## 七

新中国成立前夕，新政协召开之际，毛泽东邀请张元济等文化名人同游天坛。毛泽东询问戊戌变法的情形和光绪召见时的礼仪，张元济一一作答。

当晚，他对儿子张树年说："我活到耄耋之年，见过光绪，见过袁世凯，见过孙中山，见过蒋介石，今天又见了毛泽东。"

新中国成立时，张元济已是82岁的耄耋老人。1949年底，他中风了，半个身子不能动，只能背靠在墙上，半卧着。他让家人制做了一张小桌，放在床上，靠着这个小桌，张元济依然继续着他的编校工作。

就在这张小桌上，张元济用放大镜，一个字一个字地完成了他人生最后的一本书——《涵芬楼烬余书录》。

这件事让他牵挂了20年。当年东方图书馆被毁，所幸有574种

张元济（前排左二）等人跟毛泽东同游天坛

善本因存放在当时租界的银行保险柜里得以保存。张元济深恐这批幸存的书再出意外，开始对这批图书编目。他还为新发现的宋代刻本《金石录》做了鉴定，并题写跋文。

满腹经纶的文化耆宿张元济也是关心政治，为国家大事操心的。

1950 年 8 月底，张元济在收到毛泽东主席 7 月 30 日的手书，并看到西藏和平解放的“协议”之后，给毛泽东主席复信。根据“协议”“第九条发展西藏民族语言文字和学校教育”，张元济“谨陈管见数事”，提出教育和新闻出版方面的四条建议。随信附寄庆祝西藏解放的长短句歌辞一首，敬祈指正。

1951年8月29日，张元济又上书毛泽东，写道：

主席英鉴：敬复者，本月初旬奉到七月三十日手书，备承垂注。前承拙作，并荷褒词，弥深惭愧。西藏解放实为我国一大庆事，然非我公威爱并济，运筹致胜，奚能致此？迭听好音，当赋长短句歌辞一首以志庆幸，别纸录呈，敬祈教正。承示实行协定，我部队不久可到拉萨，从此巩固国防，实施自治，西南底定，统一可期。此后建设不知尚须费几许人力物力？此为先民所遗未完之债，留待后人担承。生当斯世，无可诿卸，亦不容诿卸者也。协议二、八条既经实行，第九条发展西藏民族语言文字和学校教育即当接踵而起。元济不揣固陋，谨呈管见数事，壤流之末，明知无补高深，亦聊尽其献曝之诚而已。

首都宜特设西藏语文专校。前清原有唐古忒学，用意未尝不是。后竟成虚文。今宜特别设施，优其廪饩，由藏胞选送聪颖子弟入学。邻近各省亦宜酌设分校，以植一道同风之基。

首都及邻近各省大学宜设特西藏语文专科。北京大学有东方语文学系。元济前为东方图书馆购得藏文《甘珠尔论藏》全部，凡百余函。后为北京大学东方语文系借去，度必供研习藏文之用。未知生徒究有多少？亟宜推广名额，以备异日派入西藏参加军政各项工作之需。

宜编辑藏文常识之书。先就人民所需之知识，用极浅近之文义，以藏文编成小册、图片，配以汉文，精美装印，运入西藏，广为分送，务使其家喻户晓，渐收怀远招携之效。

藏胞聚集之处，宜由当地政府领导人民常与集会，加意联络，使有宾至如归之乐。又国内大都市著名报纸及专科杂志尤宜多载西藏近事，及其地理、史绩、物产、民俗等等，俾国内人民熟知藏中情况，养成休戚相关之谊。

以上云云，自惭浅陋。不知足备采择否？闻都门天气酷热，比已入秋，遥想福躬康健，定符下祝。国事贤劳，伏维珍重。

张元济报效祖国，对国家的领土、主权尽责，不仅关心西藏，更关心台湾。1956 年 6 月 15 日，他以浙江同乡身份又致函蒋介石，先是有礼貌地回忆他们二十多年前的会晤，之后劝说蒋介石效法五代时吴越国的统治者钱武肃，纳土归顺，以完成中国统一大业。此信曾转呈中共中央，毛泽东看后大为赞赏，同意由中央人民广播电台及福建人民广播电台对台宣读。

此信原文如下：

介石先生大鉴：庐山把晤，快领教言。光阴迅速，忽忽已二十余年矣。此二十余年中，公所施受国人之嬉笑怒骂者，可谓无所不至。然弟终不愿以常人待公。今者据有台澎，指挥四方，此固足以自豪。虽然，弟窃有更进于此者，今愿为公言之。公浙人也，弟亦浙中之一老民。千百年来，我浙江有一不可磨灭之人物。伊何人欤？则钱武肃。是钱之事迹，度公亦必耳熟能详。当北宋之世，武肃据有全浙八部，军威著于一时，能默察时势，首先效顺，而炎宗统治之局，因以底定。当今之世，足以继钱武肃而起者，舍公而外，无第二人。窃于公有厚望焉。

此致

敬礼

一九五六年六月十五日

## 八

新中国成立后，张元济当选为全国人大代表，任上海文史馆馆长。著有《校史随笔》《涵芬楼烬余书录》等。

张元济在抗战时曾卖字维持生活，书法很好，他以多副手书对联表明心迹，如：

事能知足心常惬
人到无求品自高

正其谊明其道
敏于事慎于言

书有未曾经我读
事无不可对人言

长安居大不易
天下事尚可为

宇宙静无事
山林大有人

张元济作自挽联，表达他的自嘲和自慰：

好副臭皮囊，为了你忙着过九十年，而我可要交卸了；
这般新世界，纵然我活不到一百岁，及身已见太平来。

1959 年 8 月 14 日，张元济在上海溘然长逝。

嗜书、寻书、藏书、编书、出书，成就了张元济的一生。张元济选择以出版来推动教育，为中华民族的文明“续命”。随着他领导的商务印书馆而起的中华书局、世界书局、开明书店，成为 20 世纪中国现代出版业的四大重镇。

张元济手书对联墨迹

张元济在弥留之际，他还惦记着古书《册府元龟》的影印出版……

20 世纪末，“世纪抢救工程”组委会筹集巨资，约请张岱年、季羡林、任继愈、启功等专家参与，六载耕耘不辍；32 人操作 16 台扫描仪，24 小时不停扫描整整两年；共用浙江富阳极品手工宣纸 23000 刀。由北京古籍出版社重印《百衲本二十四史》三百套，重现 1936 年商务印书馆《影印百衲本二十四史》原貌。

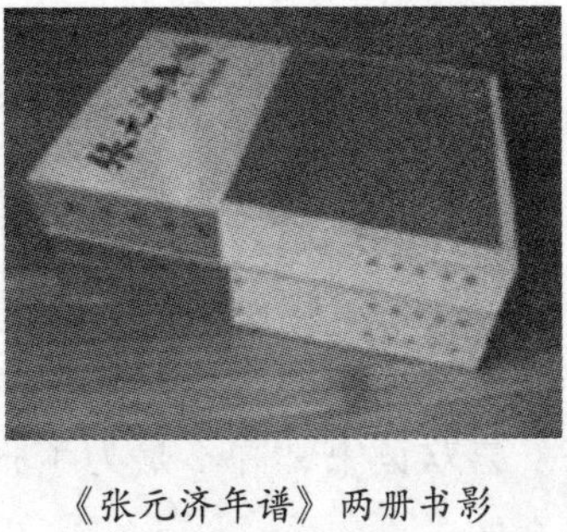
《张元济年谱》两册书影

张元济身后有《张元济诗文》《张元济书信集》《张元济日记》《张

元济傅增湘论书尺牍》和《张元济全集》《张元济年谱》出版。

张元济故居。上海霞飞路（今淮海中路）沙发花园24号的西班牙建筑，张元济1946年入住。

张元济最有名的对联是他晚年所写的：

数百年旧家无非积德
第一件好事还是读书

想到这副对联，我们便想起张元济；想起张元济，我们更喜欢读书。喜欢读书，并不是为了张元济，而是为我们自己，为了祖国的今天和明天。

# 鲁迅：文学家的著述与编辑

## 一

1936年10月19日早晨，鲁迅先生在上海北四川路底施高塔路（今山阴路）大陆新村9号家中逝世，噩耗震惊中外。出殡时，许广平指定沈钧儒、邹韬奋、史良、章乃器四位名流扶柩，胡风、巴金、靳以、萧军、张天翼等八位青年作家抬棺，十里长街万人送葬。在万国公墓举行葬礼时，由宋庆龄主持，蔡元培亲为执绋，并致词说："我们要使鲁迅先生的精神永远不死，必须担负起继续发扬他精神的责任来。"

1937年10月19日毛泽东在延安陕北公学纪念鲁迅逝世一周年大会作了题为《论鲁迅》的讲演，他说："鲁迅在中国的价值，据我看要算是中国的第一等圣人。孔夫子是封建社会的圣人，鲁迅则是现代中国的圣人。"

1938年8月，20卷本的《鲁迅全集》在上海出版了，毛泽东通过上海中共秘密组织得到的一套，是做工精细、装帧别致的200套纪

鲁迅葬礼

念本中的第 58 号，紫色封面、黑色书脊、布料包角。

1940 年 1 月毛泽东在《中国文化》创刊号上发表《新民主主义论》，文章中他这样评价鲁迅：

“二十年来，这个文化新军的锋芒所向，从思想到形式（文字等），无不起了极大的革命。其声势之浩大，威力之猛烈，简直是所向无敌的。其动员之广大，超过任何历史时代，而鲁迅，就是这个文化新军的最伟大和最英勇的旗手。鲁迅是中国文化革命的主将，他不但是伟大的文学家，而且是伟大的思想家和伟大的革命家。鲁迅的骨头是最硬的，他没有丝毫的奴颜和媚骨，这是殖民地半殖民地人民最可宝贵的性格，鲁迅是在文化战线上，代表全民族的大多数，向着敌人冲锋陷阵的最正确、最勇敢、最坚决、最忠实、最热忱的空前的民

初版《鲁迅全集》第十三卷的内封

族英雄。鲁迅的方向，就是中华民族新文化的方向。”在毛泽东一生的文章中，一段话中用了九个“最”和四个“伟大”，可能唯有这一处。鲁迅是毛泽东评价最高的一个中国人。

鲁迅并非共产党员，而中共领袖为什么对他有这么高的评价呢？是因为毛泽东博览群书，遍及经典，通过比较和鉴别，而赏识鲁迅著作的价值，并且钦佩鲁迅的人格。

1933 年秋冬之际，左翼文人、中共党员冯雪峰在上海被特务盯梢，身份暴露了，党组织决定让他暂离上海。12 月底，冯雪峰抵达江西革命根据地，住在中央工农民主政府所在地瑞金。

1934 年初，毛泽东为了筹备召开第二次全国苏维埃代表大会，

鲁迅像，摄于1932年

从汀洲回到瑞金，住在沙洲坝，专门去拜访初来乍到的冯雪峰。毛泽东遗憾地告诉他：“五四时期在北京，弄新文学的人我见过李大钊、陈独秀、胡适、周作人，就是没有见过鲁迅。”冯雪峰向毛泽东汇报了上海的工作和左翼文艺阵营的活动，特别详细地介绍了鲁迅的情况。冯雪峰告诉毛泽东，有一个日本人曾经说过，全中国只有两个半人懂得中国：一个是蒋介石，一个是鲁迅，半个是毛泽东。毛泽东听了哈哈大笑，沉吟片刻说：“这个日本人不简单，他认为鲁迅懂得中国，这是对的。”

冯雪峰还告诉毛泽东，鲁迅读过毛泽东的诗词，认为他有“山大王”的气概。毛泽东非常开心，因为他自己一直以“山大王”自居，在上井冈山之前的演讲中就表示要做革命的“山大王”。

有天晚上，毛泽东再次约见冯雪峰。毛泽东的兴致很高，说“今晚约法三章：一不谈红米南瓜，二不说地主恶霸，我们不谈别的，只谈鲁迅”。毛泽东接着说：“我很早就读了鲁迅的作品，《狂人日记》《阿Q正传》都读过。阿Q是个落后的农民，缺点很多，但他要求革命。看不到或者不理会这个要求是错误的。鲁迅对群众力量有估计不足的地方，但他看到农民的要求，毫不留情地批评阿Q身上的弱点，满腔热情地将阿Q的革命要求写出来。我们共产党人和红军干部，很多人看不到，对群众的要求不理会，不支持。应该读一读《阿Q正传》。”毛泽东还对冯雪峰说：“我也想重读一遍，可惜此地找不到这部书。”毛泽东又问鲁迅这几年写了些什么，冯雪峰扼要介绍了鲁迅到达上海后所写的文章，尤其是在几次论争中的文章。

冯雪峰接着反映，临时中央有人主张请鲁迅到苏区来。毛泽东问：“干什么？谁主张的?”冯雪峰解释说：“不是正式主张，只是随便说说。”毛泽东叹息道：“这些人真是一点也不了解鲁迅!”冯雪峰还把鲁迅不想离开上海，并谢绝到苏联去，认为在岗位上，总能打一枪两枪的想法详细告诉了毛泽东。毛泽东感慨地说：“这才是实际的鲁迅！一个人遇到紧要关头，敢于不顾个人安危，挺身而出，坚决将艰巨的任务承担下来，是符合人民愿望的最可贵的品格。我们民族几千年来多次濒临危亡，终于能够维持不堕，就因为人民有这样的品格，这点在鲁迅身上集中地体现出来。”

毛泽东推崇鲁迅，还因为鲁迅的文章写得好，是文章大家。1942年延安整风时，毛泽东在《反对党八股》报告中多次提到鲁迅，在他推荐的四篇文章中，鲁迅的一篇放在列宁、季米特洛夫之后、毛泽东本人有关文章之前，并作了详细讲解。毛泽东是把鲁迅当作导师向全党推荐的。

1945 年 10 月，在抗战时陪都重庆，由“文协”主持，在白象街西南大厦举行鲁迅逝世九周年纪念大会，大会结束后与会人员合影留念。(见下一面上图)

1956 年 10 月 14 日，在上海，由宋庆龄、茅盾、周扬、柯庆施、金仲华、许广平、锺民、李琦涛、巴金、靳以、唐弢护送鲁迅灵柩至虹口公园的鲁迅新墓墓地。(见下一面下图)

1957 年 3 月 8 日，毛泽东在同文艺界代表谈话时曾设想鲁迅在世的情况：“我看鲁迅在世还会写杂文，小说恐怕写不动了，大概是

从左至右：叶圣陶、冯雪峰、老舍、周恩来、冯玉祥、郭沫若、邵力子、柳亚子、胡风

文联主席，开会的时候讲一讲，这三十三个题目，他一讲或者写出杂文来，就解决问题。他一定有话讲，他一定会讲的，而且是很勇敢的。”

1964 年，毛泽东在同音乐工作者谈艺术民族化时说，“鲁迅的小说，既不同于外国的，也不同于中国古代的，它是中国现代的”，是民族化的。

1966 年 7 月 8 日，毛泽东在韶山滴水洞写给夫人江青的一封信中说：“晋朝人阮籍反对刘邦，他从洛阳走到成皋，叹道：世无英雄，遂使竖子成名。鲁迅也曾对于他的杂文说过同样的话。我跟鲁迅的心是相通的。”毛泽东将鲁迅引以为知音，因此又说：“我喜欢他那样坦率。他说，解剖自己，往往严于解剖别人。在跌了几跤之后，我亦往往如此。”

1971 年 11 月 20 日，毛泽东在武汉同参加武汉地区座谈会人员谈话时说：“我劝同志们看看鲁迅的杂文。鲁迅是中国的第一个圣人。中国第一个圣人不是孔夫子，也不是我，我算贤人，是圣人的学生。”

晚年的毛泽东，“读鲁迅”的兴致并没有因体衰多病而减弱，反而更甚。他在考虑起用一大批老干部时说，要“打破‘金要足赤’、‘人要完人’的形而上学错误思想”，是借用了鲁迅在《准风月谈·关于翻译（下)》的说法。他还号召各级领导干部“读点鲁迅”。

毛泽东终生没有见过鲁迅，但一直在读鲁迅的书，1938 年得到的 20 卷本的《鲁迅全集》，他从延安窑洞一直带到他住进中南海的丰泽园，直到 1976 年 9 月 9 日逝世，遗存至今。

## 二

鲁迅的书是怎样写作和编辑出版的呢？

1902年4月，鲁迅由设在南京的江南陆师学堂选派赴日留学，先在东京弘文书院补习日文，1904年9月到仙台医学专门学校学医。第二年有一堂讲细菌的课用电影片教学，快结束时加映一部时事片，银幕上，有个中国人给沙皇军队做侦探，被日军捕获，要枪毙了，围观的也是一群中国人。周围观众的拍掌欢呼，深深地刺痛了鲁迅的心。他一直无法平静，好几天不想吃饭，不想睡觉，一个人跑到深山里放声歌唱，发泄心中的闷气。有时他躺在草地上，苦苦思索：为什么一样茁壮的体格，却显出麻木的神情？围观自己同胞的被杀，竟无动于衷？他认为“凡是愚弱的国民，即使体格如何健全，如何茁壮，也只能做毫无意义的示众的材料和看客，病死多少是不必以为不幸的。所以我们的第一要着，是在改变他们的精神。”而善于改变精神的，当首推文艺。这个学期结束，鲁迅中止了学医，决心务文。1906年夏天回到东京，开始了他的进步文学活动。先是筹办《新生》杂志，遭遇挫折而流产；接着就翻译介绍俄国和东欧的文学作品。1907年他在《河南》月刊上发表了《摩罗诗力说》《科学史教篇》《文化偏至论》等论文，1909年3月、7月先后编辑出版了他的第一部书：《域外小说集》第一、第二两册。

从《域外小说集》初版第一册卷首的《序言》和《略例》，可以看出这书是鲁迅自己译、自己编、自己印的。

《序言》里表明了纂译者的心迹。当时国内流行林纾用古文翻译的外国小说，文章虽好，但误译很多，周氏兄弟对此不满，想加以纠正，才着手翻译《域外小说集》。鲁迅在清末革命派的海外中心东京，翻译出版欧洲被压迫民族的进步文学作品，做的是“为奴隶贩运军火”的工作，旨在点燃国民的革命精神的火光。鲁迅的译文朴实无华，忠于原文，不失本义。此时西方文艺思潮开始传入中国，有识之士不受习惯势力的束缚，对此了然于心，小说的内容倾向，也正是追求进步与革命的知识分子所神往的。虽说这只是大波澜中的小浪花，但天才思维，尽包含其中。中国翻译界，也因此无迟暮之感了。

《域外小说集》初版第一册封面

《略例》是对编辑和印制的说明。第一项是说书稿内容。第二项关于书籍设计及印制。有意制作成“页面四周广博，三面任其自然，不施切削”的毛边本。第三项是人名、地名的翻译问题。第四项是标点符号的用法。第五项是注释的安排。

《域外小说集》中的小说是他和胞弟周作人翻译的，署名为“会稽周氏兄弟纂译”，自费印刷，周树人发行，在东京和上海（广昌隆绸庄）寄售。1921 年将两册增订合为一册，由上海群益书社出版。原想待一、二册卖出去收回本钱后，再印三册和四册。然而，在东京和上海，每册只卖出了二十多本，上海寄售处又不幸失火，连书和纸型都化为灰烬。三四两册便无从出版了。但总算有《域外小说集》一、二册留传至今，如今存世的两三本原版书中的一本，在网上的拍卖价已涨到二十几万元了。

1918 年，鲁迅应《新青年》编辑钱玄同之约，在第五期发表了新文化运动中的第一篇白话小说《狂人日记》，引起反响，又连续发表了多篇短篇小说，后来编入《呐喊》《彷徨》两个短篇小说集，分别于 1923 年和 1926 年出版。

1923 年 8 月，新潮社推出了鲁迅的小说集《呐喊》。在这本小说集中，人们仿佛看到一个骑着战马，手持盾牌与长矛的武士，从天际一路劈杀过来，一边用嘶哑的声音呐喊着，孤独地狂奔。这部集子收入鲁迅的十四篇小说。

《呐喊》初版本封面

他在《呐喊》序言中诉说他的孤独，感到未尝经验的无聊。

“凡有一人的主张，得了赞和，是促其前进的，得了反对，是促其奋斗的，独有叫喊于生人中，而生人并无反应，既非赞同，也无反对，如置身毫无边际的荒原，无可措手的了，这是怎样的悲哀呵，我于是以我所感到者为寂寞。”

“这寂寞又一天一天的长大起来，如大毒蛇，缠住了我的灵魂了。

“然而我虽然自有无端的悲哀，却也并不愤懑，因为这经验使我反省，看见自己了：就是我决不是一个振臂一呼应者云集的英雄。”

“只是我自己的寂寞是不可不驱除的，因为这于我太痛苦。我于是用了种种法，来麻醉自己的灵魂，使我沉入于国民中，使我回到古代去，后来也亲历或旁观过几样更寂寞、更悲哀的事，都为我所不愿追怀，甘心使他们和我的脑一同消灭在泥土里的。但我的麻醉法却也似乎已经奏了功，再没有青年时候的慷慨激昂的意思了。但这麻醉并没有泯灭疯狂，他终于还是要喊叫了。”

他又说：“在我自己，本以为现在是已经并非一个切迫而不能已于言的人了，但或者也还未能忘怀于当日自己的寂寞的悲哀罢，所以有时候仍不免呐喊几声，聊以慰藉那在寂寞里奔驰的猛士，使他不惮于前驱。”

鲁迅一生，创作出版了小说集三种、回忆散文一种、散文诗一种，共约三十五万字；杂文十六种，共六百五十多篇，一百三十五万多字；辑录、校勘中国古典文学作品和对于中国古典文学研究著作，已出版的共约八十多万字；翻译介绍俄国、法国、德国、日本等国古典作家作品，和苏联、保加利亚、罗马尼亚、捷克、匈牙利、芬兰、荷兰、西班牙等十多个国家的现代作家作品，共计长篇小说和童话九种、短篇小说和童话七八十篇，戏剧两种，文艺理论著作八种，短篇论文五十篇，共约三百一十多万字。

## 三

鲁迅被毛泽东称为伟大的文学家，因为他既是文学著作家，又是文学翻译家，还是文学编辑家和文学教育家。

鲁迅一生，主编和参与编辑的刊物有《越铎日报》《新青年》《语丝》《奔流》《萌芽》《新地》《文艺研究》《世界文化》《译文》

《北新》等三十种报刊，主办或参与开办过未名社、朝花社、三闲书屋、野草书屋、铁木艺术社、版画丛刊会、诸夏怀霜社七家私营的小型的精悍的出版社，虽说经营时间短暂，乃至徒有名声，并无实体，鲁迅却独自编印了一些好书。

仅1921年到1931年的十年间，鲁迅为他人纂辑、校勘、校订、校对和编辑了七十多部（卷）书稿，与此同时，他自己还完成了三十多部译著，编辑的刊物也有七八种。这些书刊上的"启事""绍介""告白""小信""附白""例言""小引""后记"等文字，都是鲁迅亲笔写的。不仅如此，鲁迅还亲自设计版面，亲自校对，亲自装帧、发行，乃至付邮。

鲁迅热心扶持文学青年。1928年张天翼的处女作《三天半的梦》脱稿后，投了几个刊物都被退回，一时情绪低落，有些颓唐，他抱着"试一试"的态度将稿子寄给鲁迅，鲁迅在回信中给以鼓励和指导，张天翼修改后，鲁迅将它发表在自己编的《莽原》上，张天翼由此走上了文学创作之路。1930年上半年鲁迅编《文艺研究》季刊时，冯雪峰积极投稿，每篇稿件都经鲁迅细细审阅并校改，使得冯雪峰的三篇关于马克思主义的文艺理论译稿得以发表在仅仅出版了一期的《文艺研究》上。像冯雪峰、张天翼这样得到鲁迅扶持的文学青年，还有巴金、欧阳山、沙汀、艾芜、周立波、唐弢、萧军、萧红、蹇先艾、魏金枝、李霁野、曹靖华、冯至、陈翔鹤、许钦文、郑伯奇、汪静之、叶紫、殷夫、应修人、于黑丁等人。鲁迅不仅热心为青年作者选编集子，还为集子作序跋，予以中肯的评论、精辟的分析和诚挚的推荐，如叶紫的《丰收》、田军（即萧军）的《八月的乡村》、萧红的《生死场》、孔另境的《当代文人尺牍抄》、叶永榛的《小小十年》、殷夫（即白莽）的《孩儿塔》、徐懋庸的《打杂集》、曹靖华译著《苏联作家十人集》等。经他扶持的文学青年后来几乎都成了中国现当代文学史上的著名作家。还有像李桦、江丰、曹白、力群、赖少其、黄新波、陶元庆、司徒乔等青年画家，都得到鲁迅的帮助和扶持；连斐文中、蔡希陶这样的科学家，当他们以文学创作为起点走向生活时，也受到鲁迅的支持和帮助。

## 四

不仅扶持青年，鲁迅还与同辈文人友好合作，共同编辑出版书籍，《北平笺谱》就是鲁迅与郑振铎合作的产物。他俩都喜爱中国古代的木刻版画，鲁迅听说郑振铎收藏的版画书既多且精，1931 年 6 月 9 日，由冯雪峰、蒋径三以及日本的增田涉三人陪同，一起到郑振铎家欣赏他收藏的明清版画书，鲁迅不禁啧啧称奇，鼓励他继续搜集，有条件时整理出版。27 日，郑振铎托蒋径三给鲁迅带去一盒有彩色版画的信笺和一盒信封。7 月 23 日，郑振铎又寄赠鲁迅《百花诗笺》一函两册，鲁迅致信表示感谢。郑振铎通过马偶卿发现王孝慈收集整理的《明代版画刻工姓氏录》，如获至宝。郑振铎离开上海到北京后，与王孝慈结为密友，可以任意借阅他多年珍藏的版画精品。11 月，郑振铎又收集到从法源寺流出的两百多册明代嘉靖以来包括宋元版的版画书。1933 年 2 月，鲁迅收到了郑振铎寄赠的《插图本中国文学史》和诗笺后，向郑提出编印笺谱的建议，郑欣然允应。郑遍访北京琉璃厂淳菁阁、松华斋、松古斋、懿文斋收集各种笺纸，寄到上海由鲁迅负责挑选，然后再寄到北平由郑负责请有关店铺雕版印刷。无论是关于画稿本身，还是用纸、开本、装订、广告，两人都进行了细致的考虑，最后定稿 332 幅，用宣纸印，线装，共六大册。许多笺纸是彩色的，一幅就要印十几道套色，需十余块雕版，工作十分繁重。为协商具体事宜，鲁迅与郑振铎通信达五十余次。由鲁迅承担印刷费四百元。郑振铎写了《访笺杂记》，鲁迅作《〈北平笺谱〉序》。鲁迅在序言中，初步回顾了中国版画的发展历史，指出所面临的危机，以及编印这套笺谱的原因。

1933 年底，六大册《北平笺谱》印讫。为了增加该书的收藏价值，他们决定在每一部书上由两人亲笔签名。1934 年此书全部装订好，鲁迅见到书后十分满意。按照两人约定，分寄苏联版画家协会和美国、英国、法国、日本等国图书馆。此书投放市场后销路很好，很快又加印了一百部。他们受到鼓舞，又重印了《十竹斋笺谱》，鲁迅出三百元刻工工资，郑振铎出印刷费，鲁迅撰写了《十竹斋笺谱翻印说明》。从 1934 年 2 月开始，一直到 1941 年 11 月才印完六册。

作为编辑家的鲁迅，对编辑出版过程的每一环节，举凡选稿改稿、编排格式、字体大小、装帧设计、插图、校对、选用纸张、制版、印刷都认真负责，一丝不苟，为中国现代出版事业付出了辛勤的劳动。

1931—1933 年，鲁迅和中共的早期重要领导人瞿秋白建立了亲密的友谊，鲁迅曾录清人何瓦琴集禊帖的字句，书赠秋白同志一联："人生得一知己足矣/斯世当以同怀视之"，以表达他们之间非同寻常的深情厚谊。1934 年 6 月 18 日，中共领导人瞿秋白在长汀唱着《国际歌》英勇就义。翌日的上海《申报》就刊出了瞿秋白被枪决的消息。鲁迅看到后深为悲痛，他会同茅盾、郑振铎商量把瞿秋白的文稿

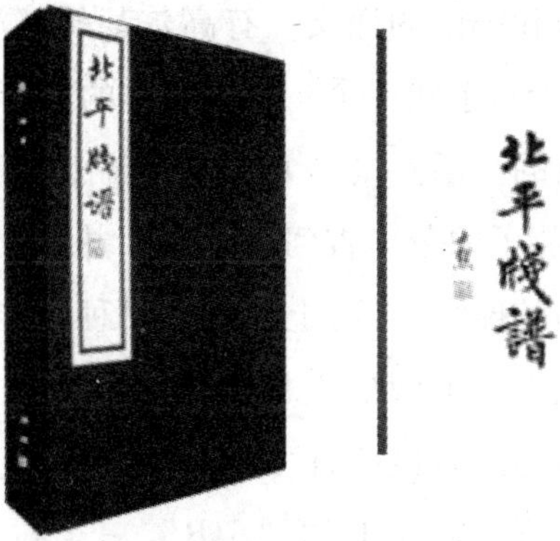

《北平笺谱》一函六册和内封

收集、整理出版，以纪念亡友。鲁迅抱病于 10 月 22 日下午开始编辑瞿秋白译文集《海上述林》，到 11 月 4 日已编好，约郑振铎同去美成印刷厂发稿，洽商校对办法，鲁迅逝世前几天的日记和书信，记录了鲁迅亲自编辑，校对、设计封面、装帧、题签、选购纸张等有关《海上述林》的出版经过。

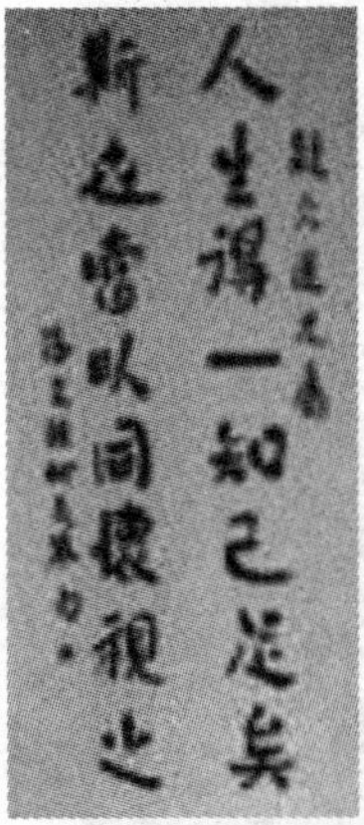


鲁迅手书赠瞿秋白对联

《海上述林》分上下两卷，每卷都只印五百部，其中包括皮脊麻布面、金顶、金字的一百部，蓝色全线面、蓝顶、金字的四百部，都用重磅道林纸精印。上卷《辨林》，收入马克思、恩格斯、列宁、普列汉诺夫、拉法格等文学论文以及高尔基论文选集和拾补等译文，并插入恩格斯、列宁、普列汉诺夫、拉法格、高尔基、歌德等照片和画像。下卷《藻林》，专收诗和小说的译文，有高尔基的《海燕》《市侩颂》《二十六个和一个》《不平常的故事》《克里慕·萨慕京的生活》（一章）等作品，和卢那察尔斯基的《解放了的董·吉诃德》等，并悉数收入了这些文艺作品的插图。《海上述林》两种精装本都极精美，为我国现代出版史上极为珍贵的版本。鲁迅亲自设计装帧的封面极为庄重精美。封面上的《海上述林》和书脊、封面上的“STR”三个拉丁字母，是鲁迅亲笔书写，用“诸夏怀霜社校印”的名义出版。“诸夏”即中国，“霜”为秋白同志原名（后又改为“爽”），“STR”（CTR，史铁儿），是瞿秋白的笔名。“诸夏怀霜”，含有全中国人民都在深切悼念瞿秋白烈士的深意。上下卷先后出版，鲁迅已离开人间，没有看到此书问世，却为后人留下了瞿秋白的珍贵遗作。

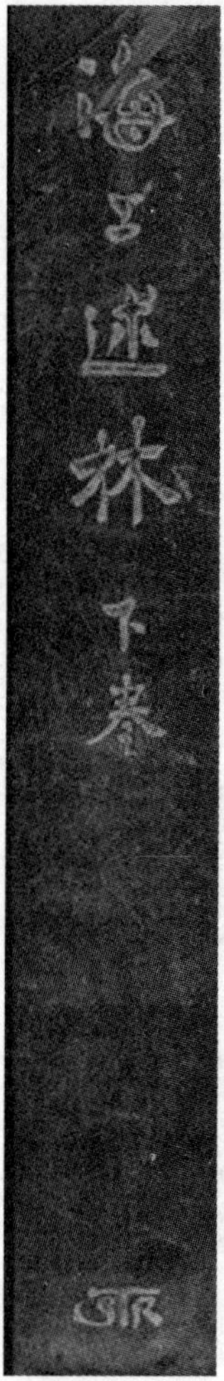


《海上述林》下卷书脊

## 五

鲁迅逝世至今，先后编辑出版了五种版本的《鲁迅全集》和《鲁迅大全集》。

第一种《鲁迅全集》是1938年上海复社出版的二十卷本。复社是郑振铎、胡愈之等人集资办的一家小出版社，资金不多，由蔡元培、宋庆龄出面，

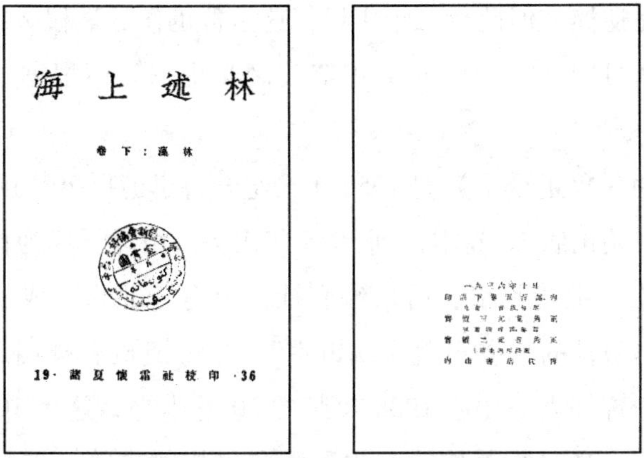
海上述林

卷下：藻林

19·諸夏懷霜社校印·36

內山書店代售

《海上述林》下卷初版内封及版权页

向海内外人士募集纪念本订户。普及本每部定价才八元，而纪念本却是五十元（甲种）、一百元（乙种），通过集资才得以印制。署名为“鲁迅先生纪念委员会编”，实际是由许广平、郑振铎、王任叔定出方案，由谢澹如、唐弢、柯灵等人做编辑工作，收入了鲁迅自己编印的全部著译的单行本。鲁迅最后的杂文集《且介亭杂文》及其“二集”，编成之后还没有来得及印行，这次也编入了第六卷。这一卷中还有《且介亭杂文末编》，是鲁迅 1936 年的文集，由许广平编定。编辑全集，尽量求全。散见于报刊上而未经作者编入单行本的文字，收集起来编为《集外集拾遗》收入第七卷，译文编为《译丛补》收入第十六卷。鲁迅辑校的古籍，已出版的《唐宋传奇集》和《小说旧闻钞》，还有早年木刻印行的《会稽郡故书杂集》，加上曾经想要付印而没印成的《嵇康集》和《古小说钩沉》，都收入全集之中。但全集没有收入鲁迅书信，也没有将完好保存在许广平手中的鲁迅日记编入，实是遗憾，但此后二十年里，这是鲁迅作品最权威的版本，在上海先后印过四次，1948 年大连解放区光华书店还根据这个版本翻印过一次。

第二种《鲁迅全集》是 1956 年为纪念鲁迅逝世 20 周年，人民文学出版社开始出版 10 卷本，到 1958 年出齐。由冯雪峰为首的“鲁迅著作编刊社”主持其事。后来编刊社由上海迁北京，成了新成立的人民文学出版社的“鲁迅著作编辑室”，主要成员有孙用、林辰、杨霁云、王士菁等人。比起 1938 年版的 20 卷本来，这个 10 卷本的不同之处是，一是只收著作，不收翻译和辑校的古籍；二是增加了注释，成了第一个有注释的《鲁迅全集》；三是将书信编入了《全集》。至于日记，虽然没有编入《全集》，却也采用跟《全集》相同的装帧版式同时出版，配套发行。

第三种《鲁迅全集》是“文化大革命”期间，为了印制一种可以送给国宾的礼品，而重印的 1938 年版的 20 卷本，于 1973 年出版。改用简体字排印，是由敬业而细心的孙用负责校对的，比起两种《鲁迅全集》，这一种校对最精。

第四种《鲁迅全集》是 1981 年为了纪念鲁迅诞辰一百周年，人民文学出版社出版的 16 卷本。比起 1958 年的 10 卷本来，这一种的编校工作有了很大的进步。一是书信、日记全部收入，二是没有删改鲁迅的原文，三是增加了许多注释，四是校勘更精，孙用和朱正做了大量工作。在它出版之后的二十多年里，一直是鲁迅著作最流行的版本，常销不衰。

2001 年 6 月，国家新闻出版总署决定开始《鲁迅全集》的修订工作，由人民文学出版社现代文学编辑室具体负责，约请了社外十多名专家分卷进行，经过四年多时间终于成书。这种18卷本以1981年版16卷本为基础，一是增加了内容，二是对原著文本的校勘更精，三是注释的修改增删。参与其事的朱正不无遗憾地承认：它远没有达到它应该达到的水平。假如出版者把已经有人指出的错误逐一改正，那么这书必定会有更大的进步。2005年11月30日在人民大会堂浙江厅举行了新版《鲁迅全集》首发式。

2005年新版鲁迅全集18卷本书影

## 六

鲁迅博物馆，在北京阜城门内西三条砖塔胡同鲁迅故居“老虎尾巴”东侧。1999 年 1 月，鲁迅博物馆选编的《鲁迅回忆录》六卷出版，全书从大量回忆鲁迅先生的文章、专著中精选，编成散篇三卷和专著三卷，专著收录许广平、周作人、周建人、冯雪峰、增田涉等人的著作 15 部，散篇录 209 篇文章，按鲁迅生活时段分为绍兴、南京、日本、杭州、北京、厦门、广州、上海等部分。

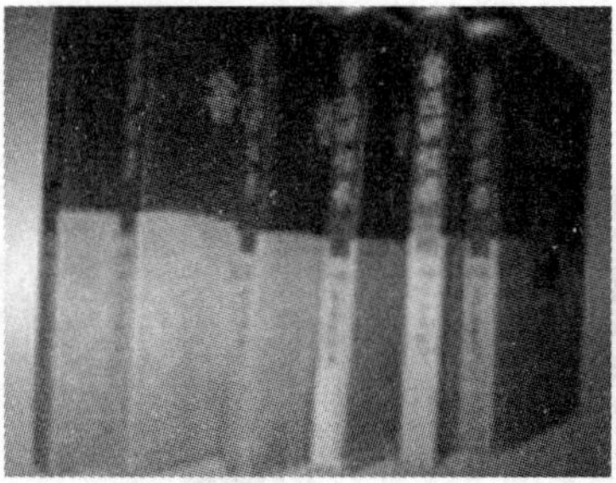

《鲁迅回忆录》六卷本书影

《鲁迅译文全集》由鲁迅博物馆馆长孙郁携馆内专家编纂，由福建教育出版社于 2008 年 4 月出版。该书分为八卷，共计 360 多万字，定价 600 元，印数 1600 套。选编者认为，鲁迅既是一位杰出的著作家，同时也是一位大翻译家，并且是向国内介绍外国文艺的先驱，留下了大量优秀的翻译著作，和他自己的著作从数量到质量几乎是相等的。鲁迅博物馆的研究人员利用博物馆的馆藏优势，对鲁迅译文进行了全面整理、校勘，并辑入了 50 年以来新发现的鲁迅翻译佚文。全部译文均写有题注，并配有许多珍贵的插图。

过了一年多，人民出版社于 2009 年 7 月出版了王世家、止庵所编的 20 卷本的《鲁迅著译编年全集》，这是与以往《鲁迅全集》、《鲁迅译文全集》不同的新版本，是编辑体例的创新。它收录迄今所发现的鲁迅全部作品，含创作、翻译、书信和日记。依完成先后排列。同一时间项下，以日记、创作、翻译、书信为序；著译作品先小说，后散文、诗歌。据此便于梳理鲁迅的创作轨迹和思想脉络，恰如

《鲁迅译文全集》八卷本书影

鲁迅著译编年全集

一部更为详尽的鲁迅年谱，为读者和研究者提供一部“纵向阅读”

的鲁迅著作文本。

《鲁迅著译编年全集》对于鲁迅生前编入其文集而出自他人之手或由他人代笔的文字，集中收在附录中。对于鲁迅日记和某些原无标点的文章，由二位编者按照鲁迅生前的标点习惯重新标点。王世家萌生按照编年体编一套鲁迅全集的念头是在十几年前，直到 2004 年才有实现的迹象；止庵表示，因为关系到编年问题，在编辑过程中倾向于保守，对于没有直接证据证明其写作时间的鲁迅文字，不臆测。鲁迅一生中常会对自己作品进行修改，在编书过程中只收入鲁迅自己的最后定稿。

早在 1951 年，时任人民文学出版社社长的冯雪峰就提出《鲁迅大全集》的设想，在他的构想中，完整的鲁迅全集不仅包括鲁迅的全部创作、书简和日记，还应该包括全部的翻译、古籍整理以及编选的画册。但这个设想在过去半个多世纪一直没有实现。一直到 2006 年，鲁迅之子周海婴携手北京大学历史系，集合 40 多名鲁迅研究专家和学者，开始重新注释和整理鲁迅的全部作品，编撰《鲁迅大全集》。2011 年鲁迅诞辰 130 周年，《鲁迅大全集》由长江文艺出版社正式出版，共计 1500 万字，33 卷，比之前比较权威的人民文学出版社的版本多出 700 多万字。编入了鲁迅的创作、翻译、古籍整理、绘画、书法、画册编纂等全部作品，是目前为止最为完整的一套全集。除了增加 200 多篇从未发表的关于鲁迅研究的文章之外，增加了过去全集从未收入的 20 余篇演讲、同代人回忆文章中的鲁迅语录和鲁迅的手稿，如三函十八册《石刻辑校手稿》。更珍贵的是，鲁迅之子周海婴生前将鲁迅当年赠送给妻子许广平的手迹文物 20 多件，一并交给《鲁迅大全集》编委会辑录，编委会采用了分类编年的方式，把全部作品分为“创作”“翻译”“学术”“美术”四大编。鲁迅的孙子周令飞说：“这是一部收藏了所有鲁迅文字和他的人生经历的全集，至今为止我们能收集到的所有东西都收集进去了。”

鲁迅大全集

《鲁迅大全集》的主编是南开大学的教授李新宇，他说：“与过去的《鲁迅全集》相比，我们增加了鲁迅当年的演讲，那些未经鲁迅审阅的都没编入《鲁迅全集》，但这次全部编入。就‘回忆录’部分，大家知道《论语》就是孔子说的话，弟子记下来了，作为孔子的思想。鲁迅也是这样，他的弟子记下来了。还有一点，鲁迅先生赠给许广平的一些书，扉页上的字，是第一次跟读者见面。此次采用编年体，因为只有编年体才能够让读者更清晰地了解鲁迅的思想、创作。”中国人民大学文学院院长孙郁认为，《鲁迅全集》没有译文，这是遗憾；没有笔记部分，是遗憾，鲁迅日常的笔录，包括他留下的一些题词，都没有进入到《鲁迅全集》。现在看来，这部《鲁迅大全集》力图全方位将鲁迅的文稿、字都吸收进来。

# 七

鲁迅逝世时，他的夫人许广平 38 岁，儿子周海婴 7 岁。

许广平，1898 年 2 月 12 日出生于广东番禺，1923 年考入国立北京女子高等师范学校国文系，在同校长杨荫榆的斗争中同鲁迅结识，在每周三十多小时的课程中，她最盼望听鲁迅讲授的《中国小说史》，上课时常选择第一排座位。1925 年 3 月 11 日，女师大发生了反对校长杨荫榆的学潮，作为学生自治会总干事的许广平正是这次学潮中的骨干。为了解除时代的苦闷，探讨中国女子教育的前途，她主动给鲁迅写了第一封信，还热忱支持鲁迅的创作和研究工作，经常帮助鲁迅校对和抄写稿件，并积极为鲁迅创办的《莽原》周刊撰稿。1925 年 10 月 12 日，许广平以“平林”为笔名，在鲁迅主编的《国民新报》副刊乙刊上，发表了《同行者》一文，歌颂鲁迅“以热烈的爱、伟大的工作给人类以光和力”，使“将来的世界璀璨而辉煌”，并表示她将不畏惧“人世间的冷漠、压迫”，不畏惧旧社会卫道者的猛烈袭击，与鲁迅携手同行，“一心一意地向着爱的方向奔驰”。1926 年 8 月，鲁迅离开北京赴厦门大学任教，许广平同车南下，到广州的广东省立女子师范学校任训育主任。1927 年 1 月，鲁迅也到了广州，担任中山大学教务主任兼文学系主任，许广平当他的助教。4 月 15 日，广州的反动派进行反革命大屠杀，鲁迅愤而辞去中山大学的职务，10 月 3 日，与许广平抵达上海，专心从事写作。为了支持和帮助鲁迅，许广平毅然决定不出去工作了。此后，她不但精心照料鲁迅的饮食起居，还要替鲁迅查找有关资料，抄写稿件，与鲁迅共同校对译著等。鲁迅于1934年12月在送给许广平的《芥子园画谱》上所题的“十年携手共艰危，以沫相濡亦可哀”正是他们爱情生活的写照。由于得到许广平这样的支持，鲁迅后期十年的著作成绩，超过了以前的20年。鲁迅时常对许广平说，我要好好地替中国做点事，才对得起你。

鲁迅与世长辞后，许广平决心完成鲁迅的未竟之业。解放后，许广平把鲁迅著作的出版权上交给国家出版总署，还将鲁迅的全部书籍、手稿及其他遗物捐赠国家有关部门。1952年，许广平将从鲁迅逝世到1949年十三年里所写的纪念鲁迅回忆片断编成《欣慰的纪念》一书，交人民文学出版社出版。1959年10月，她完成了将近十万字的《鲁迅回忆录》。1968年3月3日，许广平因病在北京逝世。

鲁迅一家人合影

鲁迅与许广平的互通书信结集为《两地书》，1933年由青光书局出版。鲁迅在编辑过程中对原信做了很多改动，包括删节内容、加写部分文字，同时鲁迅把原信全部抄录保存了下来。至1981年《鲁迅全集》出版时，鲁迅原信尚未印行。2005年新版《鲁迅全集》收入《两地书》时，将鲁迅的原信按时间顺序与鲁迅的其他书信一起编入书信卷，这样既保存了《两地书》作为独立版本的完整性，又能使读者看到鲁迅原信的全貌。

鲁迅的儿子周海婴，1929年9月在上海出生，1952年至1960年北京大学物理系学习，1960年起在国家广电总局工作，是无线电专家。他对名与利想得不多，看得很淡，只想做一个实实在在的普通人。后任上海鲁迅文化发展中心理事长，绍兴鲁迅纪念馆、厦门鲁迅纪念馆名誉馆长，北京鲁迅纪念馆、上海鲁迅纪念馆顾问，北京鲁迅中学、绍兴鲁迅中学名誉校长，中国鲁迅研究室、中国无线电运动协会（CRSA）顾问等。著有《鲁迅与我70年》《鲁迅家庭大相簿》等著作。

## 八

鲁迅逝世时，郁达夫挥泪写了一篇纪念文章《怀鲁迅》，里面有一段话，至今读来犹令人震撼而警觉：

“没有伟大人物出现的民族，是世界上最可怜的生物之群；有了伟大的人物，而不知拥护，爱戴，崇仰的国家，是没有希望的奴隶之邦。”

鲁迅逝世13周年，1949年10月19日，诗人臧克家到北京阜城门里去瞻仰鲁迅故居，看到了鲁迅文章中提到过的“枣树”“老虎尾巴”，睹物思人，百感交集，心中充满了对鲁迅的思念和崇敬，写了首短诗《有的人》，副标题为“纪念鲁迅有感”，成为臧克家解放后最有影响的诗篇。

《有的人》写道：

有的人活着，
他已经死了；
有的人死了，
他还活着。
有的人，
骑在人民头上：“呵，我多么伟大！”
有的人，
俯下身子给人民当牛马。
……

鲁迅著作、鲁迅人格和鲁迅精神铸就的民族魂，是不朽的历史丰碑；以鲁迅为代表中国新文学为国民提供的精神乳汁，供后代不断从中吸取精神营养。

# 叶圣陶：青年的良师益友

## 一

解放前的进步文人，新中国成立后进入国家领导人行列的有郭沫若、叶圣陶和巴金三位。郭沫若当过全国人大副委员长，叶圣陶当过全国政协副主席，巴金也当的是全国政协副主席。

叶圣陶一生做了六十多年编辑，而闻名于世的是他的作家身份，可他自己却多次说：“作家不是我的职业。”“如果有人问起我的职业，我就告诉他：第一是编辑，第二是教员。”

叶圣陶，原名叶绍钧，1894 年生于江苏苏州，其时父亲在大户人家做账房先生，家境清苦。1907 年叶圣陶考入草桥中学，毕业后在言子庙初等小学当教员。1914 年被排挤出学校，闲居期间作文言小说《穷愁》在《礼拜六》等杂志上发表，从此与文字结下不解之缘。

1918 年在《妇女杂志》第四卷二、三号上发表叶圣陶第一篇白话小说《春宴琐谭》。1919 年叶圣陶参加北京大学学生组织的新潮

1916 年 8 月 19 日与胡墨林结婚合影

社，并在《新潮》上发表小说和论文。1922 年出版第一本短篇小说集《隔膜》。

1923—1930 年，叶圣陶在上海商务印书馆当编辑，任国文部主任，编辑小学国语课本、中学国文课本，还有学生国学丛书，一度顶替因故出国的郑振铎主编了两年共二十四期《小说月报》。郑振铎回国后，叶圣陶又主编过一段时间的《妇女杂志》。

商务印书馆的八年，对叶圣陶的文学创作有所助益：短篇小说集《火灾》和童话集《稻草人》1923 年由商务印书馆出版；与俞平伯合著散文集《剑鞘》1924 年由霜枫社出版；短篇小说集《线下》1925 年由商务印书馆出版，散文集《三种船》1925 年由生活书店出版；短篇小说集《城中》1926 年由上海文学周报社出版，儿童歌剧《风浪》1928 年由商务印书馆出版，长篇小说《倪焕之》1928 年由开明书店出版；短篇小说集《未厌集》1929 年由商务印书馆出版；

1922年，叶圣陶与朱自清同在杭州浙江第一师范任教时合影

戏剧《恳亲会》1930年由小说月报社出版。

商务印书馆八年，叶圣陶也学到了“有关编辑工作的责任感以及若干必不可少的知识和技能”。

1930年，叶圣陶应章锡琛、夏丏尊之邀，从商务印书馆转到开明书店当编辑。叶圣陶从夏丏尊手里接过《中学生》杂志，夫人胡墨林协助他做编辑工作。出版六十五期之后，日本入侵上海，“八·一三”战事发生，被迫停刊；1939年在桂林复刊，改名为《中学生》

战时半月刊，因叶圣陶在已迁往四川乐山的武汉大学教书，不能从事编辑工作，而挂名主编；1942 年，开明书店在成都设立编辑部办事处。叶圣陶来到成都主持该办事处的工作，除继续担任《中学生》主编外，1945 年还创办了《开明少年》，并担任主编。

《稻草人》初版封面

抗战胜利后，开明书店回到上海，大体上恢复到原来的规模。1946 年夏丏尊去世，叶圣陶接任开明编辑所所长，负责终审《中学生》《开明少年》《国文月刊》的稿件，开明书店的大部分书稿也归他最后审读。另外，叶圣陶还和朋友们一同编了《开明新编国文读本（甲种）》《开明新编国文读本（乙种）》《开明新编高级国文读本》《开明文言读本》等几套国文课本。

## 二

在长达近二十年的《中学生》编辑工作中，叶圣陶一直坚持以先进的思想内容、丰富的科学文化知识教育中学生及其他青年读者，产生了深远影响，成为广大青年的良师益友。

《中学生》杂志分三个板块：一是对中学生的处世态度、学习态度、认识是非的标准等立论的千字文“卷头语”，由编者撰写；二是各科的辅导文章，包括作为政治学习内容的时事述评，占大部分篇幅，约请各学科专家撰写；三是刊登中学生来稿，先后开辟“青年论坛”“青年文艺”“读者之页”等专栏。

从编《中学生》开始，叶圣陶的写作兴趣逐步转移到语文教育方面，文学创作明显减少。

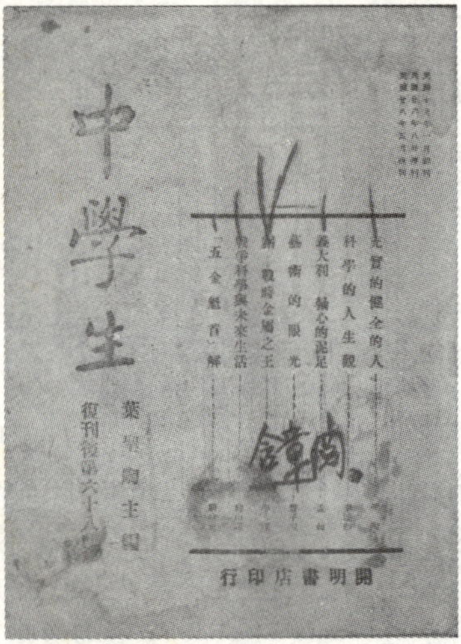

1943 年 10 月 16 开《中学生》封面

自《中学生》创刊起，叶圣陶就有个《写作杂话》的连载，如《作自己要作的题目》《“通”与“不通”》《“好”与“不好”》等；后又开辟《文章病院》专栏，向权威叫板，拿强者开刀，头三张“处方”是《第一号病患者——〈辞源·续编说明〉》《第二号病患者——〈中国国民党第四届第一次中央执行委员会全体会议宣言〉》《第三号病患者——〈江苏省立中等学校校长劝告全省中等学校学生复课书〉》。

针对中学语文教学中存在的一些问题，他与夏丏尊轮流执笔，每月写一节或几节，专讲“读与写”的问题，在《中学生》上刊登；后结集为《文心》一书，由陈望道和朱自清作序，1934 年由开明书店出版单行本。这本书巧妙地将读写的理论知识融于有趣的故事情节之中，描写才从小学毕业的周乐华和张大文以及他俩的同学在王仰之老师的指导下，练习阅读和写作的故事，塑造出一位中国语文教师的“王仰之”形象，并将思想品德的教育贯彻全书始终。这本书用小说体裁叙述学习语文的知识和技能，很是新鲜，成为广大师生喜欢的课外读物。

《文心》之后，叶圣陶又在《新少年》杂志上开设《文章展览》专栏，刊登朱自清、茅盾、徐志摩、苏雪林、郭沫若、夏丏尊、巴金、胡适、沈从文、鲁迅、萧乾、卞之琳、丁西林等作家的作品，在每篇原文后面加一篇评论，“有时候指出这篇文章的好处，有时说明这类文章的作法，有时就全篇文章来说，有时候只说到文章的中间的一部分。读者看了这些话，犹如听了国语教师讲解每一篇文章之后，再来一个概括的总结。”“这既有益于眼光，也有益于手腕。自己写作，什么道路应该遵从，什么毛病应该避免，大致也就有数了。”这些赏析文章结集为《文章例话》1937 年 2 月仍由开明书店出版。

此外，叶圣陶还花一年时间编了一套充满儿童文学味的新颖的《开明国语小学课本》，共 12 册。这套课本，橘红色封面，内文配丰子恺的插图。每篇课文都面向儿童生活实际，具有很强的教育性、知识性和趣味性，通过诗歌、童话、故事、戏剧、寓言等多种文学形式，达到学习语文、陶冶情操的目的。出版后全国不少小学的国语老师都选用它作教材，叶圣陶和丰子恺的名字也留在儿童们的心上了。

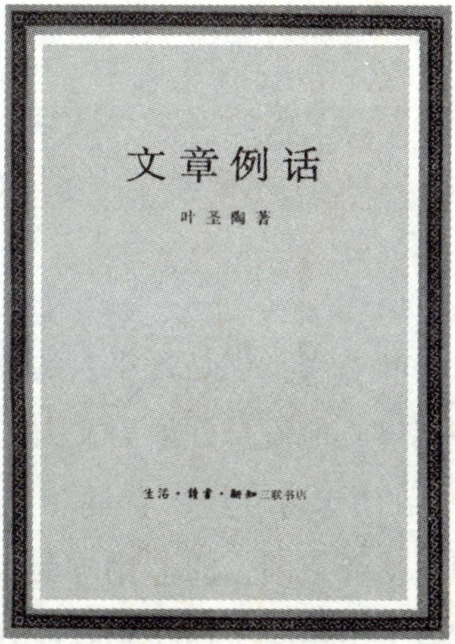

1983 年《文章例话》的新版本封面

刊登文学作品，是《中学生》十分注重的一个方面。《中学生》连载过茅盾的中篇小说《三人行》，刊登过巴金的《秋天里的春天》《赖威格先生》《狮子》等作品；楼适夷被国民党当局非法逮捕，在南京监狱中完成了高尔基人生三部曲之一的《人间》的翻译，叶圣陶得知后，将原来连载的黄源同名译作停下，改登楼适夷的译文，为了避免国民党当局的注意，为他取了个“封斗”的笔名。每月的稿费，不仅改善了楼适夷的狱中生活，还给他在浙江乡下的老母和妻女及时的帮助和安慰。

叶圣陶编《中学生》时，像他编《小说月报》时一样，注重发现和培养文学青年，如萧红、徐盈和彭子冈夫妇、胡绳和吴全衡夫妇等。

为了给少年儿童提供丰富的精神食粮，叶圣陶还与吴研因、王志瑞一起，为中华书局出版的“小朋友文库”合编了包括文学、算术、社会、自然、卫生、音乐、美术、游戏、园艺诸方面的读物八十多种。

## 三

叶圣陶不仅是青年人的良师益友，也是同时代文化人的好伙伴，好同事，他设身处地为文人们着想，为同业诸君服务。

“幼年习五经，背诵于塾师之侧，均能上口，手掌未尝受戒尺。顾兹从业之顷，即经语亦复生疏，每有所遇，似曾相识，而录属何篇，上下何文，往往弗省；寻检之劳仍未可节。当时诵习皆出强记，今日宜食其果，惟有自咎而已。偶与同业诸君言之，乃知同感者颇不乏人。共谓工具书中宜有书语索引一类，果能着手编辑，虽未足以语述作，然于人至便，殊非无益之事。余心志之。”

“十八年秋，小儿至诚既三周岁，余妻墨林免于哺乳提抱之役，谋有所事，藉遣长昼，余遂定意作此《十三经索引》。以工馀自任断句，墨林与余母则剪贴编排，而铮子内姑母及吴天然女士王华女士亦时来相助，历一年有半而书成。寒夜一灯，指僵若失，夏炎罢扇，汗湿衣衫，顾皆为之弗倦。友人戏谓此家庭手工业也。由此追维，其味弥旨。”

这就是《十三经索引》的由来和编纂经过。

这部书稿的出版有段传奇经历：

“二十一年‘一·二八’之役，余家老幼自闸北寓所仓皇出走，衣物一无所携。数十日间饱听敌人飞机重炮之声，感愤填膺而计无可施；于此书成稿已弗复忆及。逮战事息，归视寓所，则前垣尽塌，楼屋三层，窗檐如削，承尘毁堕，断板纵横，循危楼登梯，一木箱首触于目，始恍然省记。启盖检之，成稿完整于初。敌人于居室内器物，中其意即攫之而去，否则随手毁损，略不顾惜；而是稿竟得保全，亦云幸矣。

“当编排时，曾利用王云五氏四角号码检字法以汇集首字相同诸语，颇省工力。后恐习之者匪众，仍以笔画多寡为序。近得魏以新先生投书，谓四角号码检字法已有国际地位，为学者所称道，此书列次宜采用之。其意甚殷勤，惜排植已达十之八，未能易辙耳。”

十三经，是先秦十三部儒家经典著作的总称，即《周易》《尚书》《诗经》《周礼》《仪礼》《礼记》《春秋左传》《春秋公羊传》《春秋穀梁传》《论语》《孝经》《尔雅》《孟子》，皆是研究古代历史和学术思想的重要文献。《十三经索引》汇集十三经正文的所有文句，按每句首字笔画排列，每条下注明《十三经注疏》的页数、栏次和篇目简称，后附笔画检字表和四角号码检字表。

1934 年 4 月 22 日，叶圣陶用文言文写了一篇《〈十三经索引〉自序》，提供了职业编辑在业余用“家庭手工业”方式著述的范例，留下了战乱中著述失而复得、艰难成书的佳话。读此序可增进后学对前辈编辑家的崇敬与钦羡。

1983 年，中华书局出版《十三经索引》重订本，是以 1980 年中华书局影印阮刻《十三经注疏》为底本的。

《十三经索引》1983 年中华书局重订本

在抗日战争后期的 1944 年至 1945 年，叶圣陶经常往返于成都和重庆，积极投身文艺界的进步活动之中。他起草《成都十七文化团体至重庆杂志界的一封公开信》，表示对重庆《东方杂志》《新中国》《中学生》等八个杂志拒绝送审的声援。1944 年 7 月，叶圣陶听过关于毛泽东《在延安文艺座谈会上的讲话》的传达；作为“文协”主席，他主持 1945 年“五·四”文艺节大会，又参加成都各大中学 103 个团体联合举办的纪念“五·四”大会。会议遭到国民党特务的捣乱和破坏，他又毫不畏惧地赶到华西大学体育场，参加“五·四”营火会，并在会上致词；还应中共周恩来副主席的邀请，出席曾家岩中共办事处的晚宴；不久，他又听了周恩来题为《延安的文艺活动》的演讲。由“文协”主持，在重庆白象街西南大厦举行的鲁迅逝世九周年纪念大会，他在会上做“以沫相濡”的简要讲话，回忆他与鲁迅的友好交往和美好情谊。

抗战胜利后，开明书店雇了两条柏木船回上海，叶圣陶一家于1945年12月28日乘船顺流而下，在巫山县附近，另一条船触礁，他的大批书籍被浸湿一半，直到1946年2月9日，他才回到阔别八年之久的上海，一家人挤在霞飞路霞飞坊35号他妹妹叶绍铭那间不大的房子里。随后，他就到福州路开明书店上班了。

## 四

1946年开明书店举行二十周年纪念，叶圣陶为纪念碑题辞，诗云：

书林张一军，及今二十岁；
欣兹初度辰，缕金联同辈。
开明夙有风，思不出其位；
朴实而无华，求进勿欲锐；
唯愿文教敷，遑顾心力瘁？
此风永发扬，厥绩宜炳蔚。
以是交勉焉，各致功一篑。
堂堂开明人，俯仰两无愧。

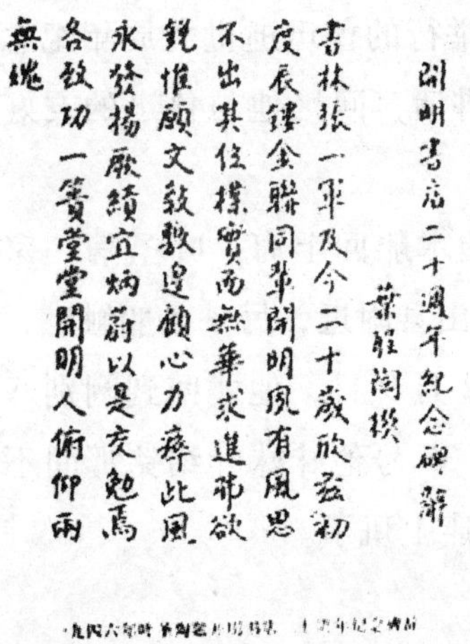

開明書店二十週年紀念碑辭 葉聖陶撰

書林張一軍及今二十歲欣茲初度辰鏤金聯同輩開明夙有風思不出其位樸實而無華求進而欲銳惟願文教敷追顧心力瘁此風永發揚厥績宜炳蔚以是交勉焉各致功一簣堂堂開明人俯仰兩無愧

叶圣陶为开明书店二十周年纪念碑题辞手迹

这题辞提出了“开明风”和“开明人”的概念。

1986年，在开明书店60周年纪念会上，叶圣陶再次阐发了开明书店的精神内涵，其中一条便是“决不肯辜负读者”——决不为追求经济效益而不顾社会效益。不论过去、现在，还是将来，都应是出版人所遵循的职业道德和行为规范。

1948年4月30日，叶圣陶在上海外滩花旗银行大楼由全国文协和清华同学联合会举行的“朱自清先生逝世追悼会”上致悼词，他说：“两年前，‘文协’为闻一多先生在这里开追悼会，隔了两年多几天，我们又在这儿追悼朱自清先生了。”“我现在不说颓丧伤感的话，只记得一位朋友的来信，可以说给死者听：‘倒下去的一个一个倒下去了。没有倒下去的，应该赶紧做一点事。’”会后，叶圣陶又写了《朱佩弦先生》和《悼念朱自清先生》，分别发表在《中学生》和《国文月刊》上。

1948年冬天，中共上海地下组织考虑到叶圣陶的安全，经过周密安排，地下党员李正文告诉他，中共中央正式邀请他和一些民主人士绕道香港进入解放区，并且说夫人胡墨林可以同行。

1949年1月7日，叶圣陶和夫人乘上永生轮，1月11日上午抵达香港，住在九龙德邻公寓；2月27日下午，叶圣陶夫妇和宋云彬、郑振铎、王芸生、徐铸成等人登上一艘葡萄牙的小轮船离港北上，3月5日下午进入山东烟台解放区，经过济南、德州等地到达北平，受到市长叶剑英将军的迎接。3月下旬，叶圣陶和郭沫若、茅盾、艾青、李广田等人一起投入中华全国文学艺术工作者代表大会的筹备，又和茅盾、周建人、胡愈之等人创办了《进步青年》杂志。他担任华北人民政府教科书编审委员会主任，并参加新政协筹备工作，7月，叶圣陶参加第一次文代会并当选为全国文联委员。

新中国成立后，叶圣陶先后出任出版总署署长、教育部副部长兼人民教育出版社社长、中央文史研究馆馆长。在行政工作和业务工作是十分繁忙的情况下，他仍然写关于语文教学方面的文章，如《语文随笔》（载1950年1月4日《人民日报》）《写话》（载1951年1月10日《新观察》）《拿起笔来之前》（载1951年7月14日《中国青年》第七十期）《和教师谈写作》（载1958年《教师报》）《要写得便于听》（载1960年《新闻战线》第一期）《“上口”与“入耳”》（载1960年《文字改革》第5期）《教师下水》（载1960年7月22日《文汇报》）。

叶圣陶一如既往关心和提携青年作家，为不少新人新作写了评介文章，如《新农村的新面貌——读〈喜鹊登枝〉》（载1958年9月12日《读书月报》第14期）《〈普通劳动者〉是一篇很好的小说》（载1958年《人民文学》第11期）《读〈野火春风斗古城〉》（载1959年《读书月报》第二期）《读〈伍嫂子〉》（载1959年《解放军文艺》第三期）《读〈我们播种爱情〉》（载1960年2月6日《光明日报》）《读了〈小布头奇遇记〉》（载1962年《文艺报》第9期）等。

叶圣陶对自己写的文稿和所编的稿件认真负责，一丝不苟，还为很多图书做最后的编校把关。

1950年2月26日，他会见瞿秋白夫人杨之华时，得知瞿秋白的文集正在整理，不久就可付排时，便主动要求担任《瞿秋白文集》的校对员。

1953年，当《斯大林全集》送请叶圣陶审看一校时，他在本职工作之余，逐字逐标点认认真真地每天几十页地修订，前后持续大半年。每当清样送来或者书出版后，叶圣陶又仔仔细细地检查自己修订的地方究竟被采纳了没有。这年9月1日，叶圣陶在日记中写道："从人民出版社取来《斯大林全集》第一卷之清样，与余所校一份校样对勘，观编译局从余之修润者凡有多少。对勘半本，依余改动者十之八九。其不依余改动者，有一部分系彼辈未明余意，或于词意句式较疏，以为不必改。此外一部分，则诚为余之穿凿。"他认为自己的修改极个别属于"过度修改"，也就是日记中所说的"穿凿"，但百分之九十五以上的改动都是应该改动的。

1959年7月23日，《解放日报》一版头条发表长篇通讯《南京路上好八连》，介绍上海警备区某部八连的先进事迹。很快，各大报刊纷纷转载。1963年，依据好八连事迹创作的话剧，以及电影《霓虹灯下的哨兵》与公众见面。"南京路上好八连"由此闻名全国。1963年8月1日，毛泽东主席挥毫写下了《八连颂》。这篇著名通讯的作者吕兴臣只读过四年书，写作水平不高，虽经过《解放日报》的记者编辑帮助修改，得以发表，但文章仍然存在不少问题。当新华社新闻讲习班邀请叶圣陶讲课时，他便对这篇文章逐段逐句逐字予以评改，后据讲稿写成文章，刊载于1963年《语文学习讲座》第12辑，1965年北京出版社出版的语文小丛书之五《叶圣陶评改两篇报道》，收入此篇。

评改《南京路上好八连》，不仅讲了怎样改，还讲了为什么这样改，是学习编辑加工的理想教材，不仅从中学习他怎样发现问题、分析问题和解决问题的思路和方法，而且要学习他认真负责、严谨求实、一丝不苟、嫉“错”如仇，必犹除之而后快的编辑作风；这篇文章还告诉我们，已在出版物上刊载的作品有的是经不起推敲的，一认真推敲便不难发现问题，有的作者和编辑的文字功夫并不过关。

文字功夫过关，是从事文字工作的人最起码的要求，又是不容易达到的要求。语文修养，文字功夫，非一日之寒，须经长期磨炼，可惜这个问题至今尚未引起出版界的足够重视。

## 五

“文革”爆发，叶圣陶所在的教育部贴出一张凶恶至极的大字报，题为《修正主义教育路线的祖师爷》，矛头直指副部长叶圣陶，幸亏周恩来总理采取“年老免职”的保护性措施，才使他幸免于难。叶圣陶的儿女一个一个地受到批斗，他的东四条四合院住房，被陌生人占去了一半。一直谨慎的他，也实在憋不住了。有一天他忽然想到了老舍，决心冒着风险去看看老朋友，正要跨出门槛，传来了老舍携带一卷《毛主席诗词》投太平湖自尽的消息！叶圣陶悲愤交加，而又无可奈何，只有退回家中独自叹息。

1967 年秋天，叶圣陶心肌梗塞发作，大病一场。幸亏得到了周恩来总理的再次关顾，冲破重重障碍，首都医院终于将这位文化老人抢救过来。

叶圣陶并不悲观，他坚信中国的未来将是美好的。他写过一首《蝶恋花》的词：

无限时空中着我。
星汉微尘，皆我巡天伙。
卅亿之间为一个。
咱们问有因缘颇。

七十余年如电火。
往事思量，倘许重来过。
想入非非宁复可？
明年花岂今年朵？

1973年6月6日叶圣陶乘船游览新安江

在赋闲蛰住的日子里，他认为做的一件有意义的事，是应人民文学出版社之请，对新版鲁迅著作做了注释稿的审阅工作。每一本他都提出了上百条意见，用每页24行的稿纸，一写就是十几页。1976年7月14日，他给人民文学出版的信中说：

敬启者：嘱看《彷徨》注释稿已经看完，今将鄙见之记录十六纸寄上。仍如以前几回所说，未必都对，务恳斟酌采纳。收到之后，请赐一复信，俾得放心。

1976年10月24日，叶圣陶参加庆祝粉碎“四人帮”的大会，站在天安门广场的观礼台上，一直到大会结束。“如是欢快热烈之场面，已多年未见之矣。”过了几天，他写了一首《满江红》词：

电掣雷轰，阴霾扫，碧空澄澈。
未匝月，遽承遗命，断然释决。
篡夺阴谋宁许逞，豺狼狠恶须深揭。
此心期久已遍神州，今欣彻。
……

1977年5月，叶圣陶南行各地，归来后又有一次四川之行，后来因胆结石而住院开刀，至1978年10月才出院。他感到“身体大不如以前了”。然而，他仍关注复苏的文坛。《人民文学》1979年11月号，发表了叶圣陶《跟〈人民文学〉编辑谈短篇小说》，1980年初，《文汇报》连载叶圣陶关于教育问题的《晴窗随笔》。叶圣陶的长篇小说《倪焕之》再版，先后还出版了《叶圣陶语文教学论文集》《叶圣陶论创作》《叶圣陶散文甲集》《叶圣陶散文乙集》，又重版《文心》等书。

历经劫波兄弟在，文化复兴待后生。苏州的五位文化老人在新时期再聚首。（见下一面图片）

前排为顾颉刚、王伯祥，后排为叶圣陶、章元善、俞平伯，苏州五位文化老人合影

## 六

1986年春天，江苏教育出版社的吴为公和缪咏禾为出版叶圣陶“全集”专程来到北京东四条叶宅，想找叶老面谈。他们知道叶老不主张重印他过去的作品，更不同意出什么“全集”，为了说服他，还请叶圣陶的小儿子叶至诚同行，以壮声势，以表诚意。一番“纠缠”，叶老仍说“更不要出什么全集，等我死了再出也来得及”。叶至善说：“还是现在出版好，与其别人编，不如我和至美、至诚编，你来指点。”

在编辑的过程中，叶至善觉得“全集”的“全”字值得考虑，真正的“全”，是办不到的，似乎也无此必要；改成“文集”吧，又与人民文学出版社出版过的《叶圣陶文集》重复。请教叶圣陶的老朋友、老同事王泗原先生，他说“全”、“文”两个字都不要，就叫《叶圣陶集》岂不干净，何况单用一个“集”字，历来通行，有个“全”字，未必能“全”；没有“全”字，照样可以尽可能地求全。

1987年10月14日，《叶圣陶集》的新书发布会，在民主促进会中央的会议室召开，在王府井书店又举行了首发式。江苏教育出版社的同志将新出版的开头四册书送到叶圣陶家，已94岁高龄的叶老，眼睛几近失明，他用手抚摸着自己的书，说“又炒了一次冷饭”，脸上出现自嘲又自慰的笑容。趁着叶老的兴致好，出版社的编辑请他拍了合影，还请他站在满是阳光的院子里拍了一张头像，想不到这成了他最后一张特写照。

1988年2月28日7时50分，叶圣陶与世长辞，享年94岁。

叶圣陶生前的最后一张照片

1996年，位于北京美术馆路22号的三联书店大楼落成，其中有一层约800平方米，划出来为“出版工作者之家”。在建造大数前，叶圣陶就将他的《叶圣陶集》的20万元稿费投进了建设资金。“出版工作者之家”用于出版工作者举行小型会议，办小型展览会，在不大宽敞的门厅里，有一座叶圣陶的汉白玉雕像，还有一间展览室，陈列着叶圣陶著作的各种版本。这是对叶圣陶最好的纪念。

1935年秋天，叶圣陶在苏州城南滚绣坊巷的一条幽静的小弄——青石弄三号，由他规划设计建造了的四间平房，解放后他将此屋捐赠给苏州市文联，现在仍是《苏州杂志》编辑部的办公地，留有一间客房，用来接待来苏州探访的作家。

在苏州的叶圣陶故居

2004年，为纪念我国现代文学史、教育史和出版史上的杰出人物叶圣陶诞辰110周年，江苏教育出版社出版《叶圣陶集》（26卷本）的第二版。人民教育出版社继五卷本《叶圣陶教育文集》，又出版了《叶圣陶画传》和四卷本《叶圣陶年谱长编》。

叶圣陶不仅因为他编《中学生》杂志，编教科书，而成为青年人的良师益友，而且他作为作家、编辑家、教育家的人格风范，他一生的卓越成就和工作业绩，也是青年人的楷模。

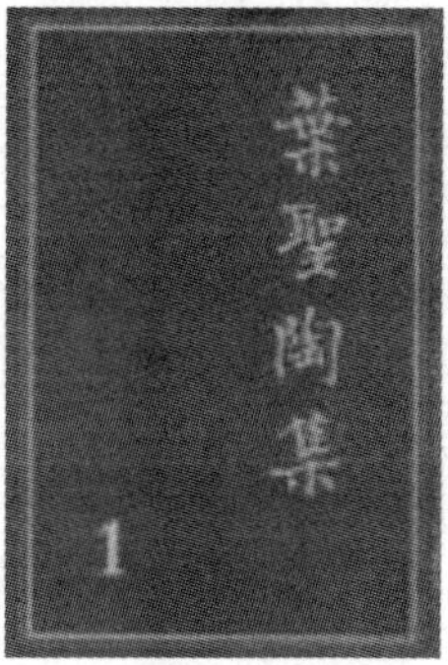


《叶圣陶集》第二版26卷本第一卷封面

叶圣陶的出生地是被誉为“神州水乡第一镇”的苏州角直镇。叶老在病重期间，仍提到一些角直的人和事，口中总念叨着：银杏树、斗鸭池、清风亭、保圣寺、生生农场……家乡人民为了表示对他的崇敬和怀念，将当年叶圣陶执教的几处旧址重新建修，成立了叶圣陶纪念馆。在叶圣陶墓地周围，四棵千年银杏树挺拔高洁，枝叶随微风起伏，像是在向瞻仰者、凭吊者致意。

苏州角直镇叶圣陶纪念馆里的叶圣陶塑像

# 孙犁怎样当报刊编辑

名记者、散文家梁衡出任国家新闻出版署副署长时，论及书、报、刊的区别，说，书籍传播知识，报纸传播新闻、期刊传播文化。在纸质出版物中，书、报、刊三分天下。据国家统计，2010 年全国共有出版社 581 家（包括副牌社 33 家），其中中央级出版社 221 家（包括副牌社 13 家），地方出版社 360 家（包括副牌社 20 家），全年共出版图书 328387 种，其中新版图书 189295 种，重版、重印图书 139092 种，总印数 71.71 亿册（张）；全国共出版期刊 9884 种，全年平均期印数 16349 万册，总印数 32.15 亿册；2010 年全国共出版报纸 1939 种，全年平均期印数 21437.68 万份，总印数 452.14 亿份。

孙犁是一位著名作家，同时又是一位资深报纸副刊编辑。成立于 1995 年的中国报纸副刊研究会于 2002 年 10 月 13 日正式设定“孙犁报纸副刊编辑奖”，每年评定 10 名报纸副刊编辑获奖。

孙犁说，在他一生从事的三种工作（编辑、教员、写作）中，编辑这一生涯，持续的时间最长。

作为作家的孙犁，研究者众，研究成果累累；作为编辑的孙犁，似乎未能引起充分的注意和足够的重视，也许世俗认为，他没有呆过出版社，没策划过“等身”的辞书和丛书，没有编辑过什么赫赫有名的大刊物，未曾有过金光闪闪的“主编”头衔吧。

我是孙犁著作的一名热心读者，在研习他文学创作、文学理论的同时，比较留心他的关于编辑工作的文件、论述、回忆、书信。因为，我也是一名编辑，想从中学习一些有益的东西，以应用于编辑实践。

我以为，对于我和我的同行们，孙犁堪称当今文学编辑的楷模。

孙犁晚年在书房

## 一

孙犁是1934年开始发表作品的。1938年春参加革命，投身抗日战争，1939年春天调到晋察冀通讯社工作，编油印的《文艺通讯》；1941年在晋察冀边区文联编《山》，也是油印刊物；其间，还与田间同志共同编辑晋察冀边区文协的《鼓》，附刊于《晋察冀日报》；1942年编《晋察冀日报》的副刊。抗战胜利后，他回到冀中，在河间主编《平原杂志》，共6期。

战争年代，编辑工作的条件是非常简陋的，孙犁编刊物是十分勤苦的。编《文艺通讯》时，仅他和一个刻写员，承担着编辑、刻写、印刷、装订到发行的全部工作；编《平原杂志》时，只他一个人，每期10万字，编辑工作全由他一人包干。“编辑部”就设在冀中导报社的梢门洞里，一块木板搭成的床当作座位，面前的一张小破桌上，堆满了从部队、乡村、机关、团体寄来的稿件。孙犁审阅着一篇篇来稿，辨认着写得潦草的字体，从中发现有新鲜思想和战斗激情的稿件，加工修改，然后工工整整地抄写在稿纸上，再发排。

天津刚解放，孙犁和他的战友方纪骑着自行车进城；第三天就在原来《民国日报》的旧址出版了《天津日报》。孙犁住在一间仅有10平方米的宿舍里，楼下是铸字房，人声嘈杂，机器轰鸣，但他仍能静心地做着编辑工作。

孙犁编辑《天津日报》的“文艺周刊”，长达三十多年，直到离休。他的最高名分也只是《天津日报》编委，其职务他自嘲是“二副”——副刊部副科长，职责是二审。作为地方报纸的文艺副刊，《天津日报》的“文艺周刊”，在培养河北、天津、北京的青年作者方面，成绩是很突出的，在全国影响很大，这与孙犁踏踏实实存诚立信地为之工作，是分不开的。

## 二

从百花文艺出版社出版的八卷本《孙犁文集》中，可以见到孙犁为刊物起草的编辑文件有：《平原杂志》时期的《征稿简约》《征稿启事》《为组织读者小组启事》和前三期的《编辑后记》三则；《天津日报》时期的《近刊简述》《关于“读者往来”》《〈文艺增刊〉致读者、作者》《〈文艺增刊〉辟栏说明》《〈文艺评论〉改进要点》《〈文艺增刊〉启事》《〈文艺增刊〉开辟“创作经验”专栏的几点说明》《〈文艺增刊〉缩短刊期、更易刊名启事》等。这些编辑文件是体现了刊物的编辑方针，也代表着孙犁的编辑思想和编辑风格。

孙犁同志关于编辑工作的论述比较多，诸如《论培养》《编辑笔记》《关于编辑与投稿》《通讯六要》《谈校对工作》《成活的树苗》《文学期刊的封面》《谈名实》《电报约稿》《关于编辑工作的通讯》《我和文艺周刊》《改稿举例》《被删小记》《谈改稿》《谈稿费》《谈头条》《谈名实》《刊物面目》《文章题目》《吴泰昌〈艺文轶话〉序》《祝衡水〈农民文学〉创刊》《我的致意》等，并且孙犁同志的文学理论、文学评论、读书记、读作品记和大量书信中，也涉及编辑工作的全过程和方方面面，贯穿着他的编辑工作见解。

在战争年代，给报刊写稿的农民和士兵的文化水平一般不高，作为编辑的孙犁在编《文艺通讯》期间，就为他们编写了题为《论通讯员及通讯写作诸问题》的辅导写作的小册子；1941 年孙犁从太行山区回冀中平原，途中碰到一位青年作者刘前冲。刘送给他一个笔记本，请他写一写文学写作的基本知识。后来，孙犁在编选《冀中一日》的过程中，念念不忘这位青年的恳切要求。根据《冀中一日》写作运动的倡导者王林同志的建议，写了一本《区村和连队的文学写作课本》。此书先油印了 1000 本，供不应求，次年改名为《怎样写作》出了铅印本；1947 年冀中新华书店将它改名为《写作入门》出版，1950 年中南新华书店重印；同年上海文化工作社将其纳入“工作与学习丛书”，改名为《文艺学习》出版，印行了几版；1964 年作家出版社恢复油印本原样儿，出版了此书的最佳版本。50 年代就一版再版的《文学短论》一书，其中不少文章就是评论《文艺周刊》上所发表的初学写作者的作品的。

如果说，编辑给作者写信或面谈稿件，是辅导写作的手工业方式、面授方式，毕竟受益者不会太多，因为接触面不可能太广；那么，孙犁这种为写作者、创作者编写课本，近乎函授的方式，相当于开办了一所学习写作的专门学校。这与大学里《文学概论》《文艺理论》之类的教科书不同，它不是从概念出发，而是从初学写作者的实际出发，做到深入浅出，通俗易懂；也跟单纯的“作家谈创作”的文章不一样，而是从编辑的角度来谈作品的创作与修改，具有针对性。从战争年代到和平时期，从孙犁关于编辑的文件和论述，从孙犁的文学写作课本中，得到辅导受到教益的人，何止千千万万。作者就是 1964 年在大学时读到孙犁的《文艺学习》，被引进文学写作的大门的。

文学界在谈到作家诲人不倦辅导青年文学创作时，总忘不了当年在南方工作的萧殷和他的《谈写作》；而在北方做编辑工作的孙犁，他为习作者、投稿者写了三本书，为中青年作家和文学爱好者写了那么多谈创作的信，他在这方面所付出的心血，他辅导文学创作所取得的突出成绩，似乎被文坛忽略了。

## 三

编辑的工作对象是稿件。如何对待稿件，可以看出编辑的责任心和职业道德。

孙犁把编辑工作视作神圣的职责，全力以赴，兢兢业业。

孙犁对待作者的投稿是满腔热情的。他说，新社会编辑与作者的关系应当亲如家人，对待作者的投稿，应该像对待远方兄弟的来信一样。

孙犁对稿件是认真负责的。他从未丢失过一篇稿件，哪怕是很短的稿件。在战争年代编刊物，他所谓的编辑部，不过是一条土炕，一张炕桌。如果转移，他就把稿件统统装进书包，背起就走，人在稿在，不会丢失。这不是一件小事情。孙犁认为“丢失稿件，主要是编辑不负责，或者是对稿件先存一种轻视之心”。而现在，编辑的生活是安定的，办公条件是优越的，但丢失稿件的事司空见惯，特别是初学写作者的稿子，自由来稿，随便乱放，不当一回事，丢了也就丢了。绝大多数编辑部公开表示不退稿，这就为编辑丢失稿件开了绿灯。

孙犁对稿件取敬重的态度。他早已养成了这样的习惯：拆封时，注意不伤及稿件，特别是不伤及作者的署名和通讯处；保持稿件的清洁，不污染；阅读稿件，先擦净几案，然后正襟危坐；不用的稿子，有什么意见，写在小纸条上，而不在稿件上乱画。

孙犁不愿把稿件积压在手上，觉得那样像心里压着什么东西，他总是很快地处理。孙犁看稿，主要是看稿件质量，对作者不分远近亲疏，年老年幼，有名无名，或男或女。稿件好的，立即刊登，连续刊登，不记旧恶，不避嫌疑。

孙犁主张选稿要严。他认为选登稿件越严格，应之而来的一定是创作水平的提高；反之，则会降低创作的水平，有损刊物的质量。

孙犁主张对采用稿多就少改，不可妄改。不为改稿而改稿，即不是为了叫领导看自己的工作成绩，故意把稿子大加删改。可改可不改者，不改；可删可不删者，不删。他不大删改来稿，也不大给作者出主意修改稿件，更不喜欢替人家大段大段做文章。他编稿时总是字斟句酌，仔细推敲，只是删改一些明显的错字和极不妥当的句子，把标点弄好，然后衔接妥帖，使上下文通顺，使作者心服。决不要锄掉一棵苗，却留下了一棵草。

孙犁对选用的稿子，不只发表以前仔细看，见报之后还要仔细看一遍，看看有无排错，别人有无改动。

## 四

孙犁认为，编辑和投稿者——作者的关系，应该是文字之交；双方面关心的问题，应该是稿件，而不是其他。认真、负责、及时、稳妥地处理稿件，就是对作者的尊重。具体说来，有以下几点：

1. 对作者，既要热情扶持，耐心帮助，又要严肃，不能迁就。

2. 对不同作者的不同稿件的处理要因人制宜，区别对待。作者们的工作和经历，学习和爱好不同，他们的创作是各种各样的。应该欢迎题材和表现方法的多样性，不能把题材像需要归档的文件一样机械地分类。对待他们的稿子，应该有不同的态度和不同的方法，不能提出过高的或千篇一律的要求。

3. 对稿件，一视同仁，不以名头势力作衡文标准。

4. 要经常地广泛地联系作者，不能把投稿的人看成是自己可以随时调动的部下，因为“任务”的变化接近或疏远。不能用得着时靠前，用不着时靠后；约稿时急于星火，稿到手，冷若冰霜，像“运动夫人”一样。对作者不要搞实用主义。要经常出去跑跑，不要只是坐在桌前，守株待兔。

5. 要按照文学创作的规律帮助作者，鼓励他的热情，帮助他建立创作上的信念和持续进修的习惯，才能使之逐步提高。

6. 不轻易召作者到编辑部，有事写信商量。这样互不干扰日常工作，保持编辑部正常秩序。孙犁给投稿者写了很多信，几乎有信必复，而且信写得很有感情，很长。

7. 要把读者的意见及时地转告作者。但对读者意见要有分析，看它是否符合作品的实际，对于那些自称“专家”的惯于对作品做定性分析的人们的挑剔，或自称“群众意见”实际上并没有任何实际生活经验的知识分子，当看到一点眼生的东西，就连珠炮一样发出“难道是这样的吗?”的叱咤，也必须设置防御的篱笆，以保护创作。

8. 要帮助有成就的出了名的作者，经受荣誉的考验，度过名气的危机。孙犁作为编辑，不贪天之功，不掠人之美，更没想过在这片园地上，插上一面什么旗帜，培养一帮什么势力，形成一个什么流派，结成一个什么集团，为自己或为自己的嫡系，图谋点什么私利，得到点什么光荣。

孙犁同志在解放初期，为辅导工人业余作者下过很多功夫。当时《天津日报》社举办工人业余作者讲习班，他经常前去讲课。从中发现和培养了一些工人作家。阿凤、大吕、董乃湘等人都是这个讲习班的成员。孙犁亲手修改发表他们的作品，并且写短评进行分析，像老师评讲学生作文一样。不仅如此，他还委托当时“十月文艺丛刊”的编辑曾苍秀把大吕和董乃湘的作品结集出版，阿凤的小说集出版时，孙犁为之作序，加以鼓励。天津之外，如河北的刘绍棠、韩映山，北京的从维熙、房树民、内蒙的佳峻等人，也是从《天津日报》的“文艺周刊”这块苗圃中长出来的，而辛勤的园丁就是孙犁。这些人，后来都成了作家，创作上硕果累累。

“文艺周刊”培养出一批作家，在文坛传为佳话。孙犁却认为，“什么刊物，什么人，培养出了什么成名的作家”的说法，是不合乎事实的。他说刊物和编者，只能说起了一些帮忙助兴的作用。早在1953年，孙犁就这个问题曾写了《论培养》一文，明确地指出“一个新的作者的成功，也像别的工作的成就一样，他受的是时代的、社会生活的全部教育，而更重要的是党的教育和自我教育”。到1980年，他在《成活的树苗》中诚恳地写道：“说是培养，恐怕是过重了些，是贪天之功，掠人之美。”1982年，他写了《论名实》（也可以说是《再论培养》），进一步指出：“一位好的小说作者的产生，可以说是国家培养、社会培养，也可以说是时代培养。”他还强调，作者“是靠自己生活的根底，”思想的高度，观察的能力，情操的修养，来完成他的作品，来完成他的使命的。别人对于他的影响，较之他自己须作的努力，即奋斗不懈，百折不挠，深思熟虑，规模宏远，不为名利所摧折，不被荣辱所埋没——就微乎其微了”。

## 五

孙犁在《天津日报》编了三十多年的《文艺周刊》，积累了丰富的编辑工作经验，也深知它作为地方文艺刊物的职责和特点。曾经发表过如下见解：

1. 地方文艺刊物应该永远是一处苗圃，一块实际的园地，要经常具备适当的土壤、雨水和气候，要不断地栽培树苗。也就是说，应该着重发表新作者的作品，努力培养新作者。一旦这些作者成了名家，可以向全国发表作品了，就可以从这里移植出去，再栽培新的树苗，再增添新的力量。

2. 地方文艺刊物不要企图与全国性的大刊物争夺明星，争登名作，别奢望办名花展览。即使是曾在本刊发表习作后来成为名家的，愿意继续为他写稿的，当然欢迎；否则，不勉强。发表文章全凭稿件质量，不存成见，不搞派性，熟人交易，不要让编辑部如同交易所的气氛。

3. 坚持现实主义道路。要接近底层，发表有生活，有感受，手法通俗，主题明朗，切切实实的文艺作品。而拒绝那些张而皇之的，不中不西的，胡编臆造的东西。

4. 地方文艺刊物虽小，也要努力办出自己的风格来，用这种风格，去影响作者，影响文坛，招徕作品。无论是刊登作品，还是发表评论，都要有自己的套路，不能杂乱无章，东鳞西爪，更不能互相矛盾。

5. 地方文艺刊物要办出地方特点，有地方色彩。要有个性。要敢于形成一个流派，与兄弟刊物竞争比赛。

6. 地方文艺刊物要往小而精里办，不往大而滥里办。这不仅是财、物、人力的节省（或限制），主要是严格选稿可以提高创作水平。

7. 编刊物不能有偏爱。只要是好花，都应该栽培。

8. 编辑部的人要少，层次不要多。机构臃肿，层次重叠，反而不好办事。

9. 编辑必须有学问，有阅历，有见解，有独到之处。青年编辑要努力提高文学修养，加深文字功夫，提高编辑水平。要浏览百家之书，不怕成为一个杂家。要经常出去跑跑，勤与作者联系，不能只坐在办公室里，守株待兔，等米下锅。

10. 要在提高编辑、校对、印刷质量上下功夫，不要热衷于以电报约稿的所谓现代化方式拉拢名家，也不要以搔首弄姿的美人图作封面招徕读者。

11. 不要轻易改刊名，更不要改来改去，有失体面。质量不提高，改头换面，究竟不是长远办法。

孙犁的这些见解多发表于70年代末80年代初，经过十多年的实践证明和时间考验，可以看出它的生命力和预见性。虽说社会已发生了很大的变化，出版界又出现了不少新情况和新问题，但孙犁的以上见解，仍值得地方文艺刊物（包括报纸副刊）编辑们学习、借鉴。

## 六

孙犁是一位著名作家，他要投稿，就得与一些报刊社、出版社的编辑打交道，那么，他是怎样对待编辑的呢？

孙犁年轻时，初登文坛，编辑与写作，即同时进行。他深知创作之苦，也深知编辑职责之难负。不曾有别人对他的稿件稍加改动就盛气凌人的狂妄举动，倒是他对自己作品的过度贬抑菲薄，引起过同事们的不满。到了晚年，他更是谦逊谨慎。稿成之后，总是多次修改，以此防止错误。他是非常欢迎编辑为之把关的。他很客观地看待这个问题。他说：“文兴之来，物我相忘，信笔抒怀，岂能无过？有时主观不合乎实际，有时愤懑限于私情，都会招致失误，自陷悔尤。有识之编者，与作者能文心相印，扬其长而避其短，出于爱护之心，加以斧正，这是应该感谢的。”在《改稿举例》一文中，就举出报刊编辑给他修改稿件的例子。对于他们的修改，都认为很好，没有任何异议，并在编入集子时，采纳了他们的修改。即使有的编辑神经过敏，过于谨小慎微，把不必改的地方改了，他还是谅解其苦衷，没有怨言。

百花文艺出版社 1992 年出版的孙犁文集珍藏本八卷之书影

曾有传言，说孙犁的文章，不能改动一字。孙犁“不知起自何因”。修改不同于妄改。对于“那些出于私心，自以为是，肆意刁难，随意砍削他人文字的人”，孙犁还是反感的。

孙犁面对报刊编辑队伍发生的变化，他说，投稿前必须先摸清报刊编辑的脾胃。在投稿中，他得到的经验是：小稿件不要投向大刊物，那里瞧不起这种货色；摸不清脾气的编辑，不要轻易给他寄稿。看见编辑把他的稿件随手装进衣服口袋里时，就特别嘱咐一句：装好，路上骑车不要掉了！他还担心稿件装在女编辑的手提包里，被点心、酱肉之类的食品油污了。孙犁是个认真过细的老编辑，他希望现在的编辑对他的稿件，也认真过细，不要马虎。

孙犁发现有各式各样的刊物，有各式各样的编辑。有追求色情的编辑，有追求利润的编辑，有拉帮结伙的编辑。这些人，各有各的志趣，常常做出一些令人难以理解的事情来。有的人，知识很少，但坐在编辑的位置上，好像掌握了什么大权，并借此图谋私利，孙犁很讨厌这种编辑。孙犁希望遇上正派的有学问的认真负责的编辑，乐意把稿件给这样的报刊，这样的编辑，并引以为知己。

孙犁不喜欢编辑大砍大削他的文章。有些编辑，只知其一，不知其二，不查根据，不问作者，单凭主观武断和个人的好恶，武断地删改作者的原文，孙犁是反对的。不能用就说明理由给他退回去，他会更加高兴。如果为适应版面，而削足适履地删去很多，文义都不衔接了，若这样发表他的稿件，他也是不高兴的。

有人曾声称要垄断孙犁的稿子，而对待稿件又采取轻慢和武断的态度，出尔反尔，不讲信用。孙犁认为这是极不严肃的，近于胡闹。

## 七

孙犁认为：“凡是严肃从事一种工作的人，他的收获总不会是单一的，而是多种的。”纵观我国文化史，有许多例子可以证明，编辑工作和学术之间，有一条互通之路。有许多作家学者，在撰述之暇，从事书刊编撰；也有因编辑工作之年积月累，终于成为学者或作家。

孙犁同志的编辑与创作，是互补互助、相得益彰的。

解放前，在冀中导报社编《平原杂志》时，上半月，经常到各地去体验生活，从事创作；后半月，才回到报社编排稿件。发稿之后，他就又走了。编辑、创作两不误，双丰收。解放后，他在《天津日报》编《文艺周刊》时，在上面发表了不少创作作品，特别是长篇小说《风云初记》的连载。按照当时的情况，本来也可以拿到别处去发表，但因为他是随写随发，便于校阅，《文艺周刊》就成了近水楼台。

孙犁一九八七年十月赠给笔者的一幅字，写的是晚唐诗人《诗品》二十四品中“冲淡”一品开头的四句话。

1956 年 3 月，孙犁正紧张地写中篇小说《铁木前传》。原计划写 20 节，已写到第 19 节了。这一天，午睡起来，他忽然感到一阵眩晕，一下子摔倒了，左面颊跌在书橱的把手上，碰出一道两寸多长的口子，血流不止。报社同事把他送到医院，缝了五针就回来了。从这时候起，长期劳累的身体终于爆发为一场大病，而且一病就是10年。编辑和创作都中断了。10年的休息和疗养，对于他身心是一次救治和恢复，对于他的创作和编辑，也可以说是“十年集聚，十年生息”，正好可以再产生一个高潮的。然而，当他身体还很虚弱时，“文化大革命”以迅雷不及掩耳之势打来了，接着的“十年动乱”又无休止地折磨着他。他曾在给友人的一封信中说：“亲爱的同志，回忆我的编辑生涯，也是不堪回首的。过去悲惨的事，就不必提它了。”十年动乱后期，他在报社，仍当作见习编辑使用。后来，所谓落实政策让他当了《天津文学》编委，就更不如人了。直到粉碎“四人帮”之后拨乱反正，批判了极左路线，孙犁才算堂堂正正地当编辑，搞创作了。

可以说，孙犁同志的编辑工作和个人创作是一位文学工作者的两个方面，是浑然一体，有机地联系在一起的，不存在谁影响谁的问题。孙犁的文学创作和文学编辑都取得了突出的成就，都是值得当今的文学工作者当作榜样仿而效之的。

# 钱锺书与周振甫

## ——再好的书稿也要人赏识和编校

### 一

1998年，被称作“文化昆仑”的大学问家钱锺书逝世。钱锺书，原名仰先，后改名锺书，曾以“中书君”为笔名。唐朝的韩愈《毛颖传》一文中有“号曰管城子”、“累拜中书令”之句，后人乃称毛笔为“管城子”或“中书令”。钱锺书的夫人杨绛壬申（1992年）年四月，曾手书一副对联，戏赠《管》（即《管锥编》）《城》（即《围城》）作者（即钱锺书）：“中书君即管城子，大学者兼小说家”。（见下一面图片）

钱锺书姓钱，并不热衷于钱，偏偏钟情于书，这大概是他改“仰先”为“锺书”的缘由吧。1991年，全国十八家省级电视台联合拍摄《中国当代文化名人录》，找到他，被他婉言拒绝了。他不愿像有的名流那样上电视展示什么形象，成为什么公众人物。拍电视的告诉他，拍片是要酬谢给钱的，钱锺书淡然一笑：“我都姓了一辈子‘钱’了，还会迷信这东西吗？”他深居书斋，潜心学问，很少接待

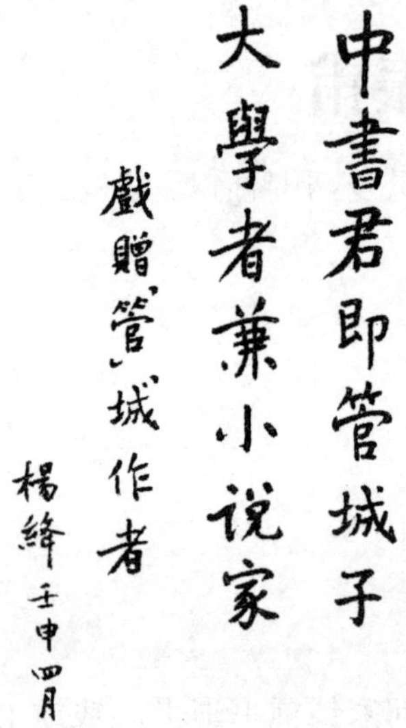


慕名而来的拜访者。有人告诉他，外国有位记者说，来到中国有两个愿望，一是看看长城，二是见见钱锺书。钱先生不无幽默地说，知道那个鸡蛋好吃就行了，何必要见那只下蛋的老母鸡呢？

钱锺书恃才傲物，是位狂狷之人。他小时候就狂得惊人，终生不轻易赞扬别人，却批评、挖苦、调侃过不少人。被他批评的人中，有的是他的同学、友人，有的是他的师长、前辈，如朱自清、周作人、冯友兰、赵万里、吴宓等。

1929年，钱锺书19岁，报考清华大学，数学仅得15分，国文却成绩突出，英文获得了满分，因而被清华大学外文系破格录取。上了大学，他竟挑剔起正在上海光华大学当教授的父亲钱基博，1932年其父新著《现代中国文学史》出版，钱锺书断定其学问“还不完备”。他父亲写信要他去拜访国学家章士钊，他也不从命，直到1971年章士钊《柳文指要》出版，受到毛泽东的赏识，钱锺书却还为当年未遵父命而感到庆幸呢。快毕业时，清华大学挽留他继续攻读西洋文学研究硕士学位，他居然说：“整个清华，没有一个教授有资格充当钱某人的导师！”他不愿拜访别人，更不拜访名人，曾引杜于皇的话说：“即使司马迁、韩愈住隔壁，也恕不奉访！”司马长风在《中国新文学史》（1980年香港昭明出版社出版）中说钱锺书是中国现代文学史上两个“狂人”之一（另一位是当年与鲁迅叫板的《莽原》社的高长

钱锺书、杨绛夫妇的晚年合影

虹，还是当面骂过蒋介石的安徽大学校长《庄子》专家刘文典呢?）钱锺书的狂，狂在才气，狂得汪洋恣肆，颇似先秦的庄子。他狂得直率、自然、可爱、可敬而又可亲。

狂狷的另一面，钱锺书又是谦虚、谨慎的。他对自己的要求更高、更严格，尤其在学问上，不以自己的学博才高而沾沾自喜，从不固步自封。他的《谈艺录》《管锥编》《围城》等著作，可谓近乎尽善尽美，但他并不满意，不为此自豪自傲。他对《谈艺录》“壮悔滋深”，对《围城》“不很满意”，对所选注的《宋诗选注》“实在很不满意，想付之一炬”，因此，他对这些已成著作还不厌其烦地修正、补订，对其中每个字句，每一条中外引文，都要逐处查找核对，从不轻易放过，人们很难从他的书中挑出错误来，戏称之为“文正公”，他却自谦为“文改公”。愈到晚年，他愈谨严、愈认真；成果愈大，他愈谦虚。

钱锺书是狂狷之人，还是幽默之人。在中国现代文学史上，称得上幽默大师的，除鲁迅、梁实秋、老舍外，当首推钱锺书。他口若悬河，舌璨莲花，隽思妙语，令人捧腹。他的健谈雄辩，大有孟子、韩愈遗风，在他当年的工作单位中国社会科学院文学研究所，无人不晓。

钱锺书的手书签名

他的幽默，也表现在他文学写作中善用比喻，长篇小说《围城》的幽默，在中国现代小说中是首屈一指的。如：

“学国文的人出洋‘深造’，听来有些滑稽。事实上，惟有学中国文学的人非到外国留学不可。因为一切其他科目像数学、物理、哲学、心理、经济、法律等等都是从外国灌输进来的，早已洋气扑鼻；只有国文是国货土产，还需要外国招牌，方可维持地位，正好像中国官吏、商人在本国剥削来的钱要换外汇，才能保持国币的原来价值。”

在短篇小说《猫》中，他写道：“李太太深知缺少这个丈夫不得；仿佛阿拉伯数码的零号，本身毫无价值，但是没有它，十百千万都不能成立。”

甚至在《谈艺录》《管锥编》这样的纯学术著作中也充满了幽默与机趣。

就是钱锺书这样的高人，这样的大学者兼小说家，他的著作出版也是要有人赏识，也要经过编辑校对。以他的三部最重要的著作的写作、出版为例，来说明编辑工作的不可或缺，责任编辑对于著作的极端重要性。

## 二

1933 年，钱锺书从清华大学外文系毕业后在上海光华大学当过外文系讲师。1935 年，他以第一名成绩考取英国庚子赔款公费留学生，赴英国牛津大学埃克塞特学院英文系留学。

1937 年毕业，钱锺书获得副博士学位。同年，他到法国巴黎大学进修。1938 年他与夫人杨绛乘法国邮船阿多士Ⅱ回到上海。先应聘赴昆明任西南联大清华英文系主任一年，后奉父命辞职回上海，一时没有工作，杨绛的父亲把自己在震旦女子文理学院的钟点课让给钱锺书教，杨绛写话剧剧本供演出挣点稿酬。夫妇艰苦度日。1939 年秋，钱锺书赴湖南蓝田国立师范学院任英文系主任，教了半年书，因病又辞职回上海。有一次夫妇一起看了杨绛所编话剧《称心如意》的演出，回到家里，钱锺书说："我要写一部长篇小说！"

钱锺书要写的长篇小说就是《围城》。

所谓"围城"，是对一种人生情境的形象概括，是人类身处困境、屡遭挫折的象征。"围城"的说法，始于英、法两国。英国人说："结婚仿佛金漆的鸟笼，笼子外面的鸟想住进去，笼内的鸟想飞出来，所以结而离、离而结，没有了局。"法国人的说法是：结婚犹如"被围困的城堡，城外的人想冲进去，城里的人想逃出来"。《围城》的主人公方鸿渐，原本不知有"围城"之说，当他听人说到"围城"，并且经过后来的坎坷，便对"人生万事，都有这个想法。"

钱锺书、杨绛在英国留学时合影

“围城”现象，乃是人类理想主义和幻想破灭的永恒循环，是人类不可摆脱的困境。《围城》中时起时伏，处处申说的，都是理想的不断升腾和一再破灭。许多人终身处于“围城”境遇而不察，这正是《围城》吸引读者的思想魅力和艺术魅力。

钱锺书此前写过几个短篇小说，杨绛听说他要写长篇小说，非常高兴，催他快写。为节省开支，杨绛辞去女佣，甘心当起“灶下婢”，为钱锺书的写作服务。钱锺书每天写五百字，是定稿，不再改动。晚上，钱锺书把写成的稿子给她看，急切地看她的反应。杨绛笑，他也笑；杨绛大笑，他也大笑。这部小说里融入了他们的经历，妻子从中看到从生活中的一麟半爪，经过丈夫拼凑演化，创造出了“熟悉的陌生人”的典型人物形象。二人心照不宣。杨绛曾在《钱锺书写〈围城〉》一文中说：“我俩日常相处，他常要说些痴话，然后再加上创造，加上联想，加上夸张，我常能体会到《围城》的笔法。”《围城》尚未写完，1945 年 10 月 3 日，柯灵在他主编的《文汇报·世纪风》刊出消息：“钱锺书先生近方创作长篇小说《围城》，已经成其十之六七。”1946 年 12 月 15 日，《围城》完稿，郑振铎、李健吾主编的《文艺复兴》已从 1946 年 2 月 25 日第一卷第二期开始连载。李健吾在《编余》中写道：“钱锺书先生学贯中西，载誉仕林，第一次从事长篇制作，我们欣喜首先能以向读者介绍。”35 年之后，李健吾在《重读〈围城〉》一文，深情回忆有幸最早赏读《围城》的又惊又喜的情景，并以在所编的《文艺复兴》发表这部“新《儒林外史》”为荣。首先报道钱锺书写《围城》消息的柯灵说：“《围城》最初的是读手稿，因为那时连载这部长篇小说的《文艺复兴》和《周报》同在一处出版。《文艺复兴》发稿以前，大家有机会先睹为快，读得兴高采烈，满室生春。”赵景深 1947 年在《钱锺书杨绛夫妇》一文中说：“《围城》已经成为我们家中的 favorite（宠儿）了。我的儿子、内侄、姨女、内嫂以及我自己都争夺般地抢着看，消磨了一个炎热的长夏。”

《文艺复兴》才连载完，许多出版社就抢着要出单行本，经陈西禾介绍，赵家璧如愿以偿，将《围城》收入他主编的“晨光文学丛书”，由晨光出版公司出版，1948 年 9 月和 1949 年 3 月，又两次再

版。(见右图)

《围城》

此后停版30年，直到1980年，才由人民文学出版社重新出版。像出土文物一样，旧著作焕发出新光芒，第一版印了13万册，一售而空，此后又重印十几次，累计销售一百多万册。1983年，黄伊将杨绛的《记钱锺书与〈围城〉》一文附在《围城》正文之后，编出了一个新版本的《围城》。1991年5月四川文艺出版社出版了由胥智芬充当责任编辑的“《围城》汇校本”。由于事前未征得著作者钱锺书的同意，引发了一场在出版界闹得纷纷扬扬的著作权官司，又一轮推动了《围城》的销售。将汇校作为学术研究来做的汇校者龚明德在《〈围城〉汇校本十年祭》一文中谈到《围城》汇校本的编辑出版的情况时说：

“当时，从四川省委宣传部理论处调来了一个原任彼处副处长的人来新任四川文艺出版社社长。这位社长是个自称“无读不丈夫”的爱书人，还是个‘钱迷’，恰好我对‘五·四’后三十年间的中国新文学不仅热爱，而且颇有研读。我自告奋勇地从武汉组织到了《钱锺书诗词》和《钱锺书书信》两部书稿，又去上海找人从旧书库房里弄来曾经连载《围城》的全部《文艺复兴》杂志，还一页一页地复印。复印了，我又到处借用可以用来汇校的各种不同版本的《围城》单行本。大概不到两个月，我就把《〈围城〉汇校本》的书稿全部搞定了。回到成都，过复审终审后立即送到自贡新华印刷厂排字。当时，还是铅排。十五六年过去了，至今留在我脑海里的较深的印象，就是那些日子全在为《〈围城〉汇校本》忙。看对红样时，社里已经急得不行了，用一辆桑塔纳轿车把我从成都送到自贡，就在工厂吃住，加班处理付印前的文案工序，直到打了纸型才离开自贡。”

1997年1月3日《光明日报》头版左下角有黑体字的显著标题——“《围城》汇校本案终审判决”，副标题是“钱锺书与人民文学出版社胜诉”。

龚明德对此感概道：“近一千字的报道，都没有直接引用国家版权法有关具体条例来指控《〈围城〉汇校本》之所以不应该出。我从这报道中读到的最致命的句子是说《围城》汇校者和四川文艺出版社“违背诚实信用和社会公德原则，扰乱了正常的出版秩序”。

《深圳晚报》于2007年推出《〈围城〉六十年》专号，记录了《围城》问世60年来在海内外的曲折经历。

## 三

钱锺书的《谈艺录》是1939年冬在湘西蓝田国立师院英文系任教时开始写作的，至1941年夏离开蓝田，写了大约一半，1942年完成初稿。他并不十分满意，经常补充、删削、修改，并听取同行们的意见。李拔可、徐森玉、李玄伯、徐调孚、陈麟瑞、李健吾、徐承谟、顾起潜、郑朝宗、周节之等学者看了，个个称道，一致怂恿他出版。开明书店的王伯祥、叶圣陶得知后，上门索稿，商定由周振甫担任该书编辑。

《谈艺录》45万字，集传统诗话之大成，征引或评述了宋朝以来的诗话近130种，涉及中国诗话史上的所有重要著作，历代诗人的心思才力、作品沿革、流敝起衰等，都包涵其中。唐朝以后一些有代表性的诗人更被重点论列。各节论述具体入微，多所创见，行文则或兼综，或条贯，或评点，或专论，长短自如，不拘一格。引述西方论著达500余种，包括佛学、精神分析学、结构主义、文化人类学、新批评和较新起的流派如超现实主义、接受美学、解构主义等等。

《谈艺录》是用文言文写的，采用古代诗话的形式，把每位诗家放在整个时代与文学乃至世界文化的背景下以映照、比较、分析，旁征博引，融会贯通，构成了钱氏独特而复杂的理论体系，其知识之博、方法之新、论述之精、文采之美，令学界叹服，是传统诗话的继承和发展，它也有创新，是中国诗话的里程碑著作；但是，多用典也有碍一般读者阅读。

《谈艺录》原稿是一大堆读书笔记，责任编辑（当时尚无此称谓）周振甫审稿时一一核对所引用的原文，订正错误，还给每篇笔记标定篇目，厘清脉络，调整顺序，编出目录，才符合出版要求。1948年6月《谈艺录》作为“开明文史丛刊”之一出版，该书出版后，钱锺书亲笔赠言：“校书者如观世音之具千手千眼不可。此作蒙振甫兄雠勘，得免于大舛错，得赐多矣。”翌年7月再版。

周振甫严谨认真的编辑作风，使钱锺书大为感动，从此与周振甫成为莫逆之交，以至1979年由中华书局出版《管锥编》时，钱锺书仍要周振甫做责任编辑。

《谈艺录》卷首的《小引》及《序》，说明著述动机、背景和写作、出版之经过，并向帮助过他的人表示感谢。其中“立锥之地，盖头以茅，皆非吾有。知者识言外有哀江南在，而非自比‘昭代婵娟子’也”句，也透露出他对日军侵华、国家破碎、故乡沦落、自身贫穷窘况的学者良知和伤感之情。

## 四

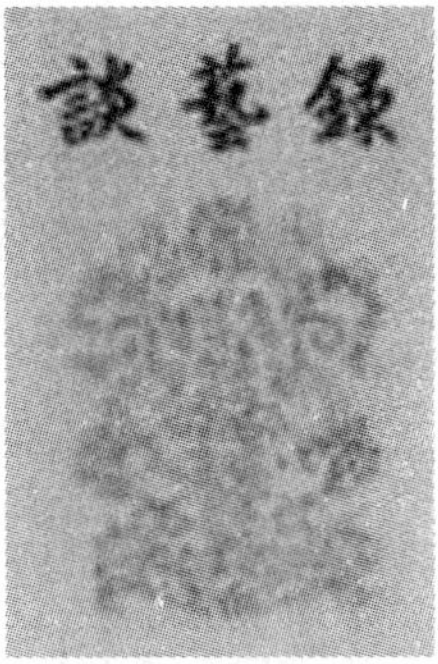


《谈艺录》补订本封面，1984年由中华书局出版

家国不幸诗家幸。《谈艺录》写作于日本入侵之战难，而《管锥编》写作于“文革”浩劫之动乱。

1966年“文化大革命”爆发。钱锺书、杨绛受到冲击，被打成“资产阶级学术权威”，揪出来审查批判，还有人写大字报诬陷钱锺书轻蔑领袖著作，钱锺书、杨绛澄清事实，解脱了诬陷。1969年11月，年近花甲的钱锺书作为“先遣队”赴河南省罗山县的“五七干校”劳动。不久，“五七干校”迁至淮河边上的河南息县。1970年7月，杨绛也来到干校。在“五七干校”里，钱锺书一度担任信件收发工作。1970年6月，女婿王得一被逼含冤自杀，给钱杨夫妇以深重的精神打击。1975年前后，海外误传钱锺书的死讯，在中国香港、台湾和日本等地引起了一阵悼念活动。此误传于1977年前后被澄清。

《管锥编》就是在这场一场“浩劫”中，在身体和精神备受摧残之中完成了初稿，此后又陆续修改补充的。

《管锥编》的编辑出版仍得力于当年《谈艺录》的编辑周振甫，周振甫1977年10月24日在给中华书局的《建议接受出版钱锺书先生的〈管锥编〉》的报告中写道：

“马蓉同志昨天去看钱锺书先生，钱先生谈起他的新著《管锥编》，说最近胡乔木同志去看他，看了《管锥编》的部分稿子，很欣赏，建议早日出版，不宜延搁。钱先生愿意把这部稿子交给我局出版。因为我看过部分稿子，希望由我来做编辑工作。由于这部稿子里有五种外文，校对工作可由他自己看清样。我局是否可根据乔木同志的意见和钱先生的愿望，立即与钱先生联系，接受出版，争取早日付排，由钱先生亲自校定，争取早日出书。”

《管锥编》的原稿仍是读书笔记，它与《谈艺录》不同，是一部一部书讲，近一百三十万字，中华书局刊出其中的八十万字，讲了《周易正义》《毛诗正义》《左传正义》《史记会注考证》《老子王弼注》《列子张湛注》《焦氏易林》《楚辞补注》《太平广记》《全上古三代秦汉三国六朝文》十部书（尚未刊出的有考论《礼记》《庄子》《全唐文》《杜少陵诗集》《玉溪生诗注》《昌黎集》《简斋集》等十种书的札记）。

钱锺书就每部书中提出各个问题来讲，讲的时候往往用古代名著来比较；有时引用外国的名著或文艺论来作比较阐叙。引用外文的部分在正文中都作了翻译，把外文的原文列入附注，不懂外文的人都可看。

书稿是读书札记，这样的札记以前国内没有见过，因为它包括古今中外，偏重于比较文学，包括文字训诂、修辞兼及哲理等。它考论词章及义理，打通时间、空间、语言、文化和学科的壁障，推倒一时豪杰，多有新说创见，皆发前人之覆者，开拓万古之心胸，书中引述四千多位著作家的上万种著作中的数万条书证，除论文学之外，兼及几乎所有的社会科学、人文学科。

周振甫身为编辑，又是著作颇丰的学者，是钱锺书的知音、知己，他知道“钱先生在英国文学界有较高的地位，英国人编的文学史，有专章讲述钱先生的文学创作。钱先生的《宋诗选注》，日本人极为推崇，有专文介绍。钱先生通几国文字，专研比较文学。他博览群书，把中国文学名著和西洋各国文学名著中之艺术手法，把中国的文艺论和西洋的文艺论互相比较，足以启发人的智慧。他的《宋诗选注》，受到日本人的推重，就由于从艺术角度，通过各种写作修辞手法的比较，有很多阐发”。

经过一个多月的审读，周振甫于12月1日写出《〈管锥编〉》（第一部分）审读报告》。

报告称“熊国祯同志指示本稿分批发稿，第一批先发《周易正义》《毛诗正义》《左传正义》三部分。拟编一细目，无细目则读者不知内容为何，于书中材料不便利用，就是看过本书的也不容易找到要找的材料。细目即请作者改定”。“对这部分稿子提了一些意见，见另纸。是否请作者改定拟目及作些修改后发稿，请批示”。

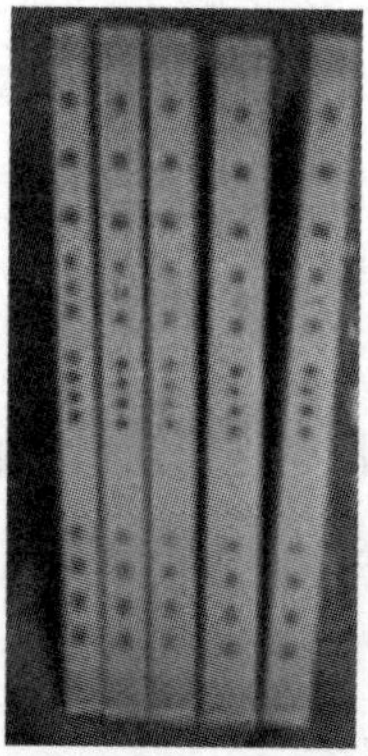

中华书局版《管锥编》五卷本书脊

中华书局1979年出版《管锥编》为五册（钱锺书在序中说，“命笔之时，数请益于周君振甫，小叩辄发大鸣，实归不负虚往，良朋嘉惠，并志简端。”）2000年三联书店出版《钱锺书集》，收入《管锥编》为四册。《管锥编》的出版，在海内外学术界引起重大反响。尽管出版者中华书局起初并没有为该书申报“国家图书奖”，然而，博学的评委们还是公正地将其列入了首届获奖名单。作为先后担任《谈艺录》和《管锥编》的责任编辑周振甫，2005年在江苏教育出版社出版了《周振甫讲〈管锥篇〉〈谈艺录〉》，阐述了《管锥编》和《谈艺录》在学术史上的贡献，特别是收录了他在审读《管锥编》时写下的一百多条意见和钱锺书的批语，为研究《管锥编》提供了非常有价值的参考资料。

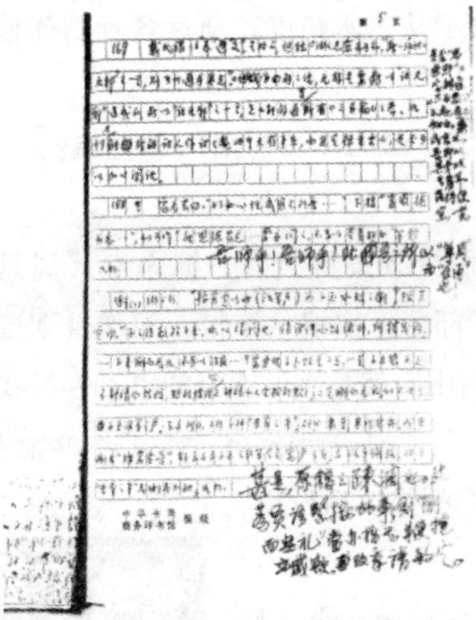

钱锺书在周振甫书稿上的批注

## 五

学术著作，不能囿于学术界，还要普及到人民大众中去，由大力倡导“钱学”的舒展与《随笔》编辑部合作选编，1990年1月由花城出版社出版了六卷本的《钱锺书论学文选》。

征得钱锺书同意，《钱锺书论学文选》选取《管锥编》《谈艺录》《宋诗选注》等著作之大部，收入《七缀集》全部，删节其考证段落，采取按主题门类分编的方法，分别归纳为思辨、人事、创作、鉴赏和文论五大编，各编之下分设专题条目，供大专文化程度的读者，像使用工具书那样，根据各自的需要检索、查阅。

钱锺书为编这部书提供了《管锥编》《谈艺录》出版之后七年来的学术新作的全部手稿，包括《管锥编》新补、《谈艺录》新补，以及其他未刊稿共二十余万字，从而使《钱锺书论学文选》成为钱锺书学术著作比较完备的选本，此选本标明“钱锺书著、舒展选编”。此选本的著作权为二人共有，钱锺书为第一作者，舒展为第二作者。

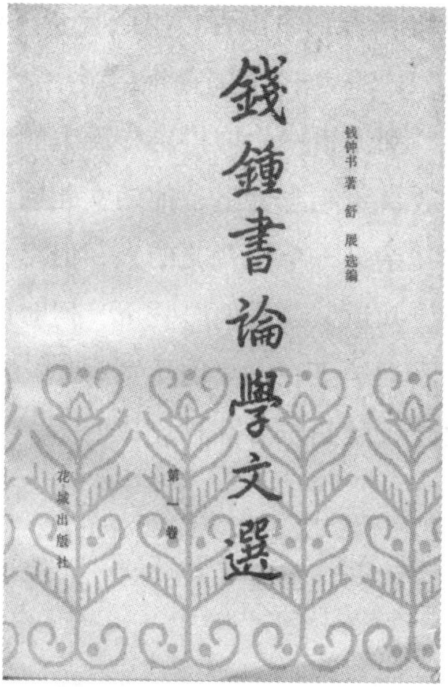

《钱锺书论学文选》六卷本封面

周振甫和舒展赏识钱锺书，为出版钱锺书著作做了大量的琐碎的编辑工作，付出了辛勤的劳动，为传播、推广钱锺书的学术成果立下了汗马功劳。

周振甫何许人也，有必要做简要介绍。

周振甫（1911—2000年），浙江平湖人。原名麟瑞，笔名振甫，后以笔名行，生前为中华书局编审，是著名学者，古典诗词、文论专家，资深编辑家。

周振甫一生选注过《严复诗文选》，著有《毛主席诗词浅释》《鲁迅诗歌注》《诗词例话》《诗品释注》《古代战纪选》《谭嗣同文选注》《文论漫笔》等。还为中华书局全译了《文心雕龙》，参加了新版《鲁迅全集》的部分注释定稿工作。在中华书局工作期间，参加校对《明史》工作；他审阅加工的书稿有：《管锥编》《管锥编增订》《李太白全集》《乐府诗集》《历代诗话》《历代诗话续编》《楚辞补注》《酉阳杂俎》《唐人绝句选》《南社》《诗林广记》《后村诗话》《文史通义校注》和补订本《谈艺录》《洛阳伽蓝记译注》等。1996年春，中国青年出版社资深编辑家黄伊开始张罗为周振甫出文集，1999年由中国青年出版出版了《周振甫文集》10卷本。

周振甫一生取得这样巨大的成就，他是怎样工作的呢？在周振甫诞辰百年纪念会上，他的女儿周佩兰和女婿徐名翚回忆道："生活中的父亲是一个很普通的人，但跟普通人不一样的地方是睡觉少。我们很少知道父亲是何时睡下，何时起床的，总看见的一个景象是：他一动不动地坐在书桌前伏案写作，几乎天天如此。他一生近一千万字的著述，就是争分夺秒完成的。"

# 中国新文学大系

## ——筑成我们心的长城

### 一

古今中外的图书，无论是图书馆的馆藏，还是书店的备货，虽尚无统计数据，但选集在书籍中占相当大的比例，是勿庸置疑的。

从书籍出版的角度看，集子与专著对举，选集与全集对称，会编选集的人，要编全集、编专著就不难了。

从编辑选稿的角度看，编选集与报纸和期刊编辑选择稿件也有相通之处。只不过报纸和期刊编辑是在原稿中选择，选集编辑是在已发表的文章中选择。

从编辑学的原理看，选集最能体现宏观的“文化缔构、符号建模、讯息传播”的编辑原则和微观的“选择、组构、完善”编辑功能。

从文化积累和传承看，选集的编辑出版，是对当下和以往的出版物的去粗取精、去伪存真，吹糠见米、披沙拣金，使优秀文化得以保存和流传。

编选集，首先得确定可供选择的范围，即在什么范围内选择。可供选择的范围有：

一、作品产生的地域：世界、国家、地区（省、市、县）乃至某一行业或某个系统；

二、作品产生的年代：古代、近代、现代、当代，乃至年度、季度、月份；

三、通常兼顾作品产生的地域和时间；

四、作品的题材和主题；

五、作品的体裁、风格、流派；

六、作品的篇幅（短篇、中篇、长篇）；

七、作者的性别、年龄、职业等；

八、刊载作品的媒体（报纸、期刊及其专栏，广播电台、电视台、网站等）

九、内容涉及的特别事件（如《四五诗选》，“四五”指1976年4月5日在天安门发生的事件；《汶川诗抄》，“汶川”指2008年5月12日发生的汶川地震）；

十、所依版本涉及的著作权（如作者及其遗产继承者已丧失著作权的）。

编选集更重要的是，选择的标准，即什么样的作品才能入选。

一、学术（艺术）的标准，取法乎上，优胜劣汰；

二、针对特定读者对象的标准（供青少年阅读，还是供成人阅读？供大众阅读，还是供精英阅读？其入选标准是不同的）；

三、客观标准与主观标准（客观标准要大众公认，主观标准体现选家个性；客观标准由具体的人执行也带有主观色彩）。

编选集，十分注重选文的分类和排序。

选文要分集或辑，即分类；选文在选集中所处位置不同，即排序。分类和排序是选集的组构。鲁迅认为“分类有利于揣摩文章，编年有利于明白形势”。

对选集的完善，是编者不可或缺的工作。

选集的完善，包括对选文的校勘、注释、评点、插图、提要、题解、附录等工作。

选集分初级、中级、高级三个层次。

个人选集是选集的初级层次。作者在世时，可以由作者自选，也可以由作者委托他人选编，及时的选集有近作选、新作选；作者去世后，就只能由后人或他人选编。自选能体现作家的自我评价和对自己作品的喜好，他选则比较全面，比较客观公允。

选级的中级层次是丛书。如人民文学出版社出版的《当代作家自选集》，是一套丛书，有几十种乃至数百种。

选集的高级层次是对某种文体的总括，如百花文艺出版社编辑出版的《百花散文书系》，分古代散文丛书、现代散文丛书、当代散文丛书，都按不同作者的选集分册出版，该社还出版了外国名家散文丛书。百花文艺出版社在相当长时间内就是散文出版社。

《中国新文学大系》开创了出版社请社外名家编选集之先河，是几代人接力的浩大工程，持续对1917年以来我国新文学的检阅、审视，成为高级层次选集的典型代表。

## 二

1934年，上海良友图书印刷公司的年轻编辑赵家璧想编一套新文学选集，得到了文坛名流支持：创造社老将郑伯奇为他出谋划策，阿英慷慨提供自己收藏的大量原版书，施蛰存告诉他日本以“大系”为名的编选方法，并商定了《中国新文学大系》这个叫得响、传得开、留得下的丛书名称，茅盾为他确定十年为断代的分期法，郑振铎提出请“五四”文学代表人物胡适及周作人等担当各集的编选任务，郁达夫、郭沫若、朱自清、洪深也热心襄助，更重要的是，得到了鲁迅先生的鼎力支持，同意亲自选编《中国新文学大系》小说二集。

1935年5月至1936年2月出版的《中国新文学大系》，超越派别界限地约请了胡适、郑振铎、茅盾、鲁迅、郑伯奇、周作人、郁达夫、朱自清、洪深、阿英分别选编文学建设理论集、文学论争集、小说一集、小说二集、小说三集，散文一集、散文二集，诗集，戏剧集，史料·索引集，共十集。由各集主编分别撰写两万字的导言，鲁迅在《小说二集》的导言中说“见闻有限，自不免遗珠之憾。……取舍失当，那就即使并非偏心，也一定是缺少眼力，不想来勉强辩解了。”蔡元培在总序中，称赞赵家璧以“大系”形式对“五四”以来第一个十年先作一个总检查的编选方法，称之为“使吾人有以鉴既往而策将来，决不是无聊的消遣！”茅盾认为这部“声势浩大”的《中国新文学大系》“不失是一部空前巨著，为中国现代文学史的研究工作，作出了重大贡献”。出版之后，赵家璧还想继续编下去，由于日本人的入侵，使得良友图书公司损失惨重，随即宣告破产，虽几经努力，仍无结果。这样一项有绝大价值的工程，便停顿下来。

鲁迅主编的小说二集书影

## 三

1982年11月赵家璧撰文呼吁“已经重印了《中国新文学大系》第一辑的‘上海文艺’（出版社），难道不能考虑第二辑、第三辑的编辑计划，列入‘骨干工程’立即上马么？我恳切地提出这个建议。”

1983年，上海文艺出版社承接这个传统，续编《中国新文学大系》（1928年—1937年）为第二辑，由丁景唐主持，赵家璧任顾问，分为文学理论、小说（短篇、中篇、长篇）、散文、杂文、报告文学、诗、戏剧、电影、史料·索引九集共20卷，1984年开始出版，至1989年出齐。

巴金作序的第二辑第五集 小说集三的封面

《中国新文学大系》第二辑出版后，上海文艺出版社趁势选编1937—1949年的第三辑，约请四川大学、福建师范大学、四川师范大学、武汉大学、南京大学、上海市电影局等有关人员选编，有八位执行编委分工与之联系、定稿，王瑶、康濯、沙汀、陈荒煤、洁泯、柯灵、廖沫沙、刘白羽、臧克家、陈白尘、张骏祥分别为文学理论（二卷）、短篇小说（二卷）、中篇小说（三卷）、散文（二卷）、杂文（一卷）、报告文学（一卷）、诗（一卷）、戏剧（三卷）、电影（二卷）作序，史料·索引一卷，共20卷，于1990年代初出齐。

《中国新文学大系》第三辑封面

《中国新文学大系》（1949年—1976年），为第四辑，聘请冯牧为理论卷主编、王蒙为小说卷主编、徐迟为报告文学卷主编、邹荻帆（去世后，由谢冕接替）为诗歌卷主编、袁鹰为散文卷主编、吴祖光为戏剧卷主编、罗竹风为杂文卷主编、陈荒煤为电影卷主编、丁景唐为史料·索引卷主编，主编审定篇目并撰写序言，由副主编王又平、张德林、崔道怡、武震平、施燕平、吴家谨、丁勇男、罗艺军、徐辑熙九人，依卷次负责选编。

《中国新文学大系》第四辑书影

## 四

《中国新文学大系》（1976 年—2000 年）为第五辑，分 13 个门类，包括理论卷（3 卷），主编陈思和；长篇小说卷（5 卷），主编雷达；中篇小说卷（4 卷），执行主编程德培；短篇小说卷（3 卷），主编李敬泽；微型小说卷（1 卷），主编江曾培；报告文学卷（2 卷），主编李辉；杂文卷（1 卷），主编王充闾；散文卷（2 卷），主编吴泰昌；诗卷（1 卷），主编谢冕；戏剧卷（2 卷），主编沙叶新；儿童文学卷（2卷），主编秦文君。王蒙、王元化担任总主编。历时五年，以30卷、2150万字的篇幅，共收录1500位当代作家的三千多篇（部）作品，全面展示了我国新文学在上世纪最后25年的优秀成果。王蒙在总序中说：“从赵家璧先生于七十多年前在良友图书公司主编出版了第一辑《新文学大系》以来，以上海文艺出版社为依托，一代一代，前后编了近八十年，上百卷。百卷沧桑，百卷心事，百卷才具，百卷风流。呜乎，不亦盛哉！”

《中国新文学大系》第五辑的第16集微型小说卷于2008年12月率先出版，该卷选有国内包括港澳台地区288位作者的400多篇作品，达80万字。

第五辑三十卷于2009年7月出齐，分量最重的是长篇小说卷，共有七部长篇小说全文收录，它们是古华的《芙蓉镇》、张炜的《古船》、白先勇的《孽子》、王蒙的《活动变人形》、陈忠实的《白鹿原》、铁凝的《玫瑰门》、王安忆的《长恨歌》，节录的长篇小说有贾平凹的《浮躁》、余华的《在细雨中呐喊》、莫言的《酒国》、王小波的《黄金时代》、阿来的《尘埃落定》、韩少功的《马桥词典》等。短篇小说卷，收录一百二十多位作家的短篇小说，每人不得超过三篇。

第五辑出版后，受到一些质疑。理论卷主编、复旦大学中文系教授陈思和认为：“第一辑，一些学者可以随心所欲地编，因为他们不负担一个文学史的任务，但越到后来，《大系》就越有文学史的作用。但‘克制个性’、‘不偏不倚’一旦过头，则又可能造成‘排排坐，吃大锅饭’的后果。这次的《新文学大系》已经受到了这方面的批评。”

《中国新文学大系》第五辑书影

## 五

《中国新文学大系》的开创者赵家璧，1908 年 10 月 27 日生于上海松江，他读光华大学附中时，即主编《晨曦》季刊。读大学时，为良友图书印刷公司主编《中国学生》。1932 年从光华大学英国文学系毕业，进良友图书印刷公司任编辑、主任。其间，结识鲁迅、郑伯奇等左翼作家，陆续主编《一角丛书》、《良友文学丛书》等，以装帧讲究闻名。1935 年至 1936 年，选编出版的《中国新文学大系》，皇皇十大卷，矗立起一座丰碑。1937 年，赵家璧在上海《大美晚报》社担任《大美画报》的主编，并复刊《良友画报》。1943 年在桂林重建“良友”，继续出版《良友文学丛书》，后将公司迁往重庆。1947 年与老舍合作在上海创办晨光出版公司，任经理兼总编辑，出版包括《四世同堂》《围城》等名著在内的《晨光文学丛书》和

《晨光世界文学丛书》。1954年，调任上海人民美术出版社副总编辑兼摄影画册编辑室主任，编辑出版了《苏联画库》40种，《新中国画库》60种，很受读者欢迎。1960年，调任上海文艺出版社副总编辑，分工负责外文编辑室，直到1972年退休。

赵家璧

退休后，赵家璧参加上海市政协组织的编辑组，用集体笔名伍协力翻译了E·斯诺的《漫长的革命》《艾奇逊回忆录》《赫鲁雪夫回忆录》等。十一届三中全会以后，赵家璧撰写了《编辑生涯忆鲁迅》等一百多万字的回忆录，其《编辑忆旧》一书获全国首届编辑出版理论优秀图书奖；1990年11月以82岁高龄荣获第二届韬奋出版奖，1997年3月12日在上海逝世。

赵家璧1934年开始酝酿选编《中国新文学大系》时，才二十六七岁，第一次对我国“五四”以来新文学发展前十年的历史面貌，进行了系统总结，在文学史上具有集大成和里程碑式的意义；所开创的全新编辑体例——全卷有总序，分卷有导言，理论与史料结合的编辑方式，被后人称为“把选家之学转变为文学史家之学”，是其“在编辑学上的成功之处”。

赵家璧的编辑思路，主要有两点：一是走丛书路线，二是攻名家策略。几套大书编下来，进入赵家璧作者名单的就有蔡元培、鲁迅、胡适、茅盾、郑振铎、郁达夫、阿英、周作人、洪深、朱自清、郑伯奇、老舍、巴金、丁玲、叶圣陶、施蛰存、沈从文、张天翼、丰子恺、凌叔华、沈起予、徐志摩、朱光潜、谢冰莹、俞平伯、王统照、杜衡、陈铨、林伯修、何思敬、周扬、夏衍、林克多、赵铭彝、钱亦石、欧阳山、袁殊等几十位一流著作高手。文坛各路骁将纷纷把书稿交给一个资历既浅又无名望的年轻编辑，这样的编创关系，是他的专注、诚恳和虚心造就的。1984 年 8 月三联书店出版的《编辑忆旧》一书，以他在良友图书印刷公司期间的编辑活动为半径，并向外扩展，叙述他的所见、所闻、所想，从中可以看出，他作为编辑的可贵素质——“必须大胆地冲向社会，向具有影响的作家组稿，得不到作家的支持，编辑将束手无策，一事无成”。他借助同乡施蛰存的人脉资源，又仰仗同事郑伯奇的搭桥铺路，用锲而不舍的精神和无孔不入的闯劲，步步为营，结珠成串，聚沙成塔，终于在自己周围网罗了庞大的高质量作者队伍。

赵家璧与人交往以诚相待，又会揣摩组稿对象的心理，讲究策略，对通常人情世故的尊重与谙熟，并无年轻人的草率与孟浪。对于熟悉的作者，他直截了当，不厌其烦地向他们讨教选题，不失时机地请他们引荐作者。对于功高名盛的大家，他谨慎持重。在编《中国新文学大系》时，他有心请鲁迅分编文学研究会和创造社以外的小说作品集，但让鲁迅来编“杂牌军”，他心中没有把握，惶恐不安。此前他虽与鲁迅相识，但在专程约稿时，还是拉上了鲁迅所信任的郑伯奇同去。商谈时，他先阐述编辑计划，在鲁迅对其他已定的编选者无异议的情况下，最终提出恳求，使鲁迅“当场就答应了”。他又将以文学团体分的拟称的小说甲集、乙集、丙集，改称为一集、二集、三集。因为甲乙丙，在语意中容易产生等级的联想，而一二三，则更多地是表示着顺序的先后，而且，特别将鲁迅编的小说丙集，调整为小说二集，使其无殿后之感。其用心之细密，可见一斑。

赵家璧打开名家心扉的秘诀在于，他每一次约稿都怀揣着一个不同流俗的选题构想和编辑方案，其浸透的文化意义和出版价值，也一定让作者感同身受，自觉自愿地围绕着编者预先设计的出版主题，进行编著译述，通过众人拾柴的方式，铸就出个人力量无法单独完成的文化工程。

## 六

赵家璧虽是《中国新文学大系》的“总主编”，却是那么勤快，真正像一个麻利的服务生，“拿出为作者服务到底的精神，多管一些事”。还在《中国新文学大系》的选题萌芽之初，他就充分考虑到了相关史料“还得靠我们自己去搜集，然后供应给编选者”。朱自清在《导言》中就多次提及赵家璧为其搜集、函寄资料，且其中不少是人所未见的。即使作者遇上了写作外的问题，他亦力所能及地为其排忧解难。他从不认为，组完稿子就已经万事大吉，而是保持与作者的通讯联络，对其写作或选编进度作全程跟踪，有时甚至催逼作者交稿。“由于编辑的情辞恳切，打动了作家的心，作者就下了赶快写的决心。”在他编的“良友文学丛书”中，老舍的《离婚》、茅盾的《烟云集》、叶圣陶的《四三集》、郁达夫的《闲书》等书稿，都是他催逼出来的。

赵家璧受雇于良友公司，有责任为书店老板赚更多的钱，但他也谋划为作者争取更多的稿费。当时有两种付酬方式：一次性买断版权，按字计酬；或拿版税，按实销册数的百分比支付，通常是10%或15%。他考虑到名家的作品易于销售，因而往往采用版税制，使作者可以多销多得。《中国新文学大系》因为体例上是作品选编，不便于用版税制方式操作，他则为各位编选者签订了约稿合同，争取到了高标准的稿酬和编辑费，连鲁迅也给人写信说："此书约编辑十人，每人编辑费三百，序文每千字十元，花钱不可谓不多。"

## 七

鲁迅认为"文艺是国民精神所发的火光，同时也是引导国民精神的前途的灯火"。王蒙认为，"文学是我们最生动、最刻骨铭心的记忆，是我们的'心灵史'"。《中国新文学大系》是将近百年的新文学佳作，筑成了我们这个多灾多难的民族的"心的长城"，支撑起我们这个民族的精神脊梁。

倘若《中国新文学大系》还将第六辑、第七辑地接着编下去，在技术层面将比前五辑容易得多，因为有了王选，有了他的汉字激光精密照排系统。21世纪以来书报刊所发表的文学作品，都已数字化了，只要敲定了选目，直接从互联网上搜索、下载、排版、校对、印制了。

# 王选：打开汉字出版的方便之门

## 一

九百多年前，北宋一间作坊的聪明工匠用胶泥做了些小字模而流传千古，他就是在中国家喻户晓的活字印刷术发明者毕昇（约970—1051年）。然而，毕昇的发明并未在中国得到推广运用。这除了封建制度的窒息和生产力落后的原因外，还有一个重要原因，就是中国汉字结构太复杂、数量太庞大，给印刷业的机械化、自动化带来了极大的困难。西方的拼音文字只有二三十个字母，加上各种大小的字体，印刷字模也不过一百多个；而汉字有五万多个，每个字就需要有一个字模，且不说还有宋、楷、黑等不同的字体和大小不一的字号。每印一本书，都需要由工人师傅从铅字架上费力地“捡字”、“拼版”。泥字模易损，铜字模太硬，最后用铅铸字模；铅字模在使用之后，通常还需经过熔化，再重新铸造成新的铅字，循环使用。

四百年后，德国的金银匠谷腾堡（1394—1468年）发展了活字印刷技术，不仅用它来印制《四十二行圣经》，还用它大规模印刷各种图书。活字印刷的发明和发展，推动了文化进步，才有了从意大利开始的文艺复兴，才有了从英国开始的工业革命。

20 世纪初，西方出现了一种利用照相原理来代替铅活字的排版技术，实际上就是“西文打字机”加上“照相机”。1970 年，发达国家的印刷业已经发生了翻天覆地的变化，激光照排机已经发展到了第四代，而我国的印刷业却还在汉字的荆棘中艰难跋涉。

20 世纪末叶，中国印刷业发生了“告别铅与火，迎来光与电”的革命，使出版印刷变得方便快捷了。

“告别铅与火”，是指铸字要先将金属铅加高温熔化，用液态的铅熔液铸字。这是消耗资源并造成环境污染的，不能让它继续下去。“迎来光与电”，是指汉字激光照排系统，用电脑录入汉字文本，用“编辑”菜单的程序取代过去用笔墨纸砚、剪刀浆糊所从事的文字加工，以完成印前作业。印刷厂接收出版社已经定稿的文本，按印刷的要求再排版，制成胶片，上机印刷，从而进行纸质的书、报、刊的复制。

## 二

我国的一项伟大发明引起了一场技术革命，彻底改变了印刷行业的命运，这就是北京大学王选教授的惊世之作——“汉字精密照排系统”。王选被公认是对中国印刷出版业的现代化作出最大贡献者之一，被人们赞誉为“当代毕昇”和“汉字激光照排之父”。

王选 1937 年 2 月 5 日出生在上海的一个知识分子家庭。在轻松自然的学习气氛中，以优异的成绩读完了小学。

1954 年，王选在上海南洋模范中学毕业后，考进北京大学数学力学系，成为莘莘学子中的佼佼者。

王选毅然选择了计算数学专业，这样一门新兴学科。他认为越是新的领域，留给人们的创造空间就越大，而且计算机在今后社会发展中会有不可估量的作用。“专业的选定，成了我一生中最重要的转折点”，王选后来感慨地说。

王选有一个幸福的家庭。这是他幼年时的“全家福”照片，左一为王选。

1958 年，王选毕业后留校。当时我国正掀起研制计算机热潮。由于计算机人才奇缺，才未受父亲被打成“右派”的株连，他作为助教，参加到北京大学自行开发的我国第一台中型计算机——红旗计算机的研制之中。长年累月地忘我工作，使他重病缠身，不得已返回上海养病。但他仍以强烈的事业心自学电脑软件理论，成长为当时国内研究高级语言编译系统的著名专家之一。

王选（左一）和他的哥哥姐姐都喜欢动物。

1974 年，电子工业部等五单位发起汉字信息处理技术的研究，被列入国家重点科研项目“748 工程”。北大数学系讲师、王选的夫人陈堃銶得知这个信息，立即回家告诉在家养病的王选。王

王选每天清晨在校园里打太极拳，锻炼身体，他明白，身体也是科研的本钱。

选再也躺不住了，攻克汉字处理难关是他多年来的夙愿。多少次，在病床上，他在头脑中勾画着美好的前景：用自己的智慧和双手，让计算机技术与中国出版印刷业联姻，插上再次腾飞的翅膀。

当时国内已有五所高等院校和科研单位申报承担汉字精密照排系统，王选决定参加这场竞争，“因为它的难度和价值吸引了我”，却没人知道王选初涉这一领域的艰辛。在做研究前，他必须先弄清国内外的现状和发展动向。为了广泛查阅资料，王选往返于北大至科技情报所之间，每次两角五分的公共汽车票钱他都舍不得花，常常提前下车步行一站。由于缺乏经费，他还常常用手抄代替复印。

王选具有强烈的创新意识，他决心独辟蹊径，跳过前三代机，直接向国外最先进的第四代激光照排机发起冲击。这四代机的发展在国外用了整整 40 年，而王选则想把 40 年历史压缩进他的照排机蓝图里。

一旦选择这个目标，汉字字形信息量太大就成了最大的难题。汉字字模的组合高达 100 万个以上，若采用传统的点阵汉字，储存量将高达 200 亿位。那些日子，王选满脑子的汉字横竖弯勾，连做梦也尽是笔画，终于想出了用数学方法计算汉字轮廓曲率的高招。经过几个月的呕心沥血，他就像一位魔术师那样，让庞大的汉字字模减少了五百倍，扫清了研制汉字精密照排系统的最大障碍。

从1964年承担国内较早的高级语言编译系统——DJS21机的ALGOL60编译系统的研制，到1975年投入“汉字精密照排系统”项目的研究，王选披荆斩棘，茹苦含辛。

1975年11月，北京召开汉字精密照排系统论证会，王选抱病参加了会议。由于身体虚弱，说话困难，由夫人陈堃銶代他发言并用计算机展示了模拟实验的结果。王选的方案在多数人听来就像天方夜谭，痴人说梦，有人说这是王选的数学“畅想曲”，是“玩数学游戏”。回家后，夫人开玩笑说道：“咱们还是算了吧。”王选却认真地回答：“干！不到长城非好汉。”

从此，王选几乎放弃所有的节假日，努力使自己的方案完善并具体化，一步步解决高倍率汉字压缩和高速不失真还原轮廓汉字等难题。电子部“748工程”办公室得知王选的方案后，组织专家进行了全面的考核。1976年6月，王选的方案完成了模拟实验，获得了一致好评。3个月后，“748工程”中的汉字精密照排系统研制任务，终于正式下达给了王选所在的北京大学。

1979年7月27日，精密汉字照排系统的第一台样机调试完毕。大家围在样机旁，紧张地注视着它的动作，机房里只有敲击计算机键盘发出的嗒嗒声。转眼之间，从激光照排机上输出了一张八开报纸的胶片，王选怀着兴奋紧张的心情接下这张可以直接印刷的胶片，各种精美的字形、字体、花边、图案美不胜收。

在《光明日报》总编杨西光的大力支持下，记者朱军与王选面谈后，深信激光照排系统确实是一项重大技术突破，具有深远意义，报社想方设法，绕过种种困难，在8月11日头版头条用通栏标题

《汉字信息处理技术的研究和应用获重大突破——我国自行设计的计算机——激光汉字编辑排版系统主体工程研制成功》作了报道，还配发了评论员文章，在国内外引起巨大反响。

在准备那篇报道的过程中，王选和几位同事与《光明日报》的同志一起熬夜，度过了一个难忘的通宵，第一次体会到报社编辑的辛苦，也促使了王选后来积极推进报社采编流程的电脑管理。

从此，王选与《光明日报》结下不解之缘，80 年代中期，《光明日报》以《告别铅与火，迈向光与电》的标题报道了汉字信息处理技术的进展。1996 年到 2005 年将近十年间，王选在《光明日报》共发表署名文章 23 篇。2005 年的 11 月 17 日，王选在病榻上写的《从计算机领域重大发明看创新人才成长——纪念电子计算机诞生六十周年》六千字文章在《光明日报》发表，他在结尾时写道："有时选择人比选择项目更为重要，因为有了人会创造出事先想不到的重大方向。我国中长期规划中把人才建设和建立良好的科研环境放在重要位置，这是很正确的。"

## 三

1980 年，支持汉字激光照排系统的电脑软件，包括具有编辑、校对功能的软件也先后研制成功，并排印出第一本样书。

1981 年，王选主持研制成功中国第一台计算机汉字激光照排系统原理性样机华光 I 型，通过部级鉴定。

就在王选紧张研制时，全球著名的英国蒙纳公司，凭借着雄厚资金和先进技术，也正在加紧研制汉字激光照排机，想一举占领中国市场。面对国内外的双重压力，王选只是默默地加快自己的工作进度，带领着一帮年轻人夜以继日地勤奋工作。他们创造性地采用了许多令世界瞩目的新方法，照排控制机上的电路板，那些由密密麻麻的集成电路组成的尖端高科技设备，大多是王选和他的助手自己动手做出来的。

1984 年底，在一个“论证中国的照排是否需要引进”的中国专家论证会上，除了新华社的一位技术人员以外，所有的专家都赞成必须引进，认为北大的系统（激光照排）即使做出来也是落后的，连一贯支持王选的电子工业部的非常著名的资深专家也说北大的系统是落后的，要引进国外的来促进自己的发展，这使王选很伤心。

总部设在纽约曼哈顿帝国大厦的国际印刷设备巨头 HTS 公司，刚刚完成了一个“不可能完成的任务”——经过努力，HTS 公司比预期的日期整整提前了一年，成功获得中国有关部门的批准，将在三个月之后于北京和上海举办印刷设备展示会，这意味着中国巨大的排版印刷市场即将被 HTS 公司打开。

王选是在位于北大西门的老图书馆里得到美国 HTS 公司被获准在北京举办设备展示会的消息的，这让他有些措手不及。本来他的研发团队此刻就面临着自 1977 年正式组建以来的最大窘境——曾经以加入研发团队为荣的“748 工程”，此时已经变成一个“不得人心”的项目。评职称、写论文、出国进修……哪一个不比在无法预料成功日期的“748”里继续耽搁更有诱惑力？

从 1975 年就和王选一起并肩奋斗的董老师也动摇了，她来向王选及其夫人陈老师辞行，说我相信你关于“748 工程”设想的独到性，也相信凭咱们的努力早晚能做出自己的激光照排系统，但是现在，西方先进设备进军中国的日程大大提前了，届时，眼界大开又急于求成的国人根本不会给我们留出生存的空间，以 HTS 公司为首的西方先进设备会早于我们而抢先占领全行业，我们再继续努力还有价值吗？

危机之中的王选展现了他卓越的领军才能。在北大校长和领导小组组长的协助下，王选用自己的胸怀、抱负、视野和对知识价值的高度自信，成功地说服了以董老师为代表的一批业务能力很强的老师放弃出国，放弃著书，放弃写论文，留下来和自己一起并肩战斗。

通过鉴定验收后，王选和他的同事马不停蹄地向实用性的激光照排机发起冲锋。在山东潍坊计算机公司支持下，一个响亮的名称——华光电子排版系统，象征着中华之光，照亮了神州大地。1985 年，华光Ⅱ型系统通过国家鉴定，在新华社投入运行，并当选 1985 年中国十大科技成就；华光 III 型系统问世，是我国第一个实用科技排版系统，获首届全国发明展览会奖。王选获北京市劳动模范称号，又得到国家经委的表彰。

美国 HTS 公司最高层的几位主管在为进军中国市场做着精心的准备。翔实的情报分析系统，将中国的印刷业现状、王选的个人资料和他主持的“748 工程”等情况分析得一览无余。对于急于占领中国市场的 HTS 公司而言，王选可能是潜在的最大威胁，因为据称他手中有两项核心技术——高倍率汉字信息压缩和高速还原成形，而他究竟是如何做到的，对于西方来说至今仍是不解之谜。

王选会是我们的威胁吗？全权负责 HTS 公司中国项目的亚瑟对此不屑一顾，他对凭借自己强大的技术实力迅速占领中国市场的前景深信不疑，要求手下全力筹办即将到来的印刷设备展示会，要让孤陋寡闻的中国人由衷地对我们所拥有的先进照排设备顶礼膜拜，心甘情愿地将中国的印刷业向 HTS 公司开放。至于王选，就让那个不起眼的小助教，继续在北大的象牙塔中做他的“数学游戏”吧。

过了半年，在 1985 年 7 月份，王选访问做激光照排的美国 HTS 公司，早上跟 HTS 公司的总裁亚瑟见面的时候得知，他才从北京飞回来，跟《人民日报》签了 430 万美元的合同，而方正的系统只是 220 万元人民币。HTS 公司总裁亚瑟春风得意，王选见了他以后心里十分难受，决心“报仇雪恨”。后来王选向国家经委汇报时放言：“三年多，五年之内，我们要把国外所有的厂商全部赶出中国。”

## 四

王选来到位于北大东门的校印刷厂打印报告。在那“铅与火”的环境里，排版的工人师傅衷心祝愿王选早日获得成功，更加坚定了王选的信心，一定要为中国的汉字照排系统争取到生存的空间。

王选主要的几个合作单位在这里纷纷亮相。王选带领自己的团队，克服重重困难，对原理机开始进行“三班倒”式的突击，争取在以 HTS 公司为首的国际印刷设备巨头来中国之前，用自己的原理机输出一张样报。

实战演示的日期日益临近，但原理机的性能却极不稳定，王选对届时究竟会出现什么状况毫无把握。

新闻单位的记者与领导们齐聚王选团队的机房，听到的是旁观者的冷言冷语。

原理机出样报的过程竟然出人意料地顺利，众人为取得的成果欢欣鼓舞。

但是新闻媒体却对是否报道此项成果产生了巨大的分歧——王选团队实际上的困难已经被大家所掌握，国产照排系统尚有许多关键的配套设备还根本没有着落——不主张报道的某大报记者将这些情况当面向王选质询，王选的回答既坦率又坚定。

《光明日报》的头版头条报道，给了王选巨大的鼓励。王选将这份《光明日报》精心地压在了办公桌下，以此来激励自己的团队，不要辜负媒体的厚望。

美国纽约的肯尼迪机场，登机前往中国举办展示会的亚瑟，在第一时间也拿到了这张《光明日报》。在经过了冷静的分析之后，虽然不改对当初决策的判断，但也开始在内心承认，王选真的可能是他们未来最大的劲敌。亚瑟有了紧迫感。

王选自认为获得了在展示会上与 HTS 公司分庭抗礼的资本，不料却仍然引不来国人对国产照排系统的信任。周校长的拍案而起，给了王选继续与国外巨头抗争的勇气。

亚瑟在中国为 HTS 公司赢得了巨大的声誉之际，仍然没有轻视来自王选的威胁，他的情报系统在高速运转，但得到的消息终于令他长舒了一口气——王选的团队正遇到了一系列难以克服的困难，能否继续生存下去都成问题，遑论在短时间之内与他们一争高低？亚瑟开始全面启动中国计划，并着手进行大规模的、卓有成效的公关行动。

亚瑟为了 HTS 公司的商业利益，刻意贬低王选原理机研制成功的意义，说你的技术和理论再先进，如果不能迅速转化为产品，就是废物一堆。这深深地刺伤了王选。

王选决定正面迎接挑战，要在研制原理机的同时，立即启动上马有实用价值的“二型机”的研制。

但是王选团队内部却不合时宜地发生了动摇，某二型机的总承包单位因为没有效益而决定下马，合作单位也开始撤人撤资，王选心急如焚。

这一阶段，王选受到一系列的委屈和不公正待遇，这让他的情绪跌到了最低谷。也就是在这时候，王选的夫人陈堃銶又查出了癌症……

美国麻省理工学院（MIT）此时向王选发出了邀请，承诺用福特基金会的财力支持王选成功。个人的荣华富贵指日可待。

王选是否接受邀请在合作团队之间引起了猜疑。

面对困境和诱惑，王选陷入了沉思——自1954年开始在北大求学，到1975年以来的种种艰辛，以及红三楼、佟府的岁月，在他回忆中一一展现。

就在所有人都担心王选将一去不归之际，王选作出了自己的选择——留下，争取早日进入印刷业的“六五规划”，做出有中国自主创新核心技术的照排系统，与外国人一争长短！

## 五

与此同时，亚瑟升任HTS公司的CEO，他带领HTS公司大规模参展在北京举行的“第一届国际印刷设备博览会”，正式进入中国市场。

引进大潮再次猛烈冲击，国内最重要的客户纷纷“反水”加入主张引进的行列。王选不仅成为以HTS公司为首的国际巨头逐鹿中国的对手，也被某些不相信国产设备有前途、急于引进国外设备的国人视作最大的绊脚石。

亚瑟和HTS公司在幕后推波助澜，让反对王选的声势达到顶峰。就在国产照排系统项目生死攸关之际，王选毅然立下军令状——如果1985年，还不能将产品成熟化，甘愿退回全部科研经费！

即使在北大，王选的军令状也让民怨鼎沸。关键时刻，北大领导下了“砸锅卖铁也要支持王选和汉字照排系统”的决心。

王选团队在新华社赶排“新闻稿”的艰辛、曲折的过程——有实用价值的“二型机”终于获得了成功！王选和他的合作者自豪地将这一系统命名为“华光”——中华之光！

1986年，华光Ⅲ型系统获第14届日内瓦国际发明展览会金奖；王选被聘为博士生导师，获得国家级有突出贡献的中青年专家称号；王选获得首届毕昇奖。

HTS公司对王选和他的“华光”系统所取得的进展大为震惊，因为这已经开始影响到了他们整个商业帝国的布局。亚瑟自身在HTS公司内部的地位和利益都受到了挑战。充满危机感的他经过缜密的分析和布局，决定用最先进的激光照排设备抢占中国出版业的高端市场，将初出茅庐的“华光”扼杀在摇篮里。

亚瑟再次当面向王选挑衅，说我佩服你的梦想、才华和勇气，但你却选择了不和我做合作者而是敌对者，这将是你最大的不幸！即便你的“华光”暂时从我手里抢走几个客户，也改变不了你最终失败的命运，因为高端市场在我的手里——那就是日报和大报！它们的时效性强，字体要求多，版面变化多，是对照排系统最严格的考验。只有过了这一关，大规模的推广普及才指日可待。而你，现在做不到！

面对亚瑟的“叫嚣”，王选却出奇地平静，这反而让亚瑟感到了无形的压力，开始加大了针对王选的情报搜集。结果令亚瑟大吃一惊——他万万没有想到，永不满足的王选根本就没有停止过脚步，早在他当面挑衅王选之前，王选就已经在冷静地分析了以 HTS 公司为首代表的国外先进印刷设备优劣的基础上，历数出了二型机在 TC83、终端、主机硬盘、软件方面的弱点，与国外产品相比的致命伤：无法做到文字与照片、图片的合一输出……然后做出了一个出人意料的决定——全面推倒“二型机”，在最短的时间之内研制出“三型机”！现在的王选就是要用“三型机”来与 HTS 公司同步竞争。

但是，恶劣的环境却让王选和他的“三型机”没有用武之地。几乎所有最重要的客户在关键时刻都选择了对王选的敬而远之，转而进口 HTS 公司的产品。

《光明日报》印刷厂的老夏被王选描绘的前景所打动，毅然决定与王选一起共进退，在《光明日报》试用王选的国产照排系统。

1987 年，王选和《光明日报》一起大获成功。光明日报印刷厂卖掉了铅印设备，告别铅与火，迎来光与电。

为了 HTS 公司的商业利益，亚瑟开始改变独占中国市场的初衷，被迫转而寻求与王选的“华光”和平共处，共同瓜分市场。

所有人都认为国产照排系统已经大获全胜了，可永不满足的王选却即使在获得“毕昇奖”后也还有负债心理，他再次立下宏愿，要在市场上打败所有竞争者，把所有外国产品全都赶出中国，并进而进军国际市场，为国家创造财富。

王选开始和以 HTS 公司为首的国际印刷设备巨头正面交锋，而世界银行的全球招标，为他们的决斗提供了最好的平台！

王选神速推出的“四型机”，让亚瑟难以招架。但是随即而来的分析令亚瑟再次鼓起了信心，决心孤注一掷，投入巨资，不惜一切，志在必得。

而王选，在继续拥有“顶天”核心技术的同时，却遇到了配套设施上难以跨越的障碍。为了取得招标的最后成功，王选只得对一些重要的国产配件忍痛割爱，转而充分利用国外最先进的设备和元器件，让四型机的性能有脱胎换骨的飞跃。

王选和以董老师为代表的合作者之间发生了激烈的冲突，这场冲突在王选的内心掀起了巨大的情感风暴……

终于，王选赢得了董老师和众多合作者的理解和具体支持。

终于，王选和他的汉字照排系统让 HTS 公司俯首称臣——HTS 公司宣布破产，国外照排设备从此完全退出中国市场。

卸任的亚瑟与王选在北大的研发基地有了一次对话，在完整地看完王选的奋斗过程和难以想象的简陋研发条件之后，亚瑟由衷地发出感慨，我面对的，是一个传奇；打败我的，是一个传奇式的知识英雄！

## 六

当年，人民日报社引进的两套美国 HTS 照排系统，价格比华光要贵 15 倍。但是，一直到 1989 年，经过该公司派人长期调试后，仍因故障太多无法使用。人民日报社焦急万分，只好向王选求援。王选二话没说，立即带领若干技术骨干奔赴报社，对美国 HTS 系统进行改造，终于让国外进口的“洋机器”起死回生。美国 HTS 公司总裁在离开中国前，对中国同行讲，他们已经付出了惨重的代价，今后地球上再没有什么 HTS 公司了！

在巨大的成功面前，王选并没有满足，他甚至有一种负债感。他动情地说："国家为激光照排投入了 1000 万元资金，需要尽快转化为生产力来回报国家。"为此，他不辞辛苦，四处奔波。在他积极推动下，北京大学成立了北大方正公司，将王选不断发展的更先进技术成果推向市场。在全世界几乎凡有中文出版物的地方，方正产品都占有绝对优势。当国外电脑企业纷纷大举进军我国市场的时候，惟独在出版领域，那些外国公司则悄悄地撤出了中国。

祖国没有忘记王选为出版印刷业立下的丰功伟绩，他获得了我国科学技术界的最高荣誉——中国科学院院士、中国工程院院士和第三世界科学院院士的殊荣。

王选的脚步没有停留，他宣布要进军海外市场，用自主创新的知识来为祖国创造财富，在全球范围引领一场产业革命。这回，再也没人怀疑他会成功了。

北大开始以王选的汉字激光照排系统为龙头组建隶属于自己的公司。领导决定将这一照排系统命名为"王选系统"，却被王选一票否决了。他说要用"方正"，并用《汉书》中的一段话来为"方正"正名。

在方正集团的新年晚会上，在含泪欢送一直与自己并肩战斗的战友董老师夫妇远行的时刻，王选用自己的演说，为"方正系统"的英文商标的含义，做了最好的诠释：你们在为我的成功鼓掌欢呼，可我却始终不能忘记，这成功中还有许多人，像董老师他们那样，以他们的创造性的劳动，铺垫了这一辉煌！知道我为什么坚持要把方正的

王选在北京国际科技周上介绍报纸激光照排系统

联合国科教文组织副总干事巴德兰向王选颁发奖状、证书和奖金。

英文商标确定为FOUNDER吗？除了读音和中文的“方正”相似外，最主要的是这个英文单词，它的主要含义是“奠基者”、“创立者”。我觉得，应该把我们的商标诠释为：方正的事业之所以有今天，是有许多“牺牲”在为之奠基，只有这样，我们的情感才会收获一份神圣……

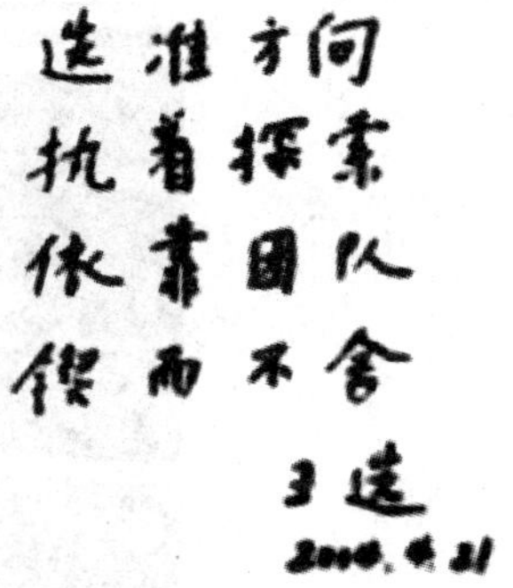

王选为年轻科技创业者的题词

## 七

1987 年 5 月 22 日，《经济日报》四个版面全部用上了由王选和他领导的科研集体研制出来的汉字激光照排系统，成为世界上第一张用计算机屏幕组版、用激光照排整版输出的中文报纸。

1988 年的一天，王选来到《羊城晚报》印刷厂，说，北大的激光照排系统已经首先在《经济日报》取得了成功，但他注意到了《羊城晚报》。他认为，《经济日报》的版面是典型的“人民体”，文章的条数少，版块较为正规，而在国内外读者中享有盛誉的《羊城晚报》的版面文章条数多，版块互为交错，版面安排丰富多样，排版技术必然比较复杂，因此，北大的汉字激光照排系统只要《羊城晚报》能用，其他的报纸就一定能用。他想用《羊城晚报》做“实验田”，并由此向全国各地的报社推广。

1990 年，《羊城晚报》全面采用了北大的激光照排系统，跃上了报业技术革命的新平台。

1992 年初《澳门日报》用方正彩色出版系统取代电分机，编排彩色报纸取得成功，接着国内《科技日报》也用这一新技术出彩色版，从而掀起一场彩色热潮，《羊城晚报》《深圳商报》《姑苏晚报》《沈阳日报》等已几乎天天出彩色版。

王选和他的妻子陈堃銶正在看激光照排的报纸胶片

王选主持的新的采编流程管理系统是在 MSWindows 下开发的，功能增加很多，配有很强的编辑器的文稿自动校对系统。在小型机或高档工作站支持下，以这一新系统和大型资料检索系统为主体组成了先进的新闻综合业务网。

1992 年底，王选主持的远程传版技术，使《人民日报》通过卫星向全国 22 个城市传送版面取得成功。1995 年更加先进的、采用客户机/服务器体系结构的新系统在《羊城晚报》和《光明日报》的密切合作下投入使用。编辑部的全部流程都纳入电脑管理，而报社编辑、记者熟悉和使用电脑，将信息获得充分利用，从而把报业的技术革命推上一个新阶段。

1998年羊城晚报社旗下的《新快报》正在筹划创刊，当时得知北大方正有一个新的系统叫“飞腾”，但是还没正式推出市场。1998年3月30日《新快报》正式创办出版时，由于有了北大方正的“飞腾组版系统”，以全彩版面世，在报界和读者中引起轰动，以至于很多报社都到处打听，以为是采用国外的苹果组版系统。王选很高兴，在一次推介会上，还亲自拿着《新快报》，自豪地向来宾们介绍这一成果。《羊城晚报》又上了北大方正的激光直接制版系统，将电脑排版后的图文信息直接处理到印刷的PS版材上，简化了传统的出胶片、晒版等工艺流程，时间快，效率高，而且质量好，大大减少了反复拷贝和扫描的信息损失，使图文更加清晰。

王选对科研项目的市场前景有着敏锐的洞察力，是促进科技成果向生产力转化的先驱，被誉为“有市场眼光的科学家”。从80年代起，他就致力于科研成果的商品化。90年代初，他带领团队针对市场需要不断开拓创新，先后研制成功以页面描述语言为基础的远程传版新技术、开放式彩色桌面出版系统、新闻采编流程计算机管理系统，引发报业和印刷业三次技术革新，使得汉字激光照排技术占领99%的国内报业市场以及80%的海外华文报业市场。他积极倡导产学研结合，在北大方正集团中建立起从中远期研究、开发、生产、系统测试、销售、培训和售后服务的一条龙体制，还力主由北京大学计算机研究所与北大方正集团共同成立方正技术研究院，走出了一条科研成果产业化的成功道路。

方正核心技术产品已成功进入了日文、韩文等东方文字市场和西文出版领域。方正在传媒及信息技术、电子书出版、数字广电等领域都开发出一系列先进技术和产品，推动着中国信息产业的持续进步。

多年来，方正集团坚持以 IT 为主业，有选择地进入到通信、金融、医药等传统行业，主动寻求跨越式发展，将方正做实、做强，成为一个技术型、创新型、国际化的企业集团。

王选以自己辛勤劳动的成果，托起了中国出版印刷业的伟大革命，为国家创造了数十亿元的效益。

王选勤奋严谨、求实创新、努力拼搏、勇攀高峰的作风赢得了大家的尊重和好评。在科研成果和崇高荣誉面前，他始终强调是集体智慧的结晶。他把科研事业当作毕生的追求，以提携后学为己任，甘为人梯，为培养和造就出一批批年轻的学术骨干呕心沥血。作为一名计算机应用专业的硕士生、博士生导师和北京大学计算机研究所所长，他十分注重培养学生和年轻技术骨干严谨勤奋的科研作风，经常鼓励和帮助他们选择具有挑战性且应用前景光明的课题，激发他们的创造性和积极性。

2002 年，王选用获得的 2001 年度国家最高科学技术奖奖金及学校的奖励金共 900 万元设立“王选科技创新基金”，支持和鼓励青年科技工作者从事具有基础性、前沿性的中长期科技创新技术研究。在他的培养下，一批敢于创新、勇于拼搏的青年科学家走到了科研前沿。

王选是科学工作者的杰出代表，人民教师的优秀典范。他一生献身科学，淡泊名利，始终孜孜不倦地埋头于艰苦的科研工作，即使患病期间也没有停止过。在确诊为癌症开始治疗的九百多天里，写了大量的文章，不是科研论文，而是他人生的总结，表达了他对年轻人的

王选在指导研究生的学业

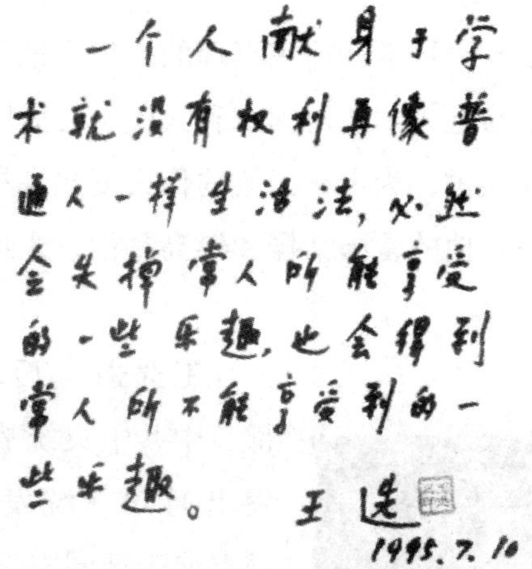

一个人献身于学术就没有权利再像普通人一样生活法，必然会失掉常人所能享受的一些乐趣，也会得到常人所不能享受到的一些乐趣。 王选
1995.7.10

王选有感而发，写了这段话

厚望，对国家的热爱和倾心科研事业的情怀。临终前，他告诫那些当官的人，手中有权的人，说你们一定要理解和帮助那些比你们有才华

的人，使他们更早地释放出自己的才华。他说，所有有志向的小人物，都希望获得成功的机会，我王选就是这样一路走过来的。他说，这可能是我留下来的另外一份遗产。

## 八

享誉海内外的著名科学家、中国计算机汉字激光照排技术创始人，杰出的社会活动家，中国共产党的亲密朋友，中国人民政治协商会议第十届全国委员会副主席，九三学社中央副主席，中国科学院院士、中国工程院院士，北京大学教授王选，因病于2006年2月13日在北京逝世，享年70岁。

王选的一生是献身科学、追求真理的一生。他勇于创新，甘于奉献，生活朴素，平易近人。他对国家和人民忠心耿耿，把毕生的精力都奉献给了祖国和人民，为中华民族的伟大复兴和祖国的完全统一殚精竭虑、鞠躬尽瘁。他的爱国情操和崇高品德，永远值得我们学习和怀念。

沉痛悼念王选

王选逝世后，中共中央宣传部、中共中央统战部、教育部联合发出通知（统发【2006】8号），号召向王选同志学习。

王选留给我们不仅是汉字激光照排系统和方正公司、方正研究院，还有他的著作：《软件设计方法》（1992年4月清华大学出版社出版），《王选文集》（1997年2月北京大学出版社出版），《王选谈信息产业》（1999年3月北京大学出版社出版）。

让我们记住王选生前的这些话吧。这展示了他的人格魅力，是他留给我们的精神遗产。

《知识分子的榜样——王选》一书的封面

科学研究本身就是一种美，给人带来的愉快是最大的报酬，是一种高级享受。

一心想得诺贝尔奖的，得不到诺贝尔奖。不要急于满口袋，先要满脑袋，满脑袋的人最终也会满口袋。要善于“延迟满足”。

当人们对一个新的构思说“Can't do”（做不成）时，最好的回答是“Do it yourself”（自己动手做）。

北京大学院士文集《王选文集》卷封面

中国古代有句话，上士忘名，将名利彻底淡忘；中士立名，靠自己的成就把名立起来；下士窃名，自己不行就窃取人家的。我做不到上士，但是我不会为了立名而去窃名。

一个好的科学家或企业家首先应该是一个好人，才能带领队伍。什么叫好人？季羡林先生曾说过，考虑别人比考虑自己更多就是好人。这一标准我觉得可以再降低一点：考虑别人与考虑自己一样多就是好人。

我的座右铭是："多做好事，少做错事，不做坏事。"

"伏枥老骥"最好用"扶植新秀，甘做人梯"的精神实现自己"志在千里"的雄心壮志。今后衡量我贡献大小的一个重要指标，就是发现了多少年轻才俊。

中国的知识分子"价廉物美"，但如果长期"价廉"，可能会不再"物美"，要在报酬上充分体现人才的价值。

我对方正和计算机研究所的未来充满信心，年轻一代务必"超越王选，走向世界"，希望一代代领导能够以身作则，以德、以才服人，团结奋斗，更要爱才如命，提拔比自己更强的人到重要岗位上。

# 著作界的劳动模范叶永烈

## 一

1991年初，我在一篇文章中写道："笔者曾去上海向著名作家叶永烈组稿，他那时还住在徐汇区的一个什么里弄里，房子实在是窄了点。他就把不到三平米的阳台用木框和玻璃镶嵌为一间书房。一个小书橱，摆着他已出版的一百多本书和已发表尚未结集的十大本剪报；一张小写字台和一把椅子。他的近期作品就是在这个'阳台书房'里炮制的。窗明几净，玲珑剔透，真是'室雅不在大'，人勤著作多。"

现在叶永烈的藏书室是由家用游泳池改造的，像一个小型图书馆，四壁皆书，中间又是摆得满满的书橱，边上是一张躺椅。叶永烈看书的时间，多半是在这张椅子上度过的，他特别喜欢待在这里。他每天用来写作的时间有十几个小时，另外，报纸、杂志、网络、电视、广播，种种信息传播的渠道他都关注。但是，"六个渠道综合起来，也不能代替看书"。别的房间也有书橱，其中有一个书橱，摆满了叶永烈本人的著作，另一个书橱，则摆满了他的盗版书和冒用他的名字出版的伪书。现在判定作家的书是否畅销，得看他的书是否被盗版，被偷印。叶永烈的新书，一般销售二三十万册，是没有问题的；并且他的著作是严肃认真之作，不是那种浅薄、低俗的东西。在这个“娱乐至上”，出版物靠“吸引眼球”的世道里，殊为难得。叶永烈堪称著作界的劳动模范，是值得当今著作界中人学习的榜样。

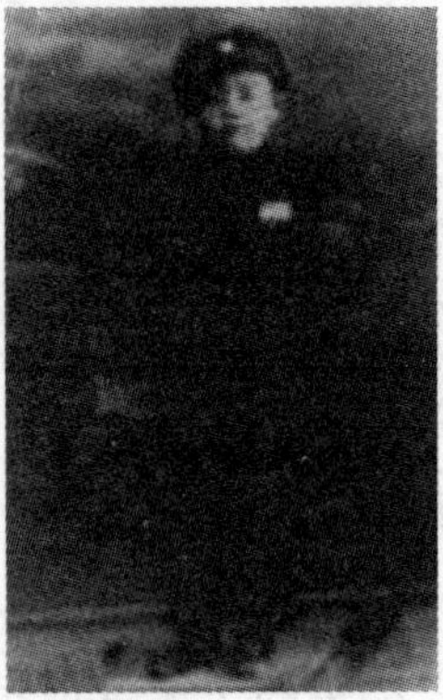

叶永烈小时候

## 二

叶永烈是浙江温州人，1940 年出生在一个殷实的家庭里。父亲那时是温州银行的行长兼医院的院长，有一定的文学修养，书法也不错，还能写诗。父亲特别喜欢他，很细心地保存了他从小学一年级到高中毕业的成绩报告单。叶永烈前几年整理自己的中小学成绩报告单时，发现他六岁时上小学一年级，有两门不及格。一门是作文，一门是读书（语文），都是 40 分，他并非神童，也不是天才。

叶永烈 11 岁时上小学五年级，将一首诗投进自家旁边浙南日报社（《温州日报》前身）门口的投稿箱。一周后收到一封信，问他几岁，上几年级，说诗写的好，下期登出来。1951 年 4 月 28 日，报纸登出来那首短诗，署名为“11 岁小学生叶永烈”。

叶永烈至今记不得当时是因为一件什么事，让他心血来潮写了那首诗。1980 年，他通过当年的那封信找到了发表这首诗的编辑杨奔，杨先生早已退休了。这首诗的发表，使叶永烈对文学发生了浓厚的兴趣。学校也很看重，很快安排他当少先队的大队宣传委员，编黑板报、墙报，当小编辑、小记者。

叶永烈在北京大学化学系宿舍里

高中毕业后，叶永烈报考北京大学，很想读中文系的新闻专业。他姐姐是学化学的，劝他也学化学。父亲听说他考化学系，很高兴，说将来可以做雪花膏、做肥皂，总有一碗饭吃。这样，叶永烈高考后，被录取第一志愿——北大化学系。

叶永烈读了六年北大，学的是光谱分析，当时说毕业时可以授予副博士学位，后来不了了之。他上化学系，却一直学写作，发表了很多作品。大二时写了一本书叫《碳的一家》，认为上海少年儿童出版社出版比较适合，他就从书的版权页抄下地址，直接寄到出版社。不久就收到出版社的通知单，说书稿写得很好，准备马上出版。

《碳的一家》第二版封面

后来叶永烈认识了《碳的一家》的责任编辑曹燕芳。当时曹编辑在编《十万个为什么》，正为化学分册发愁。书稿原是上海一些中学的化学老师写的，写得像教科书，她看了不满意。收到《碳的一家》后，她将化学方面的“为什么”寄给叶永烈，让他试着写化学分册。叶永烈试写了 5 篇，曹编辑看完后非常满意，让他继续写。每写完 10 篇寄一次稿件给曹编辑，到化学分册出版时，整部书 173 篇，用了叶永烈 163 篇。后来，曹编辑还让他写了天文、气象、农业、生物等分册。《十万个为什么》于 1961 年的六一国际儿童节出版，五本书共 900 多个为什么，叶永烈写了 300 多个，21 岁的他成为《十万个为什么》主要作者。如今《十万个为什么》已出到第五版，叶永烈共为该书写了 500 多篇科普小品。《十万个为什么》一次又一次修订再版，总印数已超过一亿册。

《十万个为什么》套书书影

以前叶永烈是向北京科协办的《科学小报》投稿，《十万个为什么》出版后，《文汇报》《解放日报》《新民晚报》《中国青年》杂志、《光明日报》的《东风》副刊纷纷向叶永烈约写科学小品，发表了他很多篇。为什么偏找叶永烈写呢？因为他上的是理科，却喜欢文学。这种科学小品，中文系的人写不了，学理科的没几个人能写。叶永烈二者得兼，是合适人选。

叶永烈写于1961年的科幻小说《小灵通漫游未来》，熬过“四清”，熬过“文革”，一直到1978年才出版，首印300万册。这是新中国第一部科学幻想小说，一出版就产生了广泛影响，获得第二届全国少年儿童文艺作品一等奖。叶永烈1984年续写了《小灵通再游未来》，世纪末又续写了《小灵通三游未来》。2000年，中国少年儿童出版社将《小灵通漫游未来》《小灵通再游未来》《小灵通三游未来》合并为新编《小灵通漫游未来》出版，引起广泛关注，2002年12月荣获第十三届中国图书奖。这部历时四十多年创作的小说中，塑造了眼明心亮的小记者小灵通的可爱形象，通过小灵通三度漫游未

《小灵通漫游未来》初版书影

来世界的种种见闻，多角度、全方位、生动有趣地展示了未来的美好景象，描绘了一幅充满细节的长卷——未来世界的《清明上河图》。

近年有一种移动电话叫“小灵通”，这个名称便来自叶永烈科幻小说《小灵通漫游未来》，如今“小灵通”的用户已超过一亿了，可“小灵通”的用户，并不一定知道这名称的来历。

## 三

北大化学系毕业后，叶永烈被分配到上海仪器研究所。只待了一个月，他就想“跳槽”。当时上海科学教育电影制片厂正在把《十万个为什么》搬上银幕，名为《知识老人》。叶永烈带着一套《十万个为什么》从杨树浦的家出发，坐了两个小时的公交车，来到上海科教电影制片厂，找到了厂长李资清。李厂长一听说他的名字，马上就说：“你是写《十万个为什么》的叶永烈？我正要找你。”叶永烈说想到电影厂工作，李厂长听了非常高兴，说你什么都不要管了，耐心等待好消息，一切手续由我办理。

调到电影制片厂，一切从零开始。叶永烈完全靠自学，看了电影学院的教材，很快就掌握了电影的基本知识，懂得了导演的技巧。当导演，不但要精通电影本身的业务，还得有组织能力，要带领一大帮人，编导、摄影、录音、美术、音乐、照明……电影厂有很多是电影学院导演系、摄影系专业的，特别瞧不起对电影一窍不通的人。在电影厂，叶永烈执导了二十多部电影，很快成为导演中的快手。后来，叶永烈将电影厂的经历写成了一篇小说《青黄之间》，送给《收获》

发表，编辑觉得写得非常有生活气息，其实好多都是叶永烈自己的经历。

“文革”中叶永烈的一家

“文革”初期，《十万个为什么》被批成“大毒草”，“大毒草”的作者叶永烈被抄家，在五七干校锻炼了三年。

1976年5月，电影厂工宣队负责人找到叶永烈，要他担任内片组组长。内片就是保密性很强的不公映的内部影片，像叶永烈这样的“文艺黑线干将”怎么能拍内片呢？后来才明白，是为毛泽东拍的，拍摄供他晚年观看的电影。这种“中央交办”的影片，从接任务到出片，一般要求是十天到半个月。厂里的导演一个个拨弄，叶永烈算是“快手”。叶永烈虽然在“文革”中挨批，但业务能力强是公认的，不得不请他这个“臭老九”出山。叶永烈拍了很多京剧唱段，拍了杂技。每部片子拍完就去北京，经审查通过后才出片，印拷贝。毛泽东诞辰110周年纪念时这些影片展演时，观众看到“导演叶永烈”的字样很惊讶。

1976年春，在“文化大革命”尚未结束的年月里，时任上海电影制片厂编剧的叶永烈发表了十年动乱后期第一篇科幻小说《石油蛋白》，标志着科幻作品将在中国大陆掀起第二次高潮。

粉碎“四人帮”不久，叶永烈导演的科教片《红绿灯下》获得了电影百花奖，同时出版了三部电影方面的专著：《电影》《电影的秘密》和《电影史话》。叶永烈用稿费买了1000册《电影的秘密》送给电影厂，每个新进人员都要看看这本书。

## 四

叶永烈获得电影百花奖科教片奖

叶永烈先后创作科幻小说、科学童话、科学小品、科普读物700多万字。曾任中国科协委员、全国青联常委、上海市科协常委、上海市科普创作协会副理事长、世界科幻小说协会理事。1979年初，《光明日报》记者谢军采访叶永烈，看到他的住房很小，工作条件太差，当即写了内参，受到中共中央政治局委员、国务院副总理方毅的关心。1979年1月6日方毅批示：“调查一下，如属实，应同上海商量如何改善叶永烈同志的工作条件。”1979年3月4日，方毅又批示“我看要鼓励科普创作，这项工作在世界各国都很重视”。由于方毅副总理的重视，1979年3月，文化部和中国科协联合举行隆重仪式，授予叶永烈“全国先进科普工作者”称号。

1979年，经钱学森批准，叶永烈直接到了航天员训练基地，拍了一部半个小时的影片，后来这部影片叫《载人航天》。杨利伟乘神舟五号飞船上天时，叶永烈出了本《航天梦——叶永烈目击中国航天秘史》，有镜头、有照片在，很多资料是第一次公布，引起广泛注意。

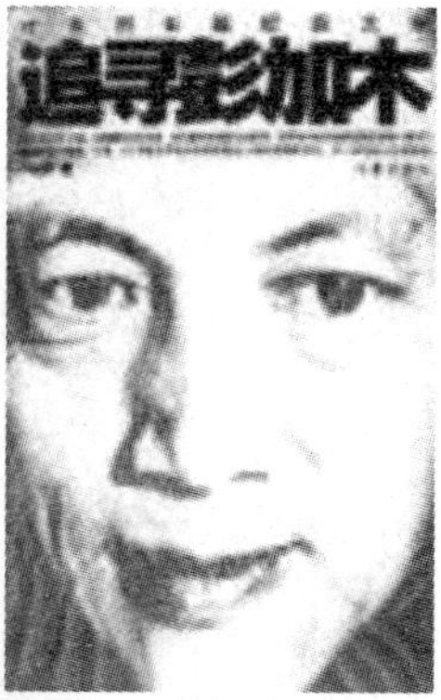

《追寻彭加木》封面

1980年，彭加木失踪的消息一传出，上海人民出版社要叶永烈赶紧去新疆采访，写一本关于彭加木的书。他以上海人民出版社特约作者的身份参加罗布泊搜索。因为罗布泊是原子弹基地，属于高度军事机密，一般记者都不让去。叶永烈到了乌鲁木齐，让新疆军区参谋长拨通钱学森秘书的电话，半小时后答复说，同意叶永烈进去。当天夜里一两点钟，叶永烈进入空军基地，从那里坐直升机，进到罗布泊的库木库都克，参加搜索彭加木行动。2006年全国书市在乌鲁木齐举办，《追寻彭加木》也同时举行首发，看到的人都说这是真正的第一手资料。

叶永烈调离上海电影制片厂，到上海市科协工作，担任常委。1987年上海作家协会招聘专业作家时，叶永烈作为首批入选的八位作家之一，参加考试并审核通过。叶永烈才完全转轨到文学上来，直到今天。

## 五

新时期开始，叶永烈首先是写小说，写纯文学小说，那时觉得小说最高级，如果作家不写纯文学小说就不是作家。叶永烈在《收获》《人民文学》《上海文学》《春风》等刊物发表了不少小说。1981 年，叶永烈的反腐败题材的短篇小说《腐蚀》上了《人民文学》头条，很遗憾在评奖中只差几票，没有获得全国优秀短篇小说奖。

《傅雷画传》新版封面

在写小说的同时，叶永烈还写了很多报告文学，如《傅雷与傅聪》《傅雷一家》《思乡曲》（写马思聪）《离人泪》（写葛佩琦）都产生了很大的影响，写一篇红一篇，转载率非常高，连连得奖，包括报告文学奖、北京文学奖。每篇作品发表后都收到几百封读者来信。叶永烈想，自己可能更适合写这种题材，就从写小说的路子慢慢转到报告文学上来。1987 年成为专业作家后，叶永烈以写知名人物、高层人物、历史传记为多，人称“旧闻记者”。主要著作有 150 万字的“红色三部曲”——《红色的起点》《历史选择了毛泽东》《毛泽东与蒋介石》；有 182 万字的长篇系列《“四人帮”兴亡》和《邓小平改变中国》；还有《陈伯达传》《陈云全传》《胡乔木传》《反右派始末》《星条旗下的中国人》《五七年的血泪》《毛泽东的衣食住行》《马思聪传》《真实的朝鲜》等大部头著作。作品曾获奖八十余次，在美、英、法、日、韩、德、意、泰、中国香港、中国台湾出版或发表。1989 年叶永烈被收入美利坚合众国《世界名人录》，并被美利坚合众国传记研究所聘为顾问。1994 年受聘香港文学艺术家协会荣誉会员。

《历史选择了毛泽东》封面

六

从科普到纪实，有很大反差，这个领域他是完全陌生的，必须从头学习中共党史，要有非常系统的认识才行。叶永烈能适应种种大变化，因为他从小就养成了习惯，无论做什么事情，要么不做，要做就得做好。中共党史的研究是很深的学问，要大量地研究文献，你占有的，是别人没有的。否则就不新鲜、不可靠。叶永烈大量采访当事人，这是他的优势，而且很勇敢地把真相告诉读者。叶永烈写过一本书，叫《追寻历史真相》，很多是“独家新闻”。将旧闻写深了，写透了，往往成为“新闻”。

叶永烈的纪实文学写作，是建立在大量采访的基础上的。用他的话讲，纪实文学“七分跑，三分写”。

1987 年写《马思聪传》时，叶永烈赶往马思聪的故乡——广东海丰县采访。他走访了马思聪的三位堂弟，在马思聪的故居拍了许多照片，又在县公安局、档案馆、文化局、地方志办公室等处查阅资料。叶永烈行色匆匆，他决定坐夜车赶回广州，可“录像大巴”还有一个多小时才开。站在南海之滨的广东海丰县汽车站，叶永烈又饿又累，经不起飘来的葱香鱼味的诱惑，走到小吃摊前，买了碗当地特有的潮汕粥。

“你是建筑工人？脸晒得那么黑！”生意不忙，女摊主双手交叉在胸前，跟叶永烈闲聊起来。话刚出口，她又自我否定，“不，不，你这副深度近视眼镜，又有点像大学教师……”

女摊主的搭讪，令叶永烈无言以答。喝完滚烫的潮汕粥，他伏在小桌上就整理起采访笔记来。

第二天凌晨 4 点，车子终于抵达广州。叶永烈赶到珠鹰大厦打了个盹，开始了新一轮的采访……

叶永烈写《陈伯达传》，得到陈伯达本人以及陈伯达之子陈晓农的大力帮助。最初的采访十分艰难。从公安部门获悉，1988 年 10 月 17 日，陈伯达服刑 18 年，刑期已满，公安部在北京一家医院里为陈伯达举行了刑满仪式。获释后的陈伯达因急性前列腺肥大症而住院。

只过了十多天，叶永烈便从上海赶到北京，开始对陈伯达进行采访。

《陈伯达传》封面

陈伯达家隔壁还住着公安人员。因为陈伯达身份特殊，曾是中共第四号人物，即仅次于毛泽东、林彪、周恩来，所以必须保证他的安全和不受外界干扰。采访最大的困难还在陈伯达本身。得知叶永烈要采访他时，陈伯达很明确地说：“公安部要提审我，我作为犯人，只得回答他们的提问。叶永烈要采访我，我可以不理他！”事前，叶永烈查阅了陈伯达专案的有关材料，查阅了陈伯达的众多著作，排好他的年谱。做了这些准备之后，叶永烈来到北京，先采访了陈伯达的前后几位秘书，采访了陈伯达的老同事、子女、警卫员等人，然后才与陈伯达面谈。怎么称呼呢，叶永烈反复斟酌：叫“伯达同志”显然不合适，直呼“陈伯达”也不好，毕竟比他年长一辈……考虑再三，觉得还是喊“陈老”最为贴切，一则他确实“老”，二则这是中国人对年长者的习惯称呼，亲切中多少有尊重之意。由于事先已打了招呼，尽管陈家大门紧闭，但他的儿子陈晓农还是开了门，让叶永烈进去。陈伯达的卧室大约十多平方米，一张一米多宽的单人硬板床，铺着蓝白方格床单，放着硕大的鸭绒枕头。床边是一个床头柜、两个玻璃书橱，窗边放着一个五斗柜。地面铺着地毯。抽水马桶的座圈上，套着个用毛线编织的套子，可以看出儿子、媳妇对陈伯达的照顾无微不至。屋里的“常客”是正上小学二年级的七岁孙子。陈伯达的最大兴趣是看《人民日报》，看《参考消息》，看《北京晚报》，很注意国内外的形势。

陈晓农告诉叶永烈，父亲晚年喜欢读文学名著，曾要他特地去买莎士比亚、托尔斯泰的书。陈伯达已经84岁了，头戴着藏青呢干部帽，穿着铁灰色中山装，蓝色的鸭绒裤。眉毛很长，视力、听力都还不错。他坐在沙发上，跟叶永烈打招呼，隔着茶几相对而谈。叶永烈说："陈老，我早在1958年就见过你！""哦，1958年，在什么地方？"陈伯达用一口浓重的闽南话问道。"在北京大学，"叶永烈说，"1958年5月4日，北京大学60周年校庆，你到北京大学大膳厅，向全校师生做报告。当时，我正在北京大学化学系读书，坐在台下听您做报告。当时，你带了个'翻译'，把你的闽南话译成普通话。我平生头一回遇到中国人向中国人做报告，还带'翻译'的"。陈伯达哈哈大笑起来。就这样，原本是尴尬的采访，一下子气氛变得轻松起来。叶永烈说明来意，陈伯达说"列宁就不相信回忆录……"叶永烈立即说："我不是为你写回忆录，我是希望你能够回答我一些问题。我研究过你的著作，也查阅过你的专案材料，有些问题不清楚。你是历史的当事人。你慢慢地说，愿意说多少，就说多少；愿意谈什么，就谈什么。我相信，你对我的谈话是会很有价值的。"陈伯达思索了一下，不作正面答复，却反问叶永烈："有没有看过我关于孔子的文章？"叶永烈当即回答："看过，那是你到延安以后写的。主席（陈伯达习惯称毛泽东为主席）读后，还为你的文章写了三封信，其中的两封是由张闻天转的。"陈伯达一听，显得十分满意，叶永烈趁机问他："你是怎么成为主席的秘书的呢？"陈伯达便说起了他是怎样到延安，怎样第一次见到主席，怎样在一次座谈会上发言，怎样引起主席的注意，主席那天怎样留他吃饭……他所说的情况，是现有档案和任何文章中没有的，是很重要的回忆。叶永烈赶紧拿出了笔记本，然后拿出录音机，放在他的面前。陈伯达一见，就紧张起来，说："我们随便聊聊可以，不要录音。"叶永烈只得从命。叶永烈又请他谈他的笔名"陈伯达"的来历，陈伯达便谈起他的笔名"周金"、"梅庄"、"史达"等的来历。这些笔名虽然档案上都有，但是，却从无关于这些笔名来历的记载。他这些"随便聊聊"，在叶永烈看来，这是很有史料价值的。叶永烈问他，本名是不是叫"陈尚友"？他摇头，说"尚友"是字，本名"陈建相"。由此，陈伯达说起他的哥哥，说起他的父母，说起他的家世，说起他的故乡福建惠安，说起他的童年……这些，也都是档案上语焉不详的。

叶永烈再三向陈伯达说明，出于工作的需要，还是录音为好，并向他保证，这些录音只是提供我个人的工作所用，不会外传。陈伯达终于同意了，叶永烈把录音机取出来，放在他面前。在谈及一些敏感问题时，陈伯达会关照一句："录音机停一下。"叶永烈就停下。谈了一段话之后，又会关照："现在可以录了。"叶永烈便又揿下了录音机上的录音键。

叶永烈很尊重他的意见，他也就乐于跟叶永烈谈话了。采访变得顺利起来，不再尴尬。当第一次采访结束时，叶永烈想给他拍些照片。他一听，就直摇头，说他平时就不拍照，现在这种处境中，更不必拍照。叶永烈认为，失去为他拍照的机会，极为可惜，就说"随便拍拍"吧。他不表态，似乎就意味着默许。叶永烈就拿起照相机拍了起来。陈伯达木然坐着，毫无表情。拍了几张之后，他就说："够了吧！"叶永烈也就遵命不拍了。

此后，叶永烈又一次次地采访他，在采访中熟悉起来。即便是这样，叶永烈仍很注意，先是谈远的事，谈他愿意谈的事。后来，才渐渐进入一些敏感的话题，进入关于“文化大革命”的问题。陈伯达精神不错，有时一口气谈四小时也不觉疲倦。有一天叶永烈向他告别时，他忽然喊住说，有两点补充。叶永烈站住了，他却怎么也想不起要作哪两点补充，几秒钟以前的事，他竟忘了！然而，谈起往事，特别是童年时代、青少年时代的事，陈伯达的记忆屏幕显得异常清晰，就连当年郁达夫对他的诗改动了哪几个字都记得清清楚楚。陈伯达托叶永烈回上海帮他查阅他平生的第一篇、也是唯一的一篇小说，叶永烈查到了，给他带去复印件，念了一遍。他显得非常高兴。那篇小说勾起他许多回忆，他很兴奋地和叶永烈谈起来。叶永烈见到苏联汉学家费德林的回忆录，内中有几段写到陈伯达跟随毛泽东访问苏联时的情况，便念给他听。他听得很仔细。一边听，一边插话，回忆当时情景。后来终于能配合叶永烈为他拍照了。有一回，叶永烈说：“陈老，你能不能把帽子摘掉?”他居然破天荒摘下一年四季都戴着的帽子，甚至还拿起报纸来，摆好架势让叶永烈拍照。在去世前七天，正值中秋节，陈伯达特别高兴，叶永烈拍到了一张他大笑的照片。

那天，陈伯达还用毛笔在宣纸上题诗赠叶永烈。想不到，这成了他的绝笔。七天之后的1989年9月20日，85岁的陈伯达在吃中饭时突然心肌梗塞死去。精诚所至，金石为开，叶永烈庆幸的是，在陈伯达人生的最后一年——从刑满到去世，作为唯一的采访者，多次采访了他。

1992年叶永烈采访中共早期的著名活动家罗章龙时，罗老已是百岁老人了。当历史老人们面对录音机回忆当年的政治风云时，叶永烈就觉得，他的采访从某种意义上讲，是与历史交谈，是一种抢救史料的工作。

只是这份“抢救史料的工作”，不像写小说、散文那样自由随意。它要求作者必须掌握大量可靠的素材，然后去伪存真，去粗取精，将事件的原状和人物的原貌真实可信地展示出来。叶永烈的很多作品，都涉及极为敏感的政治神经，一不小心就会踩着“地雷”，轻则舆论批评，重则陷入官司。即便如此，叶永烈仍对长篇纪实文学的写作乐此不疲。刚刚写完一部想歇口气，欠下的一大堆报刊“文债”又得一一“偿还”，还未“还清”，新的长篇纪实文学又要开始了。没有时间休息，外出采访，叶永烈就趁机“休息”。

叶永烈每写一部长篇纪实文学，要采访几十人、上百人是常事。叶永烈所写的中国当代重要政治人物，大多密集于北京，所以他必须一趟趟地由上海往北京赶。他的妻子说他“去一趟北京，就像去一趟（上海）南京路似的！”遇到突发事件，新闻性很强的，必须赶。2001年美国“9·11事件”发生后，叶永烈又赶往美国，写出了《受伤的美国》一书。

《受伤的美国》封面

## 七

2001年，媒体动员叶永烈参加高考作文，他想都没想就答应了。同时约了几个作家，可叶永烈去了一看，到场的只有他一个人。第二天媒体刊发了叶永烈写的作文，还配发了短评，并鼓励语文老师也参加高考作文。后来媒体年年找他，有一两年，他还连续参加了两场高考作文，一场考上海卷，一场考全国卷。后来就不在考场写，改为在家写，但必须严格遵守考试时间。叶永烈收到题目后，在一个小时之内完成。最高的一次高考作文得分是55分。而别的作家根本不敢参加高考写命题作文，即使写了，很可能不及格，害怕出洋相。因而叶永烈写高考作文，并不掉份儿，还长身价。

从2001年至2009年，叶永烈已连续九年做高考作文。

2008年6月8日，叶永烈才做完命题作文《他们》后，便对记者说："我应邀写作高考作文的目的，一则是希望能够亲身体验考生们的心情与生活，二是测试自己的快速反应能力——作为纪实文学作家，常常需要在短时间内完成时效性很强的作品的能力"。

叶永烈的作文《他们》全文如下：

我在美国纽约结识他们——父与子，纯属偶然。

那是在纽约街头，居然有一位导游手举着一面五星红旗，为游客带队，引来众多美国人的注目。

美国仿佛是星条旗的海洋。在美国很多高楼大厦顶上，一年到头飘扬着星条旗。很多美国人在家门口挂起星条旗，在集贸市场的小摊上挂起星条旗，就连轿车的车尾也贴着一面星条旗……在如此众多的星条旗之中，难得一见五星红旗。我只在中华人民共和国驻旧金山总领事馆顶上以及纽约联合国大厦前面的广场上，见到五星红旗。正因为这样，他在车水马龙的纽约街头高举五星红旗，理所当然吸引无数人的目光。

他四十多岁，中等个头，穿一件鲜红的滑雪衫，在美国旅游社里担任"纽约一日游"的华语导游。我到过纽约。这一回，再度来到纽约，为了能在短时间内重游纽约的主要景点，参加了"纽约一日游”，结识了这位手举五星红旗的导游。

他说，现在中国强大了，从中国大陆前来美国、前来纽约的朋友越来越多。中国朋友们到了纽约，总想好好认识一下这座世界超级大城市。打起五星红旗导游，使中国朋友感到特别自豪。再说，用鲜艳的五星红旗带队，也便于让旅客们在万头攒动的纽约市区找到导游。

美国旅游社的人员精干，导游兼司机于一身。他熟悉纽约的大街小巷，驾车在车流似潮水的纽约，如鱼入水。一边驾车，一边用标准的普通话向游客解说。

我猜想，他来自中国大陆。一问，果真如此。他告诉我，他的经历跟时代“同步”：在“文革”中他当过“红小兵”；粉碎“四人帮”之后，在“国旅”当过司机；在“改革”岁月，当过房地产公司总经理；然后随着“开放”大潮前来美国做生意……

他在美国当导游，纯属偶然：新来乍到纽约，他买了旅游票，参加旅游团。在半路上，旅游车出了故障，抛锚了。司机怎么也修不好，万分焦急，打电话请老板赶紧派人前来修理。这时候，他捋起袖子，三下五除二，修好了。司机问他怎么这样内行，他回答说在国内时干过这一行。这消息传到旅游社的老板耳朵里，老板急急找他，恳请他重操旧业。老板如此着急，是因为来自中国大陆的旅客越来越多，而会讲普通话的导游实在太少。过去，纽约华人旅游社的客源主要来自港台，所以导游也来自港台，用英语、粤语、闽南语解说。眼下，中国大陆“富”起来了，大批中国大陆游客涌来，急需会讲流利普通话的导游。他不仅会讲一口不错的普通话，而且英语、闽南语、粤语也都行，何况会驾车、修车，又有旅游社的工作经验。老板理所当然“盯”住了他。就这样，本来准备在美国经商的他，在纽约当起了导游……

也正因为他来自中国大陆，对五星红旗有着很深的感情。他在到处飘扬着星条旗的纽约，打起了五星红旗。他手中的这面五星红旗，也招来了“麻烦”，“台独”分子曾经警告他，你在纽约举五星红旗，当心你的脑袋！他置之不理，照样举着五星红旗！

使我感到惊奇的是，那天下午，在一个旅游点，一位西装革履的小青年，带着一个华人旅游团，跟他相遇。他拍着小青年的肩膀，显得非常亲热。我发现，那小青年手中，也举着一面五星红旗。

我问他，这小青年也是你们旅游社的？他摇摇头说，是另外一家旅游社的。我又问，小青年也举五星红旗，是向你学的？他哈哈大笑起来，告诉我其中的“秘密”：“他是我的小子！”

这下子我明白，“哦，‘子承父业’，儿子也当导游。”

他却摇头。他说，儿子在纽约上大学，今天有空，到旅游社打工，赚点零花钱。不过，儿子不好意思到老子工作的这个旅游社打工，总是到别的旅游社当“临时导游”。

他还告诉我，儿子的普通话比他更“标准”。儿子不仅英语流利，还会讲西班牙语、日语，有时为来自欧洲团、日本团当导游。小子比老子厉害多了，这叫一代胜过一代。我注意到，他在夸“小子”的时候，脸上充满自豪感。

从早到晚，他在寒风中陪游客游了一整天。入夜，“一日游”结束，下起了大雪。照理，他把车子开到指定的地点，宣布解散就行了。他却不，顺路把一位位游客送到了地铁口或者公共汽车站。他还把手机号码抄给我，如果我在纽约有什么事要他帮忙，打一个电话就行……

他们——这对特殊的父与子，给我留下了难以磨灭的印象，以至当我写作这篇命题作文《他们》时，记忆屏幕上立即闪现了他们和他们手中的五星红旗。

叶永烈将写高考作文当作检测自己的快速反应能力。纪实文学作家应当具备快速反应能力。有时遇到非常紧急的任务，必须快速做出反应。比如戴厚英突然遭遇不幸，香港《明报月刊》马上约他写文章，他连夜赶写了一万字，明报收到之后立即撤掉别的稿子，将他这篇急稿放进即将出版的一期。叶永烈继续写，在《明报月刊》连载。写了一段时间，后来出了一本书就叫《非命》。2006 年彭加木去世 30 周年祭，出版社要求叶永烈写完书赶去参加新疆书市。书必须 6 月 16 日出，叶永烈在一个多月内完成这本书，出版社 20 天出书，赶上了这届全国书市。

## 八

叶永烈已参加了 11 届全国书市，他去签名售书，跟读者交流，听取意见，也从书市中得到了很多启示。他带着数码相机，看到有意思的书便拍下来，这对他的写作很有帮助。2006 年全国书市叶永烈有两本新书《中共中央一枝笔——胡乔木》《想当元帅的士兵》上市；上海书展上有他 12 本书上市，包括人民文学出版社 8 卷新书《哭鼻子大王》等。

2009 年 1 月，人民日报出版社推出的叶永烈的新著《“四人帮”兴亡》，它与 1993 年《“四人帮”全传》的修订版，有联系，也有区别。第一是视角新，把“四人帮”当一个“帮”来写；第二是材料新，充实了许多新材料，包括新的文件和新采访了很多人。这部书采访难、写作难、出版难。2002 年完成后又修改，交到上海人民出版社，他们很愿意出版，可惜报到上海出版局被否定了。后来，找了北京六家出版社，都出不了。参加 2008 年 1 月的北京书市，人民日报出版社来人找到了叶永烈，说想出这部书。叶永烈也不抱希望。回到上海后，人民日报出版社三位名编辑找到叶永烈家里，带着盖好公章的合同。这诚意打动了叶永烈。2008 年 6 月交稿，2008 年 12 月通过审查，1 个月之内就出版了。因为题材敏感，没有任何宣传。2009 年 1 月 8 日上北京书市，一个月左右，3 万套书售罄。正是春节期间，印刷厂都赶不及装订。不久新版出来了，除了校订了一些错别字，在封面上加上了“上卷”“中卷”“下卷”的字样，内容上没有什么改变。

《“四人帮”兴亡》三卷本书影

## 九

叶永烈已年过七旬，著作等身。除以上提及的多种科普著作、科幻著作、纪实著作外，还有自传性著作《追寻历史真相——我的写作生涯》《用事实说话——我的采访手记》《出没风波里》《我的私人生活》《我的人生笔记》，以及多种旅游著作“行走”系列《行走美国》《行走俄罗斯》《行走中国》等和“目击”系列《目击欧洲》《目击台湾》等，还有《澳大利亚自由行》《今天的越南》《真实的朝鲜》（香港全文版为《解密朝鲜》）《樱花下的日本》，文学创作有中短篇小说集《爱的选择》、散文集《叶永烈笔下风情》、杂文集《人才成败纵横谈》、寓言集《侦探与小偷》，相声集《圆溜溜的圆》等等，迄今共出版各种著作一百八十多部。

少年们簇拥着叶永烈

除科幻小说《小灵通漫游未来》获全国第二届少年儿童文学创作一等奖，电影《红绿灯下》（导演）获中国第三届电影百花奖外，长篇童话《哭鼻子大王》的同名电影获中国电影华表奖，《借尾巴》获 1982 年全国优秀少儿读物奖，报告文学《太阳底下最光辉的职业》获 1986 年《北京文学》奖、《梁实秋的梦》获 1988 年中国潮报告文学奖、《傅雷之死》获第二届优秀报告文学奖，1998 年获香港文学艺术中华金龙奖最佳传记文学奖等。

叶永烈为读者题词和签名售书

叶永烈是国内少见的稳产高产的勤奋作家，受到广大读者的尊重和爱戴。

叶永烈的勤奋、执著、友爱、善良，为人称道，他是著作界的劳动模范，请品赏他的“关于人生的问答”：

问：您喜欢什么？

答：友情。

问：您最讨厌什么？

答：嫉妒。

问：您最高兴的是什么时候？

答：作品给读者带来幸福。

问：您最痛苦的是什么时候？

答：失去创作的权利。

叶永烈在大学做学术报告

叶永烈夫妇应邀访问桂林并游览漓江

问：您最喜欢读哪一本书？

答：《傅雷家书》。

问：您最崇拜的人是谁？

答：我不崇拜谁。

问：如果受到了诽谤，您会持什么态度？

答：沉着。在合适的时机反击。

问：如果再选择一次职业，您选择什么？

答：仍是作家。

问：您认为做人最重要的是什么？

答：真诚。

问：您最大的愿望是什么？

答：写出好作品。

问：您成功有秘诀吗？

答：有恒为成功之本。

问：请您对我们的读者说一句话：

答：奋斗才是幸福。

# 六种书：从写作到出版的路

## 一

小说之中有故事，长篇小说之中有长长的故事，但有的长篇书稿从写作到出版并无故事；而有的书稿并非小说，但从写作到出版却有故事。

写一本书不容易，出版一本书也不容易；有的书出版前不容易，有的书出版后也不容易。著名作家、学者姚雪垠在写作多卷本长篇历史小说《李自成》时就说，作家“生前马拉松，身后马拉松”，著作者的努力是漫长而持久的，著作出版后经受读者的检验也是漫长而持久的。写得太容易（如官员的书稿由秘书写作）出得也太容易（官员用公费出书，出了书用行政命令向下摊派）的书，大抵这书并不怎么样，有的很差。

著作者都在为自己的书稿谋出路。黄金与硫化铜都能发出耀眼的光芒，鱼目可以混珠，识货者你是谁？你在哪里？著作者为书稿寻觅知音，而望洋兴叹。蛇有蛇路，鳖有鳖路，天无绝人之路，各人有各人的路。

以下是六本书从写作到出版的故事，这些故事是耐人寻味的，也颇能给人启迪，你也许能从这些故事中悟出点什么。

## 二

《本草纲目》是具有世界影响的中国名著，它是怎样写作和出版的呢？

李时珍访问药农（蒋兆和绘画）

李时珍（1518—1593年），明朝蕲州（今湖北蕲春）人，医学世家，他的父亲李言闻有《四诊发明》《痘症证治》等医学著作。李时珍向父亲学医，在家里开辟百草园，栽种药物，北上南下，几乎跑遍全国，到深山老林采挖药草，访问药农药工，印证、检验古代医书上的叙述和记载。

李时珍35岁时开始写作，60岁（1578年）完成《本草纲目》书稿，出版却异常困难。

今本《本草纲目》书影

李时珍带着书稿从武昌奔赴南京，求助于官至刑部尚书的文学家王世贞（1526年—1590年）。王世贞慧眼识珠，为之作序，推举作者，赞赏其著作价值。李时珍得到这篇序，希望通过书商出版，未成，76岁时与世长辞。不久，明朝皇帝朱诩钧下令全国各地向朝廷献书，李时珍的儿子李建元，将《本草纲目》献给朝廷，朝廷批了“书留览、礼部知道”七个字搁置一边；后经南京的私人刻书家胡承龙刻印，1596年得以出版，已是书稿完成后的第十八年，李时珍去世后的第三年。《本草纲目》出版后，在国内流传很广，后被译成日文、德文、英文、法文、俄文等文字，传遍世界，对药物学、动物学、植物学的研究，有重大贡献。

## 三

《西行漫记》是美国记者埃德加·斯诺在东西方都有影响的著作，它是怎样写作和出版的呢？

埃德加·斯诺1905年出生于美国坎萨斯城的一个贫苦家庭。他年轻时，当过农民、铁路工人和印刷厂学徒。大学毕业后，开始从事新闻工作，在坎萨斯城的《星报》和纽约的《太阳报》初露头角。之后他在开往外洋的货船上当海员，历游中美洲，最后到了夏威夷，仍然为美国的一些报纸供稿。1928年，在中国大革命陷入低潮时，他来到上海，担任《密勒氏评论报》的助理编辑，又兼任纽约《太阳报》和伦敦《每日先驱报》的特约通讯员。1930年后，他为采集新闻，遍访中国主要城市和东三省、内蒙古、台湾以及日本、朝鲜、荷属东印度。他在中国西南各省长时间旅行，徒步经过云南省西部，到达缅甸和印度，访问了甘地等革命领袖。1931年“九·一八事变”时，斯诺正在上海，目睹1932年的淞沪战争和1933年的热河战争。此后，他在北平燕京大学担任新闻系教授两年，同时学习中国语文。这一时期，他认识了美国著名的进步新闻记者史沫特莱，还和鲁迅、宋庆龄以及一些中共地下党员有所接触，编译了一部英文的现代中国短篇小说选《活的中国》，将鲁迅著作介绍到西方。带着无法理解的关于革命与战争的许多问题，他1936年6月间由北平出发，经过西安，冒着生命危险，进入陕甘宁边区，到了苏区的临时首都保安（即志丹县），和毛泽东进行长时间的对话，搜集关于二万五千里长征的第一手资料。

经过长途跋涉，斯诺到达宁夏南部的预旺县，又冒着炮火折回保安，顺利地到了西安。在他回到北平的第三天，美联社发了一则电讯，说斯诺已落入“赤匪”之手，在利用笔记本报道他们的情况时，被捕并已枪决。过了几个小时，斯诺在美国驻中国大使馆举行新闻发布会，证明他安然无恙。随后，鲍威尔的《中国评论周报》刊登了

埃德加·斯诺在延安采访毛泽东

斯诺和毛泽东的谈话，燕京大学学生请斯诺演讲，他展示了采访时所拍摄的照片。记者们纷纷造访，斯诺在北京饭店发表演说，震动了在场的所有听众，讲话稿刊登在上海的晚报上。斯诺在北平为英美报刊写了多篇轰动世界的通讯报道，然后汇编成一本书，取名为《红星照耀中国》。

1937 年 10 月，《红星照耀中国》由伦敦戈兰茨公司出版，至 11 月已发行了五版。得到斯诺的同意，漂泊在上海租界内的一群抗日救亡人士，在中共地下党的领导下，组织起来，以“复社”的名义，集体翻译出版了《红星照耀中国》的中译本。斯诺对原著的文字作了少量的增删，增加了原书所没有的大量图片，还为中译本写了序言。

由于当时的环境险恶，中译本用《西行漫记》的书名以作掩护。

《西行漫记》出版后，不到几个月，就轰动了中国以及国外华侨所在地。在香港及海外华人集中的地方，出版了《西行漫记》的无数重印本和翻印本。

《西行漫记》中译本老版本书影

## 四

1946 年 5 月 4 日，中共中央发出《关于清算减租及土地问题》的指示，号召“坚决拥护群众从反奸、清算、减租、减息、退租、退息等斗争中，从地主手中获得土地，实现耕者有其田”，丁玲马上领悟到这个指示的深刻意义。当时组织上想安排她到北平，参加“军调处”工作，但她执意申请到农村去参加土改。得到批准，丁玲加入晋察冀中央组织局组织的土改工作队，来到张家口地区怀来县辛庄，后又转到涿鹿县，九月底仓促回到阜平，她对同事们说：“我的小说已经构思成了，现在需要的只是一张桌子、一叠纸、一支笔了！”

1946 年 11 月初，丁玲开始写作，写桑干河下游暖水屯土地改革的经过，分三个阶段来写，第一写农民斗地主；第二写分地，第三写参军。深冬季节，屋外有雪花飘洒，山风在窗纸上呜叫，腰又疼得厉害，她咬着牙，一字一字地写下去。写了一半，已是 1947 年土改复查的时候，丁玲搁下笔，跟着工作队到冀中兜了一个圈子，再回到阜平，继续写下去。写到分土地的第二部分时，《中国土地法大纲》颁

光华书店印行的《桑干河上》的初版本封面

布了，丁玲又去参加平分土地，在涿鹿的一个村子里工作了四个月。1948 年 4 月来到华北联合大学，她压缩写作计划，把“分地”扼要地写进小说的最后几章，6 月 15 日，写了简略的“前言”，书稿写成。她自己也承认，这部长篇小说处处流露匆忙的痕迹。她对贫苦农民形象的塑造，多平面叙述，未能达到立体描写。从文学为政治服务的角度看，这是一部非常“及时的书”。丁玲将小说清稿送胡乔木、艾思奇、萧三等人审阅，他们最早肯定了这部小说的意义。

这时丁玲将要出国参加世界民主妇联代表会议，胡乔木说：“你是作者，应该把

饱经沧桑的丁玲

晚年的丁玲

书印出来，带着书去。”1948 年 9 月，《桑干河上》由东北光华书店

出版发行，距小说完稿不到三个月。1948 年，苏联汉学家波兹德聂耶娃·柳芭开始将其译成俄文，在《旗》杂志连载，1949 年苏联国家出版社出版俄文全译本，1956 年获斯大林文艺奖，不久，又被译成捷、匈、罗、德、朝、日等几十个国家的文字出版，在世界产生巨大影响。

新中国成立后，人民文学出版社将丁玲的《桑干河上》改名为《太阳照在桑干河上》，作为《中国人民文艺丛书》之一出版，获得殊荣，风行一时，然而，及时的书难免匆忙，其文学价值大打折扣。

## 五

《上下五千年》在少儿读物评奖中屡次获奖，总印数已达上千万册，但谁知道它是从垃圾堆里刨出来的金子呢？谁知道它是“文革”前教育部副部长林汉达的发轫之作呢？

林汉达，1900 年 2 月 17 日生于浙江镇海。1924 年从上海之江大学毕业，1928 年任上海世界书局英文编辑，后任编辑主任、出版部部长。1937 年赴美科罗拉多州立大学学习，获硕士学位。1939 年回上海，任之江大学教授。1945 年底，与马叙伦、王绍鏊等共同发起成立中国民主促进会，任常务理事。1946 年秋，到达解放区，任辽北省教育厅厅长。1949 年作为民进代表出席新政协会议。新中国成立后，历任燕京大学教授、教务长，教育部社会教育司司长，教育部副部长。1956 年 8 月当选为民进第四届中央副主席，1957 年被划为“右派”，“文革”中惨遭迫害，1972 年含冤去世。

林汉达当教育部副部长时，根据胡乔木的建议拟订了一个大纲，着手用通俗故事的形式，系统地撰写中国五千年的历史。

1978年初，上海少年儿童出版社的编辑俞沛铭在一次会议上偶尔得到这个消息，专程到他家里打听遗稿的下落。林夫人再三回忆，似乎将书稿交给了北京的一家出版社，但到底是哪家出版社，回忆不起来。俞沛铭像大海捞针一样，在京城众多出版社一家又一家地打听，刚得到线索，又不幸中断，他锲而不舍，继续寻找，终于在一家出版社的一堆废纸中找到了这部书稿。但书稿残缺不全，只写了从上古到东汉的一些重大事件、著名战役和著名人物，共五十多则故事，五万多字。俞沛铭读后，觉得很精彩，所列的一百二十条目录，标题、章节很有特色，内容非常丰富，只要花工夫做下去，可以编出一套很好的介绍中国通史的少儿读物，大人也可以阅读。当时林汉达的“右派”尚未改正，俞沛铭冒着风险，找到一位对历史很有研究、既有教学工作经验又有少儿读物编写经验的曹余章先生来续写，经过努力，除了改写和补写林汉达原先写的两册外，又新写了后三册，共二百八十三则故事，七十多万字，定名为《上下五千年》；又约请段万翰、陈必祥、顾汉松三位老师，用同样的方法，编写了介绍世界历史知识的《世界五千年》五册。这两套书成了八十年代初期中期的热门书、畅销书。

《上下五千年》封面

## 六

20世纪50年代，湖北宜昌港码头工人黄声孝，一边抬杠子、喊号子，一边在船舱甲板上写顺口溜、快板诗，成为全国著名的工人诗人。1962年8月发表于《长江文艺》的长诗《站起来了的长江主人》，有两千多行，分《斧劈海关锁》《锁不住》《望儿归》《进峡》《走川江》《山城告状》《上红岩》《解放》等十八章。1963年由中国青年出版社出版单行本。这部叙事长诗，围绕着码头工人何铁牛展开故事情节，在千里川江摆开战场，叙写的场景壮丽。中国作家协会主席茅盾写信给他，说“读了你的诗，气势磅礴，立场坚定，生活丰富，歌唱了祖国新生事物。……”《诗刊》主编臧克家也称赞黄声孝说：“你的诗从战斗生活出发，写得朴实生动……”。

1964年秋天，黄声孝已完成了《站起来了的长江主人》第二部的创作，湖北省文联组织作家诗人采风，著名诗人徐迟和工人诗人黄声孝等应邀参加。从长江三峡经重庆、登峨眉山，黄声孝一路上在徐迟的身前身后，为徐迟背行李，搀扶他，不时地求教写诗的种种问题，随时把写出的诗作交给他提意见、进行修改。

《站起来了的长江主人》初版书影

十年“浩劫”中，长诗《站起来了的长江主人》第二部原稿散失。下放到沙洋农场劳动改造的老诗人徐迟，有一次背了一袋自己种的新鲜花生，专门到宜昌去看望黄声孝，鼓励他重新写，并答应帮他修改。第二部共1800行，分《工代会》《黑会》《刘云赴朝》《打退黑风》《争夺战》《五一节》《支援前线》《发动》《清明节》等16章。徐迟帮他修改并之作序，仍交中国青年出版社出版。1978年3月，著名诗人徐迟在这部长诗的《后记》里写道："黄声孝同志这部长诗的第二部，写成在1964年秋天。我被这部稿子深深地激动了。中国青年出版社那时已经同意出版它。但因刊物要发表它，延至1966年5月才发表出来。但有删节，情节也作了变动。现在它终于出版了，竟又过了十三个年头。删节了的得到了恢复，大部分情节也已复原。就因为原稿曾经散失，有一个情节还未改回来，就是长江主人受了伤，原稿他并没有受伤。只好等到第三部写成以后，全书再修改一次，那时再改。"

黄声孝1995年去世，徐迟1996年去世，留下了"结对子，一对红"的诗坛佳话；而《站起来了的长江主人》第三部没有写成，亦未能出版，是为憾事。

## 七

琼瑶，原名陈喆，衡阳县渣江镇人。1938年4月20日生于四川成都，1949年随父到台湾，16岁在《晨光》杂志发表短篇小说《云影》，读高中时发表两百多篇文章，高中毕业后不久结婚生子，做主妇的同时开始写作长篇。25岁的生日后几天，长篇小说《窗外》终于完成了。虽有喜悦，更多茫然，二十万字的长篇，哪个刊物会接受呢？如果让它"周游列国"，恐怕邮费也不会是小数目。琼瑶压着稿子，写信给各报副刊，问有没有编辑愿意“过目”，一个星期后，回信纷纷而来，都是“篇幅所限，长篇小说无法容纳”，居然没有人愿意看它一眼。就在这时候，有一天琼瑶回家，发现丈夫庆筠正全神贯注地翻阅《窗外》原稿，琼瑶心中怦然一跳，心想战争又要开始了。谁知，庆筠放下稿子，抬头看着她，严肃地说：“这是一部好小说！你让我嫉妒！如果我再不奋起直追，你会遥遥领先的。”琼瑶松了一口气，真感激庆筠，没有因她写《窗外》而和她吵架，便小心翼翼地问：“这里面写的是我自己，虽然14章以后，都是杜撰，里面还有你的影子，你不会生气吗？”

庆筠看着她，诚挚地说：“每个作家的第一部小说，多半都是自传！你千万不要让这点来困惑你，只要问，你有没有写好它！至于我……”他微笑起来：“如果连这点胸襟和器（气）度都没有，我还配当你的丈夫吗？我还配谈写作吗？”

报纸都拒绝《窗外》，恰逢《皇冠》正在扩版，增加一个栏目叫“每月一书”，可以一次刊登十万或二十万字。琼瑶就把《窗外》寄到《皇冠》去试试。

一个星期后，琼瑶收到了平鑫涛寄来的长信，天马行空，一手草书，但草得太厉害，三个字有两个不认得，连看带猜，琼瑶读出了这几行：“收到《窗外》，连续三个晚上，不眠不休，终于一口气读完，这是本不可多得的佳作！我猜作者本人，必在书中。写得如此真实，令人深深感动，皇冠获得此书，十分荣耀，已决定在七月份《皇冠》上，一次刊出……”

琼瑶捧着信，雀跃不已，这位从未见面的平鑫涛，对她颇有知遇之恩。琼瑶收到的第一封约稿信是他写的，第一部长篇又是他接受的。她还没从兴奋中恢复，平鑫涛的第二封、第三封信又来了，建议她改第一章，让主角先跳出来。琼瑶从命修改，接受他的每一项建议，重改《窗外》。

1963年7月，《窗外》在《皇冠》面世，两个月后，出版单行本。

平鑫涛一版再版地印《窗外》，又一遍又一遍地催她写新的作品。琼瑶看平鑫涛的信，热泪盈眶。“若非一番寒澈骨，那得梅花扑鼻香?”

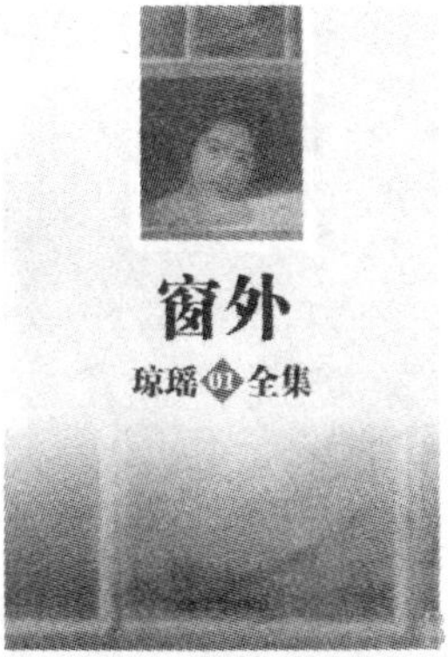

《窗外》在大陆最新版本

而琼瑶的父母，看了《窗外》却勃然大怒，双双写信来责骂琼瑶的小说“出卖”了他们！而丈夫庆筠，先是责怪父母不该，看着她哭肿的眼睛，伸手给她，慷慨地说：“别哭，你还有我！”这让琼瑶好感动，可没有几天，他又彻夜不归了，而回家后不等琼瑶开口，就先发制人地大吼：“不要怪我不回家，也不要怪我去赌钱！都是你，你和你的那本见了鬼的《窗外》！你恨不得向全世界宣布你的真爱，你把我置于何地?你有没有顾全我的自尊?我的感觉?”

1968年平鑫涛与琼瑶

吵闹。冷战。痛苦。离婚。

后来，琼瑶与平鑫涛见面了。

再后来，琼瑶嫁给了平鑫涛。

平鑫涛成了琼瑶的丈夫，也成了她的经纪人。家庭作坊式的皇冠出版公司成了他俩的夫妻店，店前出版，店后写作，琼瑶所有作品均由该公司出品。是平鑫涛造就了琼瑶小说、琼瑶电视剧在汉字文化圈整整风靡四分之一世纪的神话。

# 著书者勤读书

## 一

20 世纪 60 年代初，我上武汉师范学院中文系时，系主任朱祖延先生到埃及讲学去了，系里的教学工作由副主任汤济川先生主持。在贯彻“高教六十条”的时候，汤主任提出了一个口号，即师范院校中文系的学生要学会“一口话，一笔字，三百篇文章”的本领。汤先生是北京大学中文系教授魏建功先生的早年同窗，魏先生 1958 年领着学生编了一本《成语小词典》，一版再版，畅销全国，闻名高校；汤先生在学界没有什么名气，而他的这个口号，深得传统语文教学三昧，言简意赅，也切实可行。

“一口话”，即一口标准的普通话；“一笔字”，即一笔漂亮的“板书”，要练好毛笔字和粉笔字；“三百篇文章”呢，是要学生熟读三百篇古文。他强调朗诵、吟诵、背诵，要求读懂、读通、读熟，串讲无碍。他认为只有这样，才能成为一名合格的中学语文教师。那时，我已购得文学古籍刊行社 1956 年出版的繁体字竖排本《古文观

朱祖延先生晚年仍主编着《中华大典》语言文字卷，2011年12月17日病逝

止》上下册，可这个选本从周文至明文只选取222篇，还得找别的好文章来读才行；好在1962年以后，上海文艺出版社出版了周熙良主编的《外国文学作品选》第一卷，中华书局出版了朱东润先生的《中国历代文学作品选》上编第一、二册、中编第一、二册，王力主编的《古代汉语》上册第一、二分册，中册第一、二分册，郭绍虞主编的《中国历代文论选》上、中、下三册，这些书都被高教部指定为供全国高等院校中文系使用的“统编教材”。我得到这皇皇十二册巨著，如获至宝，对本校七股八杂的自编教材不屑一顾，也打消了上（武汉）市属高校给我带来的自卑感，在国立武汉大学的中文系学生、省管华中师范学院的中文系学生面前，也敢抬起头来面对：虽说我的“武师”没有你们学校的名气大，但所用的教材是一样的；只要读一样的书，我不会比你们差。那时，武师文史楼前悄然竖立起

武汉师范学院中文系1961级学生会成员在校门口合影，前排右为笔者

一个大大的“静”字，学生读书已蔚然成风。

可惜好景不长，毛主席一声令下，“文科学生不参加农村社教，就要出修正主义”，我们响应号召，打起背包就出发，到农村上“阶级斗争的主课”去了。

别了，统编教材；别了，朱东润；别了，王力；别了，郭绍虞；别了“三百篇文章”，永别了，汤先生！

1964年冬，城市四清工作队进驻武汉师范学院中文系，批判汤先生的“一口话，一笔字，三百篇文章”的“修正主义纲领”，清算他的历史旧账，他像王国维一样投湖自杀了。

朱东润先生

1927年6月1日晚，王国维神色黯然地对来访的学生说："闻冯玉祥将入京，张作霖欲率兵总退却，保山海关以东地，北京日内有大变"，第二天吃过早饭他便向人借了五元钱，悄悄雇车进入颐和园，自沉于昆明湖了。有人认为末代皇帝溥仪的"帝王师"、清华大学国学研究院四名导师之一的王国维先生"五十之年，只欠一死。经此世变，义无再辱"，是"殉清"，殉中国文化；那么，37年之后武汉师范学院中文系副主任汤济川先生在四清运动中，投校园附近的沙湖自尽，他是为谁、为什么殉葬呢，难道是为他倡导的并未开出篇目的"三百篇文章"吗？

## 二

1991年，湖北大学举办六十周年校庆，我应邀参加。1984年业已消失的"武汉师范学院"校名，不再提及，当年我们为之骄傲的老校门已被拆除，校园旧貌变新颜，教我们宋词的曾昭珉先生夸为"基础打得好，才能加层"的凹字形的原"米丘林大楼"后改为"文史楼"也将被拆除。旧地重游，物是人非，我颇有感慨地写了篇短文《并非多余的话》，刊于《湖北大学报》的校庆纪念专号上。我说了两层意思，一是不要怕别人看不起，也不要看不起别人；二是中文系是好毕业的，而学中文，是难得毕业的，恐怕一辈子都毕不了业，文字过关就很不容易。

当年的十二册统编教材，随我辗转鄂西北丛山，走到哪里带到哪里，“文革”后又购得上海译文出版社 1979 年出版的周熙良先生主编的《外国文学作品选》第二、三、四卷，上海古籍出版社 1980 年出版的朱东润先生主编的《中国历代文学作品选》下编第一、二册，我觉得只有读了这些书，说是“文革”前的大学中文系本科毕业生才有底气。

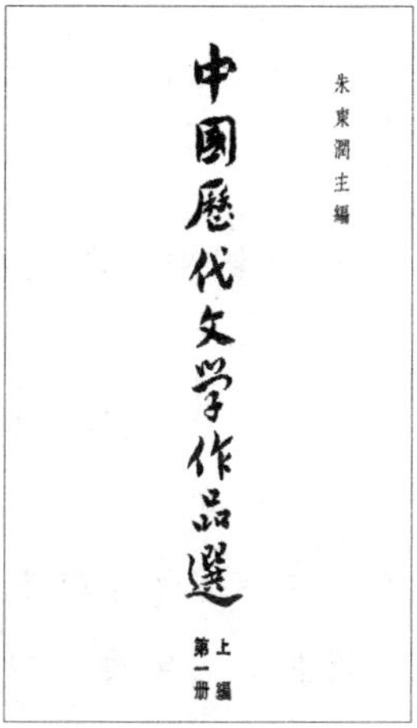


1999 年底，我从《今古传奇》编辑部借调到北京印刷学院出版系任教，2002 年秋天年满六十，回到湖北省文联办了退休手续，心想可以从容读书了，立即在《湖北日报》上发表了一篇短文《从此只做读书人》，算是我的读书宣言。首先是重读当年中文系的统编教材，又涉猎二三十年来我陆续购入的历代文人的文集、选集。探骊得珠，温故知新，有分析，有比较，才有鉴别，我要编一本超过《古文观止》的“中文观止”，编一本比朱东润先生主编的《中国历代文学作品选》的散文选目更精当的“中国历代文章选”。我的旧学不及前两代选家，但我的思想比他们解放，视野比他们开阔，读者对象的定位也与他们不同。《古文观止》是清朝康熙年间为私塾弟子选编的，选目浸透了皇权思想。我这本书是为当今中国作家编的，以继承优秀传统文化为指归，“唯好文章是举”，“上溯二千七百年（从东周春秋时代至二十世纪末），精选文章三百篇”，要编出一本可以与“字典”、“词典”并置于案头的“文典”。

## 三

《历代锦绣文章》卷首的《编例》如下：

上溯二千七百年（从东周的春秋时代到20世纪末），精选文章三百篇，构成一册“最低量简明文言读本”，可供读者检阅中国文化传统，可供写作者琢磨文本，效法典范，提升文章修养，提高写作水准。此书与“字典”、“词典”并列，是可置于案头的“文典”。

一、选取反映历代重要人物、重大事件、重要思想的典籍和篇章，重视表现普通人日常生活和思想感情的作品。

一、文章内容，一曰文学，二曰史学，三曰哲学，兼顾科学和艺术。

一、文章体裁，一为记叙文，二为议论文，三为抒情文，也选几篇说明文和应用文。

一、美文与质文并重，唯好文章是举。

一、以文章为主，兼及文论，文论也是文章。

一、长文与短文相济，最长的超过万字，仅选一篇；最短者不足百字，遴选多篇。

一、以文章产生先后为序，排列中顾及作者出生先后和文章素材发生先后。

一、以篇为单位，有些篇目包括几则，极少篇目有附录。

一、每篇文章之前，对作者或著作予以简介，不超过150字；文章之后，加以题解，抑或赏析，长短不拘，简明扼要。

一、文章之内，间或夹注汉语拼音和异体字，以便诵读。

一、不注字义、词义，一是相信读者水准，增强咀嚼兴味；二可节制篇幅，减轻购买者经济负担。

我为这本书拟的广告词是：读“文章三百”，学汉语表达；用文化宝藏，养民族精神。

## 四

王力先生在书房，1981 年摄

《历代锦绣文章》的读者对象，首先是当今中国作家，是国家级、省级、地县级作家协会会员；其次是记者、编辑、中学语文教师、高校文科师生，以及各级领导干部和他们的秘书；潜在读者是一切从事写作和一切学习汉语写作的人们。

20 世纪 80 年代以来，我国文坛出现过弗洛伊德热、萨特热、马尔克斯热、昆德拉热、乔伊斯热、川端康成热、海德格尔热、大江健三郎热、诺贝尔文学奖获奖作家热，通俗文学界还出现过金庸热和琼瑶热，热的是西方现当代文学，热的是港台文学，备受冷落的却是中国古典文学、五四新文学。80 年代最活跃的“五七”作家、知青作家，有些五四新文学修养，却缺乏古典文学根柢；新世纪最时髦的“八零后”、“九零后”们，却将我国两千多年来的文章传统弃之若弊

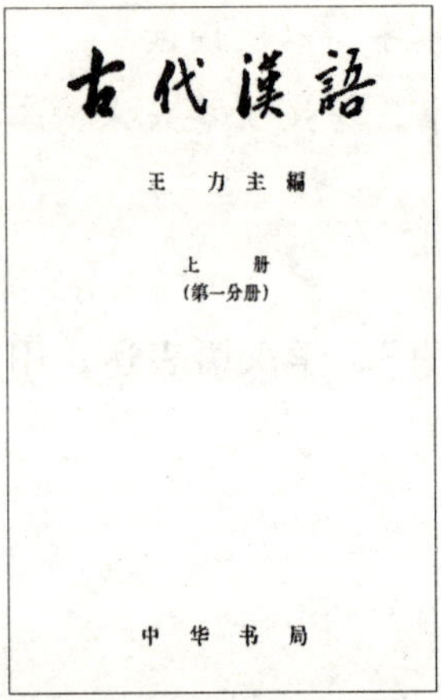


屐，不知中国古典文学、五四新文学为何物。创作不叫创作，而叫制作；作品不叫作品，而叫产品；弄期刊叫“作秀”；著作不叫图书，而叫商品；制作产品、推销商品的自称作家者，像一地鸡毛遍地飞舞。德国汉学家顾彬毫不客气地称当代中国文学“不是文学，是垃圾”（他解释是指“卫慧、棉棉的小说是垃圾”，作家写的电视剧是垃圾），我们的反批评，也显得有气无力，因为拿不出过硬的货色来。后来他又说“中国当代作家普遍古文不好”，而“古文功底差，使得中国当代作家作品的语言失去了传统语言的韵味和力量”。

王蒙1980年代倡导“作家学者化”，似唱高调，如今一些作家只顾敲键盘，连书都懒得读了，还做学问吗？学者化是不可能的，不如提“作品文章化”来得实际，你写的得是文章，才能出手。

文章，自古有之，它的原义是错杂的花纹，如同纹饰，能给人以美感；文章的本义就是“文字”，现在仍有人称文章为“一篇文字”，称好文章为“一篇好文字”。文章，又指“文辞、文采”，“文采风流”是也。一般来说，文章是可以独立成篇的文字。我国古代只有诗文之分，即韵文和散文；现代的小说，也是散文，而新诗则是分行排列的散文。王国维在《元曲之文章》中说：“元曲之佳处何在？一言以蔽之，曰：自然而已矣。”，“摹写其胸中之感想，与时代之情状，而真挚之理，与秀杰之气，时流露于其间”。他进一步又说：

“然元剧最佳之处，不在其思想结构，而在其文章。其文章之妙，亦一言以蔽之，曰：有意境而已矣。何以谓之有意境？曰：写情则沁人心脾，写景则在人耳目，述事则如其口出是也。”

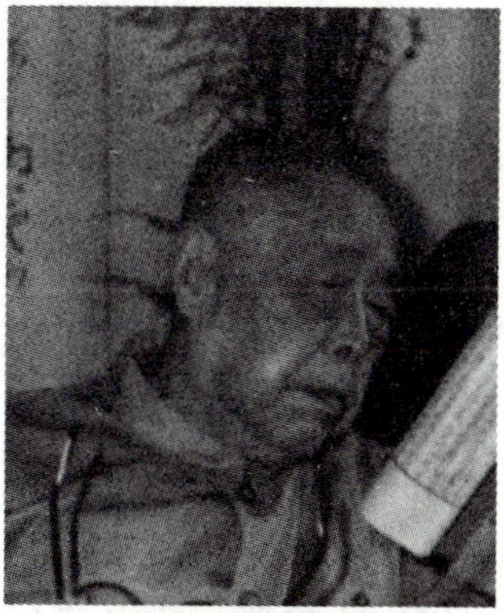

郭绍虞先生在读书

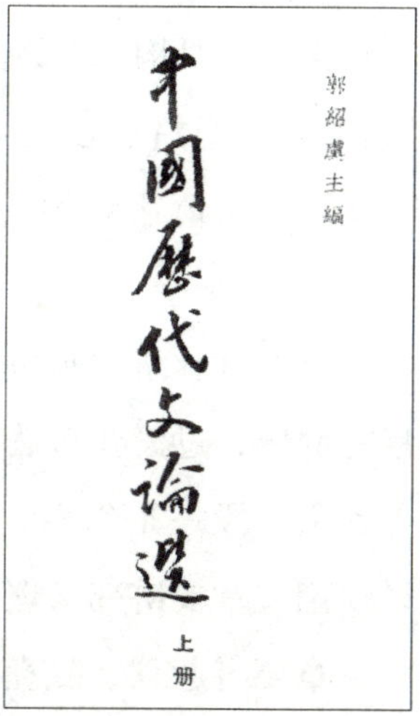


鲁迅先生 1930 年春天在《对于左翼作家联盟的意见》的演讲中，开宗明义就奉劝作家不要“关在玻璃窗内做文章”，又说“做文章的总同是这几个人”，“我们应当造出大群的新的战士”，可见他认为的创作，就是做文章；他把创作一篇小说叫“做”了一篇小说，也就是做了一篇可称之为小说的文章；叶圣陶先生 1957 年春天在全国青年创作者代表大会上说自己是“写写文章的人”，与会的青年创作者陆文夫一听见就记在心里了，2000 年陆文夫又写文章考证，“英文里一般地称作家为 Writet，英文 Write 是写、写文章等等，Writer 当然就是写写文章的人了。如果真是这样的话，叶老在将近五十年前已经与‘国际接轨’了”。“死者已矣”，此时的中国作家协会副主席陆文夫奉劝“活着的人”“心里要明白：所谓作家者，一般地讲都是些写写文章的人”。

## 五

我认为，文章的最佳释义，应是“有章法的文字”。凡成篇的文字就得讲究章法。这章法，不是鲁迅所厌恶、所斥责的“文章做法”、“小说做法”之类的技术或伎俩，并非干巴巴的教条，而是文章应有的内在品格。

文章应具有怎样的品格，或者说，写文章应当有怎样的修养呢?我以为，不外乎以下几点:

一篇文章，应有它的主旨。即究竟要表达什么，作者应该心中有数，心里有底，也就是李笠翁讲编剧的“立主脑”。

写文章，要构思，讲究谋篇布局，作者须惨淡经营，即鲁迅讲的“静观默察，烂熟于心”，然后才能“一挥而就”。

文章是表情达意的，要有实在的内容，不能空洞无物，废话连篇。

文章要有脉络，脉络是文章的肌理，脉络要清晰，层次要清楚，前后有照应，过渡要自然。

作文手段一是叙事，二是抒情，三是议论，有的还有交代和说明。议论文章要讲究义理、辞章和考据。

文章要有起伏，错落有致，有启承转合（并非八股文那样的模式化），做小说要讲究开端、发展、高潮、结局。

文章是由语言文字排列组合而成的，写文章要文从字顺，即老舍先生所称赞的“名著的文字都是清顺的”。

文章要生气灌注，“汁液流转”（汪曾祺语），使之成为一个有机的整体，如老舍先生说的“文艺作品的结构是穿插的有机的，像一个美好的生物似的；思想借着语言的表达力量，贯穿到这活东西的全体。”而不是一具失去生命的僵尸，不是花架子。

文章要创造出一种意境，使读者能进入你的文章境界。

写文章要修改。像鲁迅那样“写完后至少看两遍，竭力将可有可无的字，句，段删去，毫不可惜”，不要贪大求长，不要炫耀一遍过、一遍清。

好文章，应是一件艺术品，文学要成为真正的语言艺术。

作为文学作品的文章，是有思想倾向性的，恩格斯认为其倾向性“愈隐蔽愈好”，他并没有说凡是倾向性鲜明的就一定不好。即使倾向性隐蔽的文学作品，作为文章，也应该讲究章法。

鲁迅认为看作家的手稿，并不能告诉你应该怎样写，但它全部说明不应该那样写。文章总不能词不达意、语无伦次、文理不通、杂乱无章，让人不知所云、不明就里吧。

文章修养，即人的修养、人的文化修养，是靠修炼得来的，是悟出来的。它不是机械制作，它没有固定“程序”，没有“标准件”，也没有“标准答案”，不必遵循什么条条框框，“写什么和怎样写”由自己做主；学写文章不能像学木匠手艺那样可以“三年满师”，它需要毕生的修炼，不可能一蹴而就，熟读这三百篇文章，可以从中悟出中国文章的修养来。

诘难者或曰，我们是用白话文写作，读你提供的这些劳什子文言文干什么？

我编这本书，无意提倡文言文。因为如今提倡文言文，会像五四时大声疾呼“废除文言文”一样劳而无功，像“唐·吉诃德斗风车”那样滑稽可笑，但我坚定地认为，要写好白话文，必须学习文言文。第一位用白话文写新小说的鲁迅先生，古文根柢是扎实牢靠的，在1918 年写《狂人日记》之前，他就能用文言文写出科学著作和文学著作，如《中国地质略论》《中国矿产志》《摩罗诗力说》《科学史教篇》《文化偏志论》等，用白话文写作后，他间或也写文言文，如《〈淑姿的信〉序》（1932 年）《〈北平笺谱〉序》（1933 年），有些书信也是用文言文写的；他的白话文中也充盈着文言气息，所以才那样耐嚼、经读，我们景仰的老舍、叶圣陶、孙犁、汪曾祺这样的前辈作家，和散文写得那样好的香港作家董桥，无不有深厚的古典文学修养；作为散文家的贾平凹，也得益于他喜爱明清小品，深得李卓吾、张潮、郑板桥文章之精髓。

如今的时髦网民剑走偏锋，竟从古文字中挖掘出“囧”、“槑”这些怪异字，赋予完全不同的意义，一时成为网上新宠，不正说明能化腐朽为神奇吗？何况，这三百篇文章不是此等谬种流传，而是中国古典文学的经典之作，是传统文化的主流，是精粹，是菁华，难道我们不能从中学到更多有益有趣的东西吗？

这本书无注释，是赤裸的白文。若注释，篇幅会增加两三倍，定价也会随之增加两三倍，一般读者买不起；更重要地让读者读原文：为了扫除诵读障碍，对容易读错的字注了汉语拼音，给异体字注上了正体字。“五十始著”的大文字学家黄侃（1886—1935 年），对他的学生陆宗达第一次授业，并未开长长的书单，只给了一本成书于一千九百多年前的经典古籍《说文解字》，也只说了一句话："点上标点，点完见我。"收到陆宗达的作业，他只翻了翻，便弃置一边。如此再三。当陆宗达准备再点时，鉴于学生基础已夯实，他方开金口"指点迷津"。可见读经典的最好办法就是"啃"，倘若读者能将此书啃一遍，会大有收益、大见成效的。

学习写作无捷径，写好文章无诀窍，惟有"多看和练习"，熟读这三百篇好文章吧，这是"十全大补"（一切比喻都是蹩脚的，即使补药也可能有副作用）！当代中国文人，补上了这一课，空虚的头脑会充实起来，羸弱的文笔会强健起来，苍白的文章面目会红润起来，生动起来。

古人曰，熟读唐诗三百首，不会吟诗也会吟；那么，熟读这三百篇文章呢？就会明白汉语言文字的规矩和好处，有了理解和运用汉语言文字的能力，会写文章了，就有了著书立说的基础。

著书者需要勤读书。即使著作等身的大作家，如果长期不读书，靠有限的阅读库存吃老本，其思维势必会僵化，语言也势必要落入老套。长此以往，势必会江郎才尽。

著作者要读什么样的书，一般来说是要读经典，读有定评的书，请名家开书单并不是一个好办法，像鲁迅这样的大家也不愿给青年人开书单。美国作家杰奥夫·尼克尔森在《书单里的蛛丝马迹》一文中说："倘使你认为'喜欢'一本书是个颇有点含糊、意义不甚明了的概念，我对此毫无异议。书单是我几年前列的，当时我将头脑中最先闪过的几个标题匆匆记录下来（《万有引力之虹》《长眠不醒》《少踢多刺》和《忧郁的剖析》，如果你非要知道的话)。这些书并非我由着性子、随意挑选出的——它们都是些我认为很了不起的作品——但是对于这一选择，我确也未加深思熟虑，若是换做另一天，我可能会选择四个迥然不同的书名。”也就是说，读你喜欢的书，读你有兴味读下去的书，别太急功近利，也莫要勉强自己、硬着头皮去读某位名家指定的书，那是读不进去的。

# 小众读物和大众摆设

阅读在当代正在变得越来越小众。夏尔·丹齐格认为，“阅读可以被引导（之前）、被阐释（之后），可是，在阅读过程中，则是两者的单独相处，有时候甚至是两者相斗。读者与书籍角斗，为了超越那个激发他阅读的好奇心；读者与自己角斗，为了超越他的不理解。”纳博科夫在《文学讲稿》里说，聪明的读者知道保持和作品的距离，但同时又用脊椎骨去读书。阅读的快感既是理智的，也是感官的。

科技发展锐不可挡，经济危机来势凶猛，纸本书会被互联网被电子书取代吗？它会销声匿迹吗？它会成为收藏品，将进博物馆吗？

我郑重思索后，认为是不会的，不只是近期不会，而是永远不会，那么，永远有多远呢？

我预测，纸本书会发生以下变化：

——纸本书会做得越来越精美；

——纸本书的定价会继续上涨；

——纸本书的印数会逐渐萎缩，很难大幅度地增加；

——纸本书想畅销是越来越难了，不如主动将畅销书让位于电子书；

——纸本书的制作方式、发行方式、销售方式将发生有史以来的最大变革。

过去的新华书店的经营理念是：“为读者找书，为书找读者”，县以下书店强调“送书上门”。现在的新华书店是靠发行教材、教辅过日子，或者混日子。我们走进书店，常常会发现自己想要的书，却没进货，或进了几本已经卖光了，是否可以马上为我弄来一本呢？若提出这个要求，营业员会认为你是外星人，不知道地球上的书市行情。民营的实体书店因不能享有新华书店同等的优惠政策，难以支撑，纷纷倒闭。

西班牙《国家报》2009年4月24日刊发文章，石破天惊，回答了我国书业困惑的问题。文章说，“现在人们可以查阅一份有50万个书目的清单，找到自己喜欢的书，5分钟之后，就能拿到刚刚印刷出来并装订成册的书了。”

自动印书机的出现使快速出版成为可能。自动印书机更像是一台巨大的复印机，被看作是德国人古腾堡发明印刷机以来图书世界里最大的变革！出版的三个环节“编辑—复制—发行”里的“编辑”留在了出版社，出版社完全可以回到20世纪初蔡元培任所长的“编译所”，回到公元前五六世纪孔子时代的“搜索材料，有所删削，分类排序，适当加工”的编辑本义；而将“复制”和“发行”两个环节，交给了千千万万个拥有自动印书机的小书店。这些小书店回到10世纪末北宋开封的民间书肆，前屋开店，后屋造书。出版社面对作者，小书店面对读者。出版社的编辑才像个文人，只与文人打交道，可以穿长衫，抱着水烟袋，洗尽身上的铜臭气，走向温文尔雅；小书店的店员是高科技时代的“手工业者”，做着小生意，赚点小钱，过着衣食无虞的快活日子。这个转变给全社会带来的将是出版繁荣和文化复兴。

历史是螺旋式前进的，好像回到了起点，实际是更高层次上的发展，支持这种发展的是高科技和市场经济。

伦敦布莱克韦尔书店日前展示了这种新的印书机。书店希望到今年夏末能够将书目增加到100万个，这就相当于拥有了总长度达37公里的书架或将50多家书店压缩到一家。书店负责人安德鲁·哈钦斯说：“这将彻底改变图书销售的方式。使独立的小商店和小书店也能同连锁店和亚马逊网站展开真正的竞争了。想到这可能成为本地图书行业重获活力的机会，我很高兴。走进本地的书店，可以获得100万本书的书目，这很有吸引力。”

自动印书机的潜在顾客还有寻找珍贵手稿的学者和想要自己印刷一本作品的小说家。书店将在未来几个月内观察顾客对新机器的反应，以便确定价格和需求量，随后将在英国的60多家分店中安装这种印书机。

目前美国、加拿大和澳大利亚，甚至埃及都已经用上了这种自动印书机，而在英国还是首次出现。布莱克韦尔书店为此支付了13万欧元，但书店认为一年就可以收回成本。

2005年6月24日，《中国图书商报》刊登了我写的《理想的书店》，文章开头我就说理想的书店设在社区，是一个人开设的小书店。潜台词是我对称之为购书中心的摩天大楼十分反感。在文章中，我又说：

“理想的书店要有一台电脑和一个熟练操作电脑的人。你需要什么书，他操作一下电脑便能告诉你，这种书摆在哪个书架的哪一格，你径直就可以去找到它。这台电脑最好能与全市的所有书店乃至书库联网，你要买的书在这家书店没有在那家书店有，你在这家书店付款，那家书店就可以把这种书准确无误地投寄到你手中。

“理想的书店在不久的将来就会拥有一套即时印刷设备，这套设备与全国的出版社联网，你需要哪本书，只要将书名、著作者、出版者的信息输进去，对方就把这种书的电子文本传过来，这台即时印刷设备立马运转起来，不到10分钟，最多半小时，就可付款取书。”

没想到，四年之后，2009年4月24日西班牙《国家报》的报道，证明我的理想已在国外实现了。

我估计，纸本书的编辑出版会向以下方向发展：

——向专业化发展，出版各专业、各行业的高、精、尖、深、新的著作；

——逐步放弃与电子书争夺大众读物市场，专出小众图书，印数三五千册则可，三五百册的书也出，按著作成本、编辑成本、印制成本定价；

——向个性化发展，按照著作者意愿出书，自费出书将普遍实行；

——向工艺品发展，向手工制作发展，会出现编辑出版DIY作坊；

——向礼品书发展，送自费出版的书给亲戚朋友，将成为最高贵的礼物；

——向收藏品发展，读者只会购难买值得收藏的书，而一次性读物将由网络、手机和电子书传播。

——博物馆会收藏纸本书，而附庸风雅的五行八作、各色人等也会购买纸本书摆在自家的博古架上，装点高贵。

有论者认为："传统"与"新兴"的分歧，无非在于电子数码媒体的强势。不过与几年前很多人担心"纸质媒体快死了"不一样，新媒体与传统平台之间未必是你死我活的关系。传统媒体从最初的抗拒，到平静接受事实，接着出于求生本能，懂得要与新兴媒体"合作"，把纸媒生产、电子书、光盘出版等等都融为了一体。

我估计，电子书和纸本书也会互动，好的电子书会出纸质本，受欢迎的纸本书会传到电子阅读器。出版社、期刊社和工作室成为内容供应商。

这本书名为《纸本书挽歌》是否不吉利？不讨纸本书的编辑出版者喜欢？读完这本书，你会喜欢的。

挽歌，是古人送葬时所唱的歌，民间叫哭丧。

从东汉开始，士林名流却耽爱挽歌，不仅送葬的时候唱，饮宴游乐的时候也唱。李泽厚先生认为他们"经常把只有面临死亡才最大地发现的存在意义很好地展露了出来。"我写这本书，是在纸本书面临电子书的挑战和挤兑，生存出现危机之时，将纸本书的存在意义比较充分地展露出来了，就像古代士林饮宴游乐时唱的挽歌一样，感叹纸本书的前世和今生、业绩和荣耀，不是诅咒它早日消亡，而是祝愿它健康长寿。

商务印书馆总经理于殿利认为，出版物更多地是满足人的精神需求，精神需求包括审美需求和思想需求。而思想需求是人的最高需求，传授思想你可以影响别人，吸收思想是让别人影响你。重大出版项目立项和运作的根本动力，源于企业战略和文化担当精神。国家出版基金支持的重大项目，最后要做到四个字——不辱使命。不辱使命，就要叩问项目是否有意义，有意义就是有需求，只不过是需求面广和窄的问题了，但它的价值会得到相应的认可，市场价值也会发挥出来。

有意义的出版是为思想忙活。出版人生存的依据就是要有文化的担当，明白自己是文化的传播者和建设者。如果很好的完成了自己的社会角色，社会自然会回报你，你也就能获得经济上的回报，如果没有完成自己的社会角色，就不会得到相应的回报。

关键在于纸本书的编辑出版者不要泄气，而要争气。迎难而上，精益求精，将纸本书做得好上加好，尽可能多地占领市场，以便活得更滋润。

大难不死，必有后福！

# 青少年：你想著书立说吗？

## 一

若问当今青少年，你试图著书立说，还是甘心不学无术，这全在于你自己。

青少年问，别人是怎样著书立说的呢？

1991年，深圳的高一学生郁秀避开父母，放学后偷偷躲在自己的房间里，在作业簿上写起小说来。

郁秀的照片

郁秀那年16岁，到19岁时修改完毕。当她拿着26本作业簿的小说稿准备坐车去找出版社的编辑时，父母才知道这是她两三年来的“地下工作”的成果。1996年10月，郁秀的长篇小说《花季·雨季》由深圳的海天出版社出版。当年11月在深圳举办的全国书市上，这本书一举荣登销售金榜，被誉为

90 年代的《青春之歌》，共印刷 23 次，销售一百多万册，加上近 20 种盗版本，发行数高达三百万册，令出版界目瞪口呆：青少年写作大有可为！

海天出版社《花季·雨季》初版本封面

上海的中学生韩寒，自幼嗜好文学创作，初二时就开始在《少年文艺》上发表小说。1998 年中考时，他因长跑的特长以低于重点录取分数线 14 分的成绩被上海市重点中学松江二中录取。不到一年，韩寒又在全国中学生首届新概念作文大赛中荣获一等奖，题目是《杯中窥人》，这是由上海《萌芽》杂志社与北京大学等七所高校联合举办的高水平作文大赛。第二年，他又凭《穿着棉袄洗澡》一文获得第二届新概念作文大赛二等奖。

韩寒照片

为此，韩寒引起了作家出版社编辑袁敏的注意。袁敏是编辑《新概念作文大赛获奖作品选》一书而知道韩寒的。这时韩寒的一部小说稿《三重门》在上海一家出版社已搁置了九个月，一审、二审都被毙了，编辑认为他的小说稿“少了些积极向上的东西，多了点阴暗和晦涩”。袁敏得知这一消息后，专程飞到上海与韩寒见面。“韩寒的文笔老辣、深刻，有幽默感，可他本人却是个清秀、内向、腼腆的男孩”，这是袁敏见到韩寒的第一印象，可等韩寒一张口，袁敏就认定，这是个特立独行的孩子。为了既保留书稿的原有锋芒，又要能通过终审，袁敏除劝说韩寒进行修改，还搬来曾获国家图书奖、冰心文学奖等大奖并对韩寒颇为欣赏的北京大学文学院教授、著名作家曹文轩为其作序。2000 年 6 月，韩寒的 21 万字长篇小说《三重门》由作家出版社出版，引起巨大轰动，行销 23 万册。

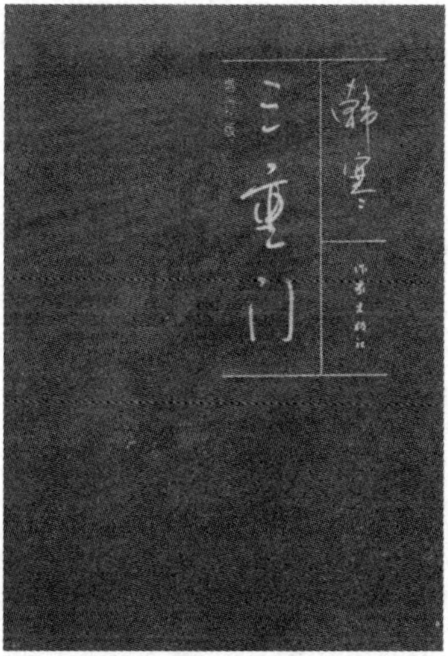

作家出版社 2004 年出版的《三重门》（增订版）封面

《三重门》书稿校样出来后，韩寒就从松江二中退学了。韩寒仅凭《三重门》一书就赚了约两百万元，在北京买了车买了房。十二年后，2012 年 4 月 1 日韩寒手稿集《光明与磊落》正式出版。该书包括韩寒的《三重门》全版手稿、未采用手稿片段、同期相关创作杂谈。出版人路金波称，此书限量发行 30 万册，定价 10 元，作者不拿版税。出版方的印刷、物流成本超过定价。

《光明与磊落》书影

## 二

青少年著书立说者，大有人在。

1998 年上海《萌芽》杂志发起“新概念”作文征文活动，1999 年该杂志与北京大学等著名高校联合举办“新概念”作文大赛，得到全国中学生的热烈响应。

所谓“新概念”作文，其主旨为“新思维”、“新表达”、“真情感”，突破学校作文教育的模式，鼓励学生发挥想像力和抒发情感。通过连年“新概念”作文大赛，推动了中学生的课外写作热潮，涌现出韩寒、郭敬明、周嘉宁、张悦然等文坛新星，被文坛称为“80 后”作家群。

韩寒，17 岁写作出版《三重门》引起轰动，又陆续写作出版了《零下一度》《像少年啦飞驰》《七色窗》《毒》《2003 通稿》《长安乱》《一座城池》《就这么飘来飘去》《纸上的青春》《光荣日》《他的国》等书。

郭敬明，接连写作出版了《爱与痛的边缘》《幻城》《梦里花落知多少》《右手倒影左手年华》《1995—2005 夏至未至》《太极》《悲伤逆流成河》；2006 年起主编《最小说》期刊，又出版《小时代》等书。

周嘉宁，写作出版了《流浪歌手的情人》《陶城里的武士四四》《女妖的眼睛》《夏天在倒塌》《往南方岁月去》《杜撰记》《撒谎精的时光宝盒》《最后一次忘记你》《天空晴朗》等书。

张悦然，写作出版了《葵花丢失在 1890》《樱桃之远》《红鞋》

小说集《十爱》《是你来检阅我的忧伤了吗?》《水仙已乘鲤鱼去》《誓岛》等书，又主编《鲤》杂志。

易术，写作出版《瓶子碎了》《陶瓷娃娃》《孔雀》《再见萤火虫》《蝴蝶飞不过沧海》《我丢了我的小男孩》《字母的童话》等书。

叶枝，写作出版了《好孩子坏孩子》《沼泽天使》《岸边葭》《爱在第五季》等书。

许佳，写作出版了《我爱阳光》《我的魔法时刻》《青春雨》《最有意义的生活》《租条船漫游江南》《去年爱上L》等。

胡坚，写作出版了《四个很多年》《李白》《司机》《残窗》《岳飞传结局篇》《杨家将一》《杨家将二》《杨家将三》等书。

春树，写作出版了《北京娃娃》《长达半天的快乐》《抬头望见北斗星》等书。

蔡小飞，写作出版了《是谁出卖了文学市场》《记得》《留给明天》《片断》等书。

蒋方舟，九岁时出版《打开天窗》，陆续又出版《正在发育》《青春前期》《邪童正史》《骑彩虹者》《都往我这儿看》《第一女生》等书，破格录取清华大学后，又出版了《谣言的特点》一书。

边金阳读小学时，就写作出版了《时光魔琴》《秦人部落》《头重脚轻》三部魔幻小说，后来又出版《时空小子高吉拉》《蓝宝空间》和《鼻尖王国》等书。

2004年3月，13岁的北京少年吴子尤因为患纵膈恶性肿瘤而住进医院，经历“一次手术两次胸穿、三次骨穿、四次化疗、五次转院、六次病危……”挣扎在生死边缘的子尤却毫无惧怕，在博客里，

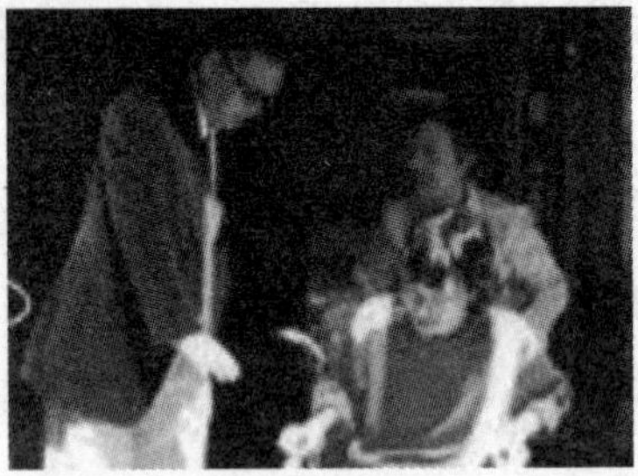

李敖探望子尤时

写出一篇篇震撼心灵的生死之情。

2005 年 9 月 21 日，中国台湾作家李敖到北京，到医院去探望病中 15 岁的少年子尤。

少年儿童出版社出版的《谁的青春有我狂》，收录了子尤从 8 岁到 15 岁写的 50 多篇文章。

子尤在赠书的扉页上给李敖写了四句话：

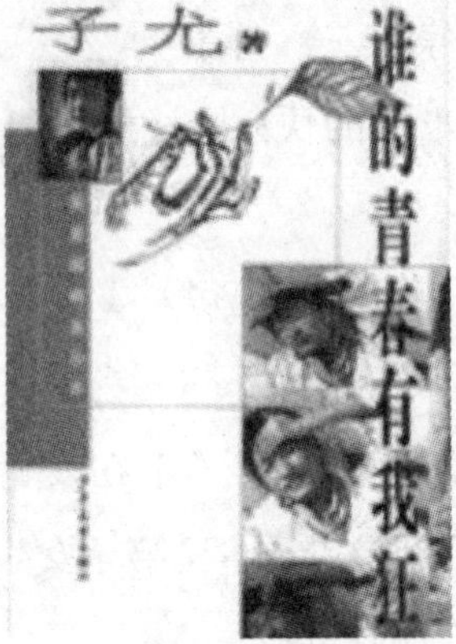


子尤回赠李敖一本自己的才出版的书《谁的青春有我狂》。

你也曾青春似我，
我也会快意如你；
谁敢喊：虽千万人，吾往矣；
谁又将两亿年握在手里。

9 月 21 日（构思于 9 月 19 日下午，其时你在天上。）

子尤于 2005 年

这是一段佳话，也是一曲悲歌。

这些新作家有些共同特点：

一是都是在校的高中生、初中生，乃至小学生，是 1980 年以后乃至 1990 年以后出生的。他们年龄虽小，胆子却大，思想活跃，视野开阔，对应试教育具有叛逆精神，有很高的写作热情。

二是都有出版社在暗中运作，并以“神童”“天才”公开鼓吹，开展宣传攻势，造成畅销效果，动辄发行几十万册上百万册。

三是有家长在背后支持。有的家长在子女成名后，也趁势写书出名。

四是有的高校免试录取他们入学，有的作家、评论家为他们摇旗呐喊，有些省市作家协会网络他们成立少年作家协会、小作家协会，后来中国作家协会又吸收他们之中的几位为会员，使他们笼罩在耀眼的光环之内。

五是有不在少数的中学生、小学生跟着他们跑，希望走上他们那样迅速名利双收的道路。

但是，也有人批评这种写作低龄化倾向，指出其危害；有人对出版界、文学界拔苗助长的现象提出非议；更有人对此不屑一顾，有的还泼冷水。然而，出版界受利益驱动，还在不断地发掘、包装少年写手，一旦捧出明星，他们的书就会带来滚滚财源。

## 三

著书立说的路径和方法有多种多样，“条条大路通罗马”。

这些年轻作家的书稿多是文学创作，也有抄袭；大多是小说稿，少有散文稿，学术著作几乎没有。

他们毕竟读书少，阅历浅，底子薄，基础差，只是宣泄性写作、情绪性表达，比较缺乏理性精神，大多不知学术为何物，更不知怎样研究学术。著作方式比较单一。

书稿的著作方式，不外两个类型，一个类型是原创作品，另一个类型是衍生作品（也有人称为演绎作品）。

原创作品，是创造之作，是由著作者创造出来的、此前不曾有过的作品，是著作权单一的纯粹的作品。

创作，是由个体独立完成的具有创造性的脑力劳动的成果，它是客观世界的反映，是著作者思想感情的表达。如作家写的小说、诗歌、散文等文学作品，剧作家写的剧本（包括戏曲、话剧、电影电视剧剧本），作曲家写的器乐、声乐作品曲谱，美术家的非临摹美术作品，书法家的非临摹书法作品，学问家的学术著作等等。这些作品，是原创的全新作品，它可以对此前已有作品有所借鉴、有所引用（凡引用皆注明出处），但决不模仿，绝无抄袭，无剽窃，无雷同，无重复，既不能重复别人，也不能重复自己。这种作品的著作者拥有全部的不可侵犯的著作权，成书后的署名就是著作者本人的姓名、别名或笔名。文学艺术的原创作品由两人或多人“集体创作”，是不可思议的，它的起始和终止必定只有一个作者，也只能由一人完成。分章节的学术著作原创作品可以由二人或多人合作，但其框架、体例必定由一人决定，最后由一人统稿。

衍生作品，是由此前已有的作品演变、演绎、演化而产生的作品，作为一个整体，它也是此前尚未有过的新作品。但它是与此前已有作品相关联的作品，不能侵犯此前已有作品的著作权。

衍生作品是多种多样的，情况比较复杂，需要分类剖析。

一是翻译。通称译著。译著是将此前已有作品翻译成另外一种文字作品，比如将英文作品翻译成中文作品，将中文作品翻译成日文作品，将汉语作品翻译成藏文作品，将维吾尔文作品翻译成汉语作品，将古代汉语作品翻译成现代汉语作品，即文言变白话。翻译，要忠实于原作，在内容上不能改变更不能歪曲原文。所谓“信、达、雅”，“信”是第一位的、最重要的。“达”和“雅”只能助“信”，不能伤“信”；倘若伤“信”，宁可不“达”不“雅”。翻译，有全译、摘译、辑译。译著成书后，著作者署名为“某某某著，某某某译”。

二是改编。是在此前已有作品的基础上加以改编，成为一部新的形式或新的样式的作品，比如将小说改编成电影、电视、戏曲、曲艺的脚本，将戏曲剧本改编成连环画脚本并绘成连环画，将二胡曲谱改编成交响乐曲谱等等。成书后，著作者署名为“原著/某某某，改编/某某某”或“根据某某所著某某作品改编”。

［俄］托尔斯泰著，草婴译，上海译文出版社《复活》1983 年 11 月版封面

三是缩写。将篇幅长的作品压缩成篇幅短的作品。如将 100 万字的《红楼梦》删削成 30 万字的《红楼梦》节本，将 30 万字的长篇小说缩写成 5 千字的故事梗概。成书（或刊登于报刊）后，著作者署名为“某某某/原著，某某某/缩写”。

四是校订。校订有三种情况，一是将不同版本的古籍加以对照，查考其异同，改正在流传过程中发生的错讹、缺漏、增衍、颠倒，成为比此前所有版本更为完善的同一著作的新版本；二是将此前的译著对照原著，纠正其错译、漏译之处，并对其中翻译不准确、不雅致的文字进行加工润饰，使之成为比原译著更为完善的译著；三是校正尚未出版的原稿内容并核对原稿引文以供出版。校订著作成书后，著作者署名为“原著/某某某，校订/某某某”或“某某某某（著作名）某某某（校订者）校订本”。

五是注释。对此前已有书籍原文的背景、内容、人物、事件、词汇、引文加以解释、说明、评论，使之成为方便大众阅读的新著作。注释，既有注字、诠词、解句、释义、辨析，也有数典、校勘、征事、考证、谈艺。注释方式有文中注（夹注），段落注，节后注，章后注，篇后注，书后注。原文加注释合成一本新著，成书后，著作者署名为“某某某著，某某某注”。

六是赏析或讲评。是将“谈艺”从注释中独立出来的一种著作方式。对此前已有的优秀作品进行赏析或讲评，将赏析或讲评文字附在原文之后，合成一部新著作。成书后署名为“某某某/原著，某某某/赏析”或“某某某/原著，某某某/讲评”。

七是编辑。编辑作为一种著作方式，是将此前已有的多种作品之全部或部分，按一定方式编排成一部新的著作。编辑者要搜集并尽可能充分占有此前已有的相关作品或材料，要有较高的鉴赏能力，能把有价值的作品或材料挑选出来，按一定的方式组构（分类、排序），并加以完善。成书后的署名为“某某某编”或“某某某选编”、“某某某主编”。

八是编著。编著，既有编的成分，又有著的成分。有的将编的部分和著的部分区别开来，让读者一目了然；有的将编的成分和著的成分杂糅在一起，使之浑然一体，阅读时难以区分；有的是根据已有的观点、知识、材料，用自己的语言写成书稿，作为普及读物、教科书和教学辅导读物出版。编著者也有自己的构思，有自己的表达方式，并非完全抄录此前已有的作品，也不注明观点和材料的来源，有的只在书末罗列参考文献。编著，又叫编撰、编写。成书后署名为“某某某编著”或“某某某编撰”、“某某某编写”。

九是编纂。“纂”有著作的含义，但更多地利用此前已有的文化成果和文献资料，按照一定方针、体例和要求，编成大型的书籍，如丛书、类书、工具书或百科全书。编纂大型书籍的工作量很大，一个人难以完成，一般由一个组织严密的编纂机构来完成。这种机构有的是政府或社会团体设置的，有的由出版单位自行设置。成书后，著作者署名为“某某机构编纂”或“某某某总编纂”。由出版机构组织编纂的，则只署出版者名，不署著作者名，在《出版说明》中罗列参与编纂人员的姓名。

需要说明的是，以编辑、编著、编纂方式完成的书稿，被出版单位接受后，仍然要进入审稿、编辑过程，责任编辑仍然要对书稿进行加工整理，达到出版标准后才能出版。这一点往往为著作者和读者所不理解，然而的确如此。

以上几种衍生作品的著作方式，也可交叉使用成为一种新的著作方式，如“翻译”加“编辑”成为“编译”，“选编”加“注释”成为“选注”，“校订”加“注释”成为“校注”，“选编”加“讲评”成为“选讲”等等。

原创作品，可以说是“无中生有”。世上本无这种书，著作者无所依托，无所凭借，“凭空”写出来的一种书。衍生作品，可以说是“有中生无”。这个“有”，是有所依托，有所凭借，即利用此前已有的种种书籍或材料；这个“无”，是按照著作者的思路，演变、演

《古代汉语词典》商务印书馆 1998 年 12 月初版封面，版权页署名“《古代汉语词》编写组编”。

绎、演化出“此前尚无”的一种新书。

书籍的封面、书脊、内封、版权页上的署名，既要署明著作者，也要署明著作方式，不然，读者就难以分清是原创作品，还是衍生作品。有的书籍明明是衍生作品，出版者故意在封面、书脊、内封、版权页上只署著作者的姓名，不署明著作方式，以衍生作品冒充原创作品，这是对读者的欺骗。原创作品有如绿色食品，衍生作品有如转基因食品，国家规定转基因食品的商标上要有转基因标志，衍生作品的

［清］和邦额著，王毅、盛瑞裕校注，中州古籍出版社《夜谭随录》1993年11月版封面

书籍，也要署明是其著作方式。

衍生作品虽不是原创作品，但也有一定的创造性，其书稿质量，并不一定就比原创作品差。但现在出版界的状况是：原创作品不那么多，衍生作品却太多太滥；责任编辑对原创作品的加工不够，对衍生作品的把关不严；出版选题的策划，对原创作品的策划不到位，对衍生作品的策划却过了头。销量大的衍生作品的稿酬大大超过原创作品（尤其是学术著作）的稿酬。这种状况令人担忧，它对于文化的创

造、积累和传承，有着不可低估的负面作用。

更为严重的是“重复出版”现象，多半发生在衍生作品上，尤其是编写的教材教辅书籍，品种多，销量大，是许多出版社炒来炒去的一碗现饭。都炒的是那碗现饭，无非是用的油盐作料稍有差别，你叫这个书名，我另起一个书名，一个比一个响亮，一个比一个逞强，你称“王”，我称“霸”，争着抢着去掏学生家长的腰包。

## 四

著书立说，是有法律依据的合法行为，是公民的权利。

《中华人民共和国宪法》第二章公民的基本权利和义务

第三十三条　凡具有中华人民共和国国籍的人都是中华人民共和国公民。

中华人民共和国公民在法律面前一律平等。

国家尊重和保障人权。

任何公民享有宪法和法律规定的权利，同时必须履行宪法和法律规定的义务。

第三十五条　中华人民共和国公民有言论、出版、集会、结社、游行、示威的自由。

第四十条　中华人民共和国公民的通信自由和通信秘密受法律的保护。除因国家安全或者追查刑事犯罪的需要，由公安机关或者检察机关依照法律规定的程序对通信进行检查外，任何组织或者个人不得以任何理由侵犯公民的通信自由和通信秘密。

第四十六条　中华人民共和国公民有受教育的权利和义务。

国家培养青年、少年、儿童在品德、智力、体质等方面全面发展。

第四十七条　中华人民共和国公民有进行科学研究、文学艺术创作和其他文化活动的自由。国家对于从事教育、科学、技术、文学、艺术和其他文化事业的公民的有益于人民的创造性工作，给以鼓励和帮助。

第五十一条　中华人民共和国公民在行使自由和权利的时候，不得损害国家的、社会的、集体的利益和其他公民的合法的自由和权利。

第五十六条　中华人民共和国公民有依照法律纳税的义务。

援引以上条文，是说明著书立说是中华人民共和国公民的权利，但不少公民没有意识到自己拥有这种权利、放弃这种权利，或没有能力实现自己的权利。

著书立说写作出版，是公民有进行科学研究、文学艺术创作和其他文化活动的自由，是公民有言论、出版的自由；向出版社、报刊社投稿不受检查，是公民的通信自由和通信秘密受法律的保护；在校学生，不能因写稿出书而影响学业，而偏科，是公民有受教育的权利和义务，而国家要培养青年、少年、儿童在品德、智力、体质等方面全面发展；不能剽窃，是公民在行使自由和权利的时候，不得损害国家的、社会的、集体的利益和其他公民的合法的自由和权利；出版了著作得了稿费要交税，是公民有依照法律纳税的义务。

写到这里，我从报上看到一则消息：

记者从湖北省琴断口监狱证实，在该监狱服刑的原湖北天门市委书记张二江因为在狱中写书等原因，两次获得减刑，分别减去刑期一年和两年半。

记者从湖北省琴断口监狱教育科了解到，张二江第一次减刑是2005年11月，减刑一年，原因是他在狱中改造积极；2007年6月，张二江第二次获得减刑，原因是"有重大立功表现"，减刑时间为两年六个月，这也使他成为琴断口监狱迄今为止获得一次性减刑时间最长的犯人。

张二江的"重大立功表现"，属于规定类别中的"发明创造或者重大技术革新的"，具体表现是他在服刑期间撰写了四本书，它们是《〈风〉类诗新解》《〈雅颂〉类诗新解》《白话兵经——孙子兵法译注》《白话兵经——尚书译注》，分别由湖南人民出版社、陕西人民出版社公开出版发行。其中，他以笔名"元江"所著的《白话兵经——孙子兵法译注》一书，被军事科学院孙子兵法研究会评价为"对准确理解孙子兵法做出了可贵的贡献"。

张二江的这四本书在网上书店均有售，售价从13.5元到45元不等，在某网上书店上，编辑标注的该书适合人群为文学爱好者和军事研究者，编辑给《〈雅颂〉类诗新解》的评语是："它是《诗经》研究和译介类书籍中一部最新、也是最好的书……"

减刑由罪犯所在监区集体研究，提出意见，呈报名单在罪犯中公示，经监狱主管部门审核，监狱长批准后，由监狱提出书面建议，提请人民法院依法裁定，人民法院应当组成合议庭进行审理，对确有悔改或者立功事实的，裁定予以减刑。非经法定程序不得减刑。琴断口监狱教育科有关人士表示，给张二江减刑按照严格的法律程序执行，是经过法院裁定的。在认定他写的这四本书的价值过程中，有关方面还专门请了武汉大学和其他一些大学的专家组成评定委员会，并最终肯定了这些书的价值。

根据我国法律规定，在中国监狱中的服刑人员，如果没有被剥夺政治权利，除不享有人身自由外，其他权利都和正常人一样享有，包括著书立说。司法行刑机关正确处理好惩罚与教育感化的关系，鼓励罪犯发挥自己的聪明才智，为社会多作贡献。这体现了当今社会政治和民主的进步，也体现了社会主义法制的完善和基本人权的保障。

张二江能在监狱中著书立说，得以出版，并被减刑的关键是，判决时他的政治权利没有被剥夺，除了不享有人身自由外，其他权利与别的公民一样享有。

没有剥夺政治权利的在押罪犯尚有写作、出版的自由，我们身为自由公民为何要放弃自己的权利呢？

## 五

我也要著书立说，那著什么样的书，立什么样的说呢？请记住以《巴黎圣母院》《悲惨世界》《九三年》等作品闻名全球的法国大作家雨果 1878 年 6 月 17 日在《国际文学代表大会致词》中说的话：“书籍作为书籍，属于作者，但作为思想，书籍属于——这个词并不是太泛了——人类。每个人的智慧都有这种权利，如果作家的权利和人类精神的权利这两种权利当中的一种，应该作出牺牲，那么就应该是作家的权利，因为公众的利益是我们唯一关注的所在，我宣布，大众应该放在我们前面。”

法国作家维克多·雨果（1802—1885年）肖像

雨果的这段话说明作家要有神圣的历史责任感和自觉的奉献精神。雨果的人文品格焕发出耀眼的光芒，这种具有的榜样力量的光芒已经闪耀一百多年了，然而有的著作者却躲在雨果的光芒之外，缺乏历史责任感和自觉的奉献精神，他们生产着文字垃圾，却以此谋利。

雨果在上，让我们记住他的三段话吧：

世界上最宽阔的是海洋，比海洋更宽阔的是天空，比天空更宽阔的是人的胸怀。

未来将属于两种人：思想的人和劳动的人，实际上，这两种人是一种人，因为思想也是劳动。

在绝对正确的革命之上还有一个绝对正确的人道主义。

# 老年人：编辑出版 DIY

## 一

DIY 是英文 Do It Yourself 的缩写，又译为“自己动手做”。编辑出版 DIY，就是希望当今的老年人自己动手做书。

老年人写的回忆录、自传、家庭相册、家史，续编的族谱，将在报刊上发表短篇作品编成的集子、想把网络博客上发表的文章印成纸本书，乃至被拒绝公开出版的文学著作、人文著作、理论著作，完全可以自己印制一本书，这就需要自己来做了。

## 二

如果由出版社正式出版，以下的事情就由责任编辑去做，不用你操心，你等着看样书就是了。然而，一介平民想公开出版一本书是十分困难的，现阶段几乎是不可能的。你要是名人，比如说你是央视的著名主持人，你的书稿，出版社是乐于出版的，还没动笔，一些出版人就蜂拥而上，争着抢着要出你的书，因为出名人的书，发行量大，出版社的经济效益可观。这种现象，与我们读者的素质也大有关系，崇拜名人，追逐明星，似乎他们放个屁都是香的，赶紧做深呼，惟恐不及，生怕遗漏。而平民写了书稿，没有出版社为你出版，怎么办？只好自己印制。

正式出版物上面有书号，你到新华书店去翻任何一种书都可以找到该书的书号，书号都印在版权页上，如人民出版社出版的《出版管理条例》一书，虽是薄薄的半个印张只16页的小册子，内容是国家法令，仍然有书号的，它的书号是“ISBN 7-01-002574-6/D. 701”，每个书号在全世界是独一无二的，不能盗用。这书号是怎样确定的呢？一个中国标准书号是由一个国际标准书号和一个图书分类的种次号两部分组成的。将ISBN 7-01-002574-6/D. 701”拆开来看：ISBN（国际书号）7（中国组号）-01（人民出版社社号）-002574（书序号）-6（校检码）/D（图书分类号）. 701（种次号）。除校检码用一位固定的数字外，其余三段的长度可变，但这三段长度的位数之和，必须是9，再加上校检码的一位，使ISBN的长度的位数等于10。谓予不信，可拿别的书的书号算算看。

而我们印的书稿没有书号，就不能公开发行。你若拿到市面上去卖，会被没收的，甚至还会处以罚款。我们的书稿印数很少，是分送给我们的同事、亲戚、朋友，就不叫发行。我们印制的书稿，虽说也是一本书，但不算正式出版物，只能叫做内部资料，现在国家图书馆和各级图书馆也收藏这种内部资料，可以寄给他们收藏。

我们印制自己的书稿，也是有法律根据的。我国宪法规定公民有出版自由，境内现有近六百家出版社都是“官办”的，它们以“国家出版权力受托人”的身份出现，借助出版权力的垄断而大量出书。我国至今尚无《出版法》，国务院 1997 年 1 月 2 日发布自 1997 年 2 月 1 日起施行的《出版管理条例》第五条规定：

“公民依法行使出版自由的权利，各级人民政府应当予以保障。

公民在行使出版自由的权利的时候，必须遵守宪法和法律，不得反对宪法规定的基本原则，不得损害国家的、社会的、集体的利益和其他公民的合法的自由和权利。”

《出版管理条例》第二十五条还规定：

“任何出版物不得含有下列内容：

反对宪法规定的基本原则的；

危害国家的统一、主权和领土完整的；

危害国家的安全、荣誉和利益的；

煽动民族分裂，侵害少族民族风俗习惯，破坏民族团结的；

泄露国家机密的；

宣扬淫秽、迷信或者渲染暴力，危害社会公德和民族优秀文化传统的；

侮辱或者诽谤他人的；

法律、法规规定禁止的其他内容的。”

以上八条，出版业内称为“八不准”。

虽说我们印制的书稿不是正式出版物，但作为公民，在书稿的写作中也要遵守法定的“八不准”，以免给自己带来不必要的麻烦；但也不能因担心违犯“八不准”，而放弃行使出版自由的权利。

有自由就有限制，这是一个问题的两个方面，是辩证的统一。争取自由，又接受限制，才是正确的态度。

## 三

我们的书稿要编辑，但自己不能给自己当编辑，这就像外科医生不能为自己开刀做手术一样，无法下手，下不得手，若请出版机构的在职编辑当编辑，那是不可能的，只有请非在职编辑而又有编辑能力的人来做编辑工作，要他审读和加工。这是友情出击，可以不付报酬。然而，他为你的书稿花了时间，下了工夫，你应该表示感谢。

那么，怎样审读？怎样加工呢？简单地说，你的书稿就是学生作文，他就是语文老师，你请他像批改学生作文一样来批改你的书稿。当然，这比语文教师批改学生作文要复杂得多。

先说审读。所谓审读，不是像平时读书看报翻杂志那样随意浏览，一目十行，想看就看，不想看就扔在一边。审读要持审慎的态度，慎重其事地对文稿进行审核，从内容到形式为你把关：若有涉嫌"八不准"之处帮你删掉或改正；若有不符合事实之处也要提出来由你改正；哪些地方欠缺，让你补充；文章的结构不合适，要你调整；书稿中引用了别人书稿里的文字，要帮你核对，以求准确无误。

审读人不是你的上级，也不是你的"敌人"，而是你的良师益友，提出意见来与你商量，供你参考。审读人既要能发现问题，又要能解决问题；解决不了的问题，也要提出解决的办法和解决的途径。这样的审读才起作用。若审读过了，什么问题都提不出来，什么问题也解决不了，只连声恭维你"写得好写得好"，要么是他的水平差，要么是他不负责任，怕得罪你。如果这样，你还得另外请人审读。出版单位里实行的是三审制，一部书稿要出版起码要经过三个层次的人来审读，是十分严肃认真的。所以，请人做编辑，你得找准人。

编辑加工，要做四个方面的工作。

一是消灭差错。

差错包括政治性差错、思想性差错、知识性差错、科学性差错，以及语言、文字、语法、修辞、逻辑和标点符号的差错。凡是差错都必须一一改正。大量的也是起码的得改正错别字，改正用错了的标点符号，把不通顺的句子改通顺。

二是润饰提高。

消灭差错是基本要求，润饰提高是进一步要求。消灭差错是雪中送炭，润饰提高是锦上添花。对你的文稿修饰润色，其实就是逐字逐句逐段逐节地为你精心修改，这需要投入大量的精力，也需要更高的水平。你请人做编辑，就不必要求太高，别指望别人能总体上提高你书稿的质量，上档次。那也得看你的文稿的基础如何，基础好才值得修饰提高，基础差了，能消灭差错就行了。

三是规范统一。

规范是按国家的有关规定统一用法。如汉字的简化字、繁体字、异体字的用法，标点符号的用法，数字的用法，计量单位的用法，科技名词的用法，这些用法都得按照国家的有关规定，不能由自己随便乱用。再就是你的书稿里，人名、地名、书名、事物名以及相关的材料和数据，都要全书一致，不能自相矛盾。2009 年 4 月 12 日光明网“文化日记”报道：《规范汉字表》即将出炉，这个字表是在 1988 年的《现代汉语常用字表》和《现代汉语通用字表》等过去已有规范的基础上整合修订而成的，计有 8000 余字，编制工作前后历时八年。目前已经完成了专家学术研究的工作，正在走行政审批程序，今年内可望面世。该字表一经公布，我国新生儿的取名用字必须从中选取，乱取名、取怪名的现象将得到遏制。《规范汉字表》是我们校对的重要依据。

四是其他事项。

这包括核对引文、查对资料、推敲标题（包括书名、章节名称）、撰写序跋、制订附录、编写目录、设计封面、设计版式等。

请人做编辑，你的一切差错，他得给你改正；你的一些疏漏，他得给你填补；你没考虑到的，他要帮你考虑周全；尚有什么缺陷，他要帮你完善；你有什么想法，他尽力帮你实现。总之，是你做一回“新娘子”，请他为你办一次“嫁妆”。

## 四

编辑工作做完了，就可以发稿了，发稿的标准是“齐、清、定”三个字。

齐，是指书稿齐全，包括文字稿和图片稿、正文稿和附录稿、封面、环衬、插页的设计稿一应齐全，无一遗漏，一张不少。除此而外，还得检查所有稿件中有无原来留下的、忘记填补材料的空白，若有当填未填、当补未补的，也叫不齐。这里用得上四个字：求全责备。

清，是指文稿和图稿所有的笔画、线条都是清清爽爽、清清楚楚，让人一目了然，没有模糊不清、模棱两可之处。

定，是指书稿从内容到形式都是确定无疑的，没有尚待解决的遗留问题，也不再做新的改动。

齐、清、定，又是录入、排版人员对文稿的要求。不齐、不清、不定，就会给录入、排版乃至给后来的校对者带来不应有的麻烦，而这些麻烦最终还得由编辑者和作者来解决。所以，要把工作事先做好，做扎实，做细致，做稳妥，也就是务必要做到齐、清、定。

## 五

你的书稿请人做了编辑工作、达到了齐、清、定的要求之后，就得再请人录入电脑、排版了。你若是用电脑写作的，就省了录入的工序，径直排版就是了。

为什么要自己排版呢？

一是省钱。我们的书稿最终要送到印刷厂去印刷，录入、排版的费用在印刷费用中占一定的比例，印数越多，分摊在每本上的录入、排版费用就越少，若印一百万册，录入、排版费用几乎忽略不计，印刷厂也高兴，因为是一笔大生意；而我们的书稿印数很少，只印一两百册、三五百册，印刷厂不那么乐意，分摊在每本上的录入、排版费用很高，我们自己也不划算。因此，用电脑写作并自己排版，就省去了录入、排版费用，等于我们自己挣了录入、排版的钱。前几年录入费一般是千字 1.5 元，32 开本的一页的排版费一般是 2.6 元（现在可能涨价了），若你的书稿有 10 万字，计算起来，录入费共 150 元，排版费将近 400 元，你自己录入排版，就等于挣了 550 元。

二是省时。录入、排版是需要时间，你这是小买卖，在印刷厂排不上号，会放在那里睡大觉，一拖再拖，需要你一催再催；而排版后打印出校样，你得去取回来校对，校一遍，改一遍，一校、二校、三校、清样，你从家里到印刷厂得来回跑几趟，延宕一两个月都不算稀奇。你自己排版就不用这么折腾了。

三是省事。你若是用电脑写作，自己排版是很便当的。看了下面讲的怎样排版，如法炮制，你会说，啊，这么简单，一学就会，真是省事。

你一定得破除“只有专业人士用专业排版软件才能排版”的迷信。像“方正书版”那样的专业排版软件，是排复杂的书稿和报刊用的，专业排版者通过学习也会使用。而我们的书稿是简单的书稿，非专业人士，用一般的系统软件，完全可以排版。

你可以从电脑书上可以学习排版方法，《电脑学校》软件也可以教你排版，但难免隔靴搔痒之感，我将自己学习排版的经验传授给你，通俗易懂，切实可行。

## 六

排版分六个步骤：

第一步：打开软件。

在电脑“桌面”上双击“W”符号的“word2000”（读作“鹅得两千”）。所谓双击，就是用食指在鼠标左键上连按两下，于是就打开了这个软件，屏幕上出现窗口界面。

你看见在界面左上方的横条是菜单栏，依次有“文件、编辑、视图、插入、格式、工具、表格、窗口、帮助”九个菜单按钮。

第二步：打开文件。

你单击菜单栏“文件”按钮，“文件”向下弹出一个菜单。你单击第二排的“打开”二字，于是在界面中间弹出一个长方形的“打开”的长方形对话框。这个框里装着许多文件，你单击你的那个文件名“某某书稿 1”，于是“某某书稿 1”几个字便出现在“打开”框下方“文件名”那个横条里。你单击这横条右边的“打开”二字，于是“某某书稿 1”的内容便布满在整个界面上了。你想知道这篇文稿有多少字，可单击菜单栏中间的“工具”二字，于是向下弹出一个菜单，单击第二项的“字数统计”，于是又弹出一个方框，把这篇文稿的准确字数就统计出来了，做到心中有数。

第三步：设置页面。

你单点击菜单栏左一的“文件”二字，“文件”向下弹出的菜单，你单击中间部位的“页面设置”，于是在界面中间弹出一个“页面设置”对话框。这个框内上边的横条，有“页边距、纸型、纸张来源、版式、文档网格”五个项目。

单击“页边距”二字，再单击中间的紧挨着“左侧”二字的小圆圈，小圆圈中会出现小圆点；再单击左下方紧挨着“拼页”二字的小方框，小方框内会出现一个像老师改作业时打的勾。

二、单击“纸型”二字，长方框里的内容便发生了变化，你单击紧挨“纸型”二字下面横条框旁的黑色的倒三角，于是横条中便依次出现各种型号的纸的名称，你选中“A4”，不要选 B5，B5 纸太小，不够用；再单击左下方紧挨“横向”二字旁边的小方框，小方框内出现一个勾。

三、点击“版式”二字，对话框内的内容又变了，你单击左边中间紧挨“奇偶页不同”五字的小方框，小方框内出现一个勾。

四、点击“文档网格”，单击左边第三个小圆圈（它紧挨着“指定行网格和字符网格”几字），小圆圈内出现一个小圆点；再单击，左边“每行”和“个字符”字样之间选中“26”，在“每页”和“行”之间选中“26”。这是因为32开本的书，一般每页26行，每行26字。

五、设置以上四项之后，点击下方的“确定”二字。

至此，页面设置算是完成了。注意，“页面设置”这个对话框中多次变化，还有许多内容与我们这次排版无关，你就不用管它了。

第四步，设置页眉和页脚。

这就是给每个页面“穿靴戴帽”，使印出来的书每页文字上下都留有空白，不至于满当当的不好看。上边的空白叫“天头”，下边的空白叫“地脚”。不仅如此，上边还可以加一条细细的横线，横线上还可以印几个字，因为我们在设置页面时选择了“奇偶页不同”的，那么，奇偶页有什么不同呢？这是在“页眉和页脚”作区别的。

你单击菜单栏左三的“视图”二字，下面弹出一个菜单，单击菜单中的“页眉和页脚”五字时，马上页面上就出现“奇数页页眉”五个字，同时，下面有一个虚线横式长方形，长方形中有一条横线，单击横线，光标就出现在横线正中间，你打上“某某书稿1”五个字，它会自动居中；你再用食指按着左键，使箭头在界面右边的滚动条上往下拖，一直拖到“偶数页页眉”处，打上章节名，如“参军之后”几个字。这样印出来的书，逢单页上方便有“某某某书稿”的字样，在“参军之后”这一章，逢双页的上方，就有“参军之后”的字样。

这时，“某某书稿1”这个文件的所有文字，都分页排版了，但文字是模糊的，不大清楚。这是正常现象，一会儿就可解决。

第五步，设置页码。

页码就是一本书中每页的顺序号，有了页码便于阅读、查找。怎样设置页码呢？单击菜单栏左四的“插入”二字，向下弹出一个菜单，单击第二项“页码”，在屏幕中间弹出一个“页码”对话框，框中第一个长条中选择“页面顶端（页眉）”和“外侧”两项，然后点击“确定”二字，于是页码就排在每个页面上了。

第六步，检查效果。

单击菜单栏左三的“视图”，再单击在下方弹出菜单的第三项“页面”。这时，“某某书稿 1”的文字便清晰可读了，而单双页的页码和篇章名却变成模糊的了，这也是正常现象。

至此，“某某书稿 1”这个文件的排版工作已经完成。你可以将光标点往界面右侧滚动条往下拖动，“某某书稿 1”的文字便一页页地在屏幕上滑过，你可以浏览一遍了。你把光标指着菜单栏下横条上的第三个图案，不一会就出现了“保存”二字，单击这个图案，便把你的排版结果保存起来了。

你的书稿起码有好几个文件，一般来说，一章就是一个文件，十八章就有十八文件，你只要学会将一个文件排成版，就一个一个文件往下排，排好一个文件“保存”一次，免得丢失，前功尽弃。

下面一道工序就是校对了。

## 七

要校对，必须有校样。把排版了的一个个文件地打印出来就是你的这本书稿的校样。

怎么打印呢？太简单了。只要单击屏幕上方第二个横条上的像打印机模样的图案，打印机就可以把你排版的文稿全部打印出来。其必备条件是你的电脑必须连着打印机。我发现好多玩电脑的人并无打印机，这实在太遗憾了。若无打印机，你去买一台打印机也是应该的。打印机并不贵，只要几百元钱，你用电脑写作、排版节省的钱，已足够买一台打印机了，何况今后还要用的哩。

你的书稿全部打印出来后，就可以校对了。

先要弄清楚校对是什么？怎么样校对？

校对是出版行业的又一术语。校对是编辑工作的继续，可以说是编辑工作的一部分，是不可或缺、不可疏忽、不可怠慢的一环。

编校是连在一起的，出版业常称编校工作、编校质量。校对要对编辑者、对书稿者进一步把关。书稿作者、编辑者、校对者都要参与校对工作，但侧重点不同，出版单位的专业校对是对照原稿侧重发现并改正录入、排版所出现的差错，即所谓“校异同”，倘若发现了原稿中存在的、由编辑者乃至书稿作者的差错，是无权擅自修改的，要征得编辑者乃至书稿作者的确认才能改正，这叫“校是非”。编辑者和书稿作者参与校对，无须对照原稿，只是读校样，侧重发现并改正原稿的疏漏或差错。校对者、编辑者、书稿作者在校对中具有互补性，三者的目的是一致的，都是消灭校样上的差错，以求万无一失。国家对出版物编校质量的要求是差错率在万分之一以下，一本十万字的书出版后，若经检查，发现了十一个差错，就是不合格产品。现在新华书店里卖的书，其差错率超过了万分之一，就是不合格产品，严格地说，是不允许上市出售的。但读者往往忽略了这个问题，并不计较它，买回去凑合着读呗！

我们把自己的书稿印成书，虽不是上市出售的正式出版物，但要从高从严地要求自己，争取消灭一切差错。这是很难很难的。你下了很大的工夫校对，书印出来了，仍然会被发现差错。日本著名作家、诺贝尔文学奖的获得者川端康成生前出自己的文集，他自己校对了十九遍，照说是万无一失吧，可出版后，仍被人发现差错。英国牛津大学出版社，将一本书已校对完毕的清样张贴在布告栏里，悬赏查错，谁发现一处差错，奖他 80 英镑，真可谓“一字千金”，结果才张贴出来，就有人在书的《前言》中发现了差错。在校对上，谁也不敢打包票：经我校对的书稿，绝对没有错。《毛泽东选集》在印制前，将校样分送给几百位专家校对，从各个学科的角度进行检查，才实现文字的零差错。这几个例子提醒我们注意，校对要过细，不能粗枝大叶，粗枝大叶往往搞错。

校对工作一般要经“三校一读”才算完成。

“三校”就是对照原稿校三遍，即一校、二校、三校。一校后，改正，打样；再校，再改正，再打样；三校，又改正，又打样。“一读”，就是通读经过三校的校样，发现的差错连同三校中发现的差错，一起改正，再打印出来，才称清样。印刷厂见清样上有书稿责任人的签字才能付印。

我们的书稿的“三校一读”怎么安排呢？

不能照搬出版单位的制度，我们没有条件那样做，从实际出发，只能因陋就简，采取快捷方式。

书稿是你写的，打印出校样后，你自己先看一遍，这叫先睹为快。书稿文稿已变成印刷体的字了，整整齐齐、清清爽爽的，看起来赏心悦目，你尽可自我欣赏了。一发现差错，你自然会马上改正。这算一校。像不照镜子，就难以发现自己脸上的污点一样，说实话，你并不能发现多少差错。因为明明是差错，你却不以为错。自以为是，是校对的大敌。

二校、三校不能由你做了，必须换人。你就请你的家人校一遍，算二校；再请你的友人校一遍，算三校。经过了三校，将一、二、三校所发现并在校样上的三次改正处，在电脑上一一改正，然后再打印出来。

这时你再请为你做编辑工作的人看一遍，就算“一读”了。“一读”之后，你再在电脑上对着这次的校样改正。出版术语叫“对红”，再打印出来，就算清样了。

## 八

校对，古称校雠。校，是考核查对的意思；雠，是雠敌、仇敌，要嫉恶如仇。校雠，就是把书中的谬误、差错当成怨家仇敌看待，像追捕逃犯、捕获猎物一样逮住它，消灭它。你看，校对是多么严肃认真、大义凛然的事情啊！

孔子既是编辑的老祖宗，也是校对的老祖宗。我国古代是编校合一的。孔夫子给校对规定了四字条律，即“精”、“细”、“详”、“慎”。精，是精益求精；细，是细致入微；详，是安详周到；慎，是慎之又慎。列宁把校对看作是“最重要的出版条件”，他说：“保证校对得很好。做不到这一点，根本用不着出版。”毛泽东十分重视校对工作，1938 年 6 月 27 日，《论持久战》印行之前，他亲自作了校对，并给出版科的同志写信说：“都校了，第三部分请再送来看一次。”“第一第二部分请你们过细作最后校对，勿使有错。”1941 年出版《改造我们的学习》，他在原稿上批示：“请嘱同志们好好排，好好校对，同时好好拼版，保证一字不错。”

校对虽说也是读，但与我们平时阅读不同。读书看报是一晃而过，只要明白大意就行了，我们的目光作线型移动；而校对时我们的目光凝聚为视点，是一个字一点地向前移动。阅读时是“得意忘形”，错别字、语句的不通顺都没去管它；而校对通常是在一个句子内考虑问题，鉴别它的字、词是否正确，语句是否通顺，由字到词止于句，一个句子校对完就放过去了，又专注于下一个句子，这样一篇文章校对下来，往往记不得它说的内容了。因而，也可以说校对是“得形忘意”。

校对的关键是发现错误。只有发现了错误，才能改正错误。重在发现。而发现需要一双慧眼，只有慧眼才能明察。也就是发现录入排版者、编辑者直至书稿作者自以为是、不以为非的错误。发现错误的起点是心生疑窦。这里用得上马克思的一个观点“大胆怀疑”。用胡适先生的话说，就是“大胆假设，小心求证。”先假设它是错的，至于是否真是错的，还得有根据。

那么，我们校对中改正错误的根据是什么呢?

改正文字错误的根据，是权威工具书。我们校对时，最好案头要放一本商务印书馆的 2005 年版《现代汉语词典》，或是商务印书馆 1998 年修订版《新华字典》，以备随时查阅。有时还要查《成语大词典》，或《辞海》2009 年的修订版的缩印本。

改正引用错误的根据，是引文所在的原著。与原著中的被引用的段落或语句核对后，加以改正。引用宪法、法律、党和国家的文件，一定得与原文对照，核实，切勿出错。

凡是有国家标准的，改正错误，都依中华人民共和国国家标准为依据，如《标点符号用法》、《出版物上数字用法的规定》等，《标点符号用法》已作为词典和字典的附录，现将《出版物上数字用法的规定》中，我们在书稿中用得上的条款摘录如下：

4.1.2　定型的词、词组、成语、惯用语、缩略语或具有修辞色彩的词语中作为语素的数字，必须使用汉字。

示例：一律　一方面　十滴水　二倍体　三叶虫　星期五　四氧化三铁　一〇五九（农药内吸磷）八国联军　二〇九师　二万五千里长征　四书五经　五四运动　九三学社　十月七日同盟　路易十六　十月革命　“八五”计划　五省一市　五局三胜制　二八年华　二十挂零　零点方案　零岁教育　白发三千丈　七上八下　不管三七二十一　相差十万八千里　第一书记　第二轻工业局　一机部三所　第三季度　第四方面军　十三届四中全会

5.1.1　公历世纪、年代、年、月、日

示例：公元前8世纪　20世纪80年代　公元前440年　公元7年　1994年10月1日　年份一般不用简写。如1990年不应简作‘九〇年’或‘90年’。

5.2.1　中国干支纪年和夏历月日

示例：丙寅年十月十五日　腊月二十三日　正月初五　八月十五中秋节

5.2.2 中国清代和清代以前的历史纪年、各民族非公历纪年，这类纪年不应与公历月日混用，并应采用阿拉伯数字括注公历

示例：秦文公四十四年（公元前 722 年） 太平天国庚辛十年九月二十四日（清咸丰十年九月二十日，公元 1860 年 11 月 2 日）藏历阳木龙年八月二十六日（1964 年 10 月 1 日）日本应庆三年（1867 年）

5.2.3 含有月日简称表示事件、节日和其他意义的词组

如果涉及一月、十一月、十二月，应用间隔号“·”将表示月和日的数字隔开，并外加引号，避免歧义。涉及其他月份时，不用间隔号，是否使用引号，视事件的知名度而定。

示例 1：‘一·二八事变’（1 月 28 日）‘一二 ·九运动’（12 月 9 日） ‘一· 一七批示’（1 月 17 日） ‘一一·一〇案件’（11 月 10 日）

示例 2：五四运动 五卅运动 七七事变 五一国际劳动节 “五二〇”声明 “九一三”事件

7 非物理量

7.1 一般情况下应使用阿拉伯数字

示例：21.35 元 45.6 万元 270 美元 290 亿英镑 48 岁 11 个月 1 480 人 4.6 万册 600 幅 550 名

整数一至十，如果不是出现在具有统计意义的一组数字中，可以用汉字，但要照顾到上下文，求得局部体例上的一致。

示例 1：一个人 三本书 四种产品 六条意见 读了十遍 五个百分点

示例2：截至1984年9月，我国高等学校有新闻系6个，新闻专业7个，新闻班1个，新闻教育专职教员274人，在校学生1 561人。

9 概数和约数

9.1 相邻的两个数字并列连用表示概数，必须使用汉字，连用的两个数字之间不得用顿号“、”隔开。

示例：二三米 一两个小时 三五天 三四个月 十三四吨 一二十个 四十五六岁 七八十种 二三百架次 一千七八百元 五六万套

带有‘几’字的数字表示约数，必须使用汉字。

示例：几千年 十几天 一百几十次 几十万分之一

用‘多’‘余’‘左右’‘上下’‘约’等表示约数一般用汉字。如果文中出现一组具有统计意义和比较意义的数字，其中既有精确数字，也有用“多”“余”等表示的约数时，为保持局部体例上的一致，其约数也可以使用阿拉伯数字。

示例1：这个协会举行全国性评奖十余次，获奖作品有一千多件。协会吸收了约三千名会员，其中三分之二是有成就的中青年。另外，在三十个省、自治区、直辖市还设有分会。

在请人校对时，将以上内容提请校对者看看，以期一起遵守，共同把关。

你千万不能一人包办校对工作，要知道人的眼光也有“习惯势力”，常犯“先入为主”、“司空见惯”的错误，你一个人校三遍，肯定不如三个人各校一遍，校对界有一个特殊公式“1×3 < 3×1”。

## 九

《一百本书从写作到出版》的孤本书脊

你的书稿现在还是文稿，尽管不是手写稿，是经过排版的电脑打印稿，但仍叫文稿。将文稿自己装订起来，包上封面，贴上“书名、著作者及著作方式”的标签，就是一本书了。2002 年秋我编了一本书《一百本书从写作到出版》，就是将打印稿送到湖北省社会科学院的小印刷厂，请师傅装订成上下两册精装本的。我写了一篇序《此为孤本》装订在上册卷首。

北京艺术与科学电子出版社 2004 年 5 月根据这部书稿的电子文本出版了《脱颖而出（65 种书从写作到出版）》光盘版（CD-ROM），另印纸本书 2000 册，其内容仅为我的孤本的五分之三强。

你还可以将书稿的电子文本从电脑主机发送到 U 盘，拿着 U 盘到“印客”去（印客也称 in 客，教育部 2007 年 8 月公布的 171 个汉语新词之一。是中国互联网的继“博客”后于 2006 年出现又一新词汇。它以互联网为沟通、联系渠道，把网民所写的、画的、摘录的任何文字和图片变成具有永久保存价值的个性化印刷品，从事这种经营的小商店，称作“印客”），请他们打印装订出一两本三五本书来，花了钱，却省事，并且书做得像正式出版物一样漂亮。

《脱颖而出——65种书从写作到出版》封面

# 十

把文稿送到印刷厂之前，必须办一个手续，就是到所在地的新闻出版局去办一个内部资料准印证。没有这个准印证，印刷厂是不敢贸然接受的。印刷厂在我国属特殊行业，它不仅要像其他工厂、公司一样受工商行政管理局的管理，向税务局缴税，还要接受公安局和新闻出版局的监督和检查，印制有内容的物件都要有准印证，而准印证是由新闻出版局审理审查文稿后才开的。即使党委宣传部门印制供干部政治学习的文字材料，也叫内部资料，也要开这种准印证。

这又涉及我国的出版体制问题。我国对出版单位、出版物实行的是审批制，而不是像外国那样实行登记制。这是具有中国特色的社会主义政治制度所决定的。我国的出版机构除人民出版社、民族出版社、盲文出版社和藏学出版社以外都将是国有国营企业；所有的国有国营出版机构都有上级主管单位，不存在无主管单位的出版机构，更没有私有民营的出版机构。全国近六百家国有国营的出版社，每出版一种书都得申领一个书号，领了书号来才能出版。

2005 年 8 月 8 日中共中央党校主办的《学习时报》发表党史专家龚育之撰写的谈党史研究的文章中指出："现代排版印刷的条件比过去方便多了，社会的财富状况也比过去优越多了，所以古代有钱人自费刻书的传统，今天普通人也可以做到。有些书，出版社不出，人们就自费印出，分送友人。朱正主编的《1957：新湖南报人》，就是这样一本书，记载了那一年报社划'右派'人数占总人数比例最大（143 人中 54 人打成'右派'）的历史事件。54 人中的刘皓宇，写了一本《人·鬼·人》，也是自费印出的。"

龚育之认为："能自费印刷非卖的书籍，是一大开放。但如果能由有眼光、有气魄的出版社，把那些质量高的、有社会历史意义的书籍，公开出版发售，那就更好了。有一本《虽九死其犹未悔》在群言出版社出版时，原定是严格限制的"内部发行"，差不多等于是自费印刷分送，到《百年人生》丛书中就公开出版了，这就是开放，这就是进步。"

我们的书稿，也要报请当地的新闻出版局批一个内部资料准印证。开这个准印证，也得把你的文稿翻阅一番，他认为没问题，你还得交一定费用他才给开，一般收 20 元钱的手续费，不算贵。

县（区）级的新闻出版局一般不单独建制，通常与县（区）文化局合署办公，所谓“一个单位，两块牌子”，你找到县（区）文化局，一定会有分管新闻出版的同志给你办。地（市）、省都有单独建制的新闻出版局，你可直接去找他们办内部资料准印证。

## 十一

有了这个准印证，你带着文稿和图稿以及从电脑中拷入这文稿的U盘或别的可移动磁盘，去找印刷厂。你不要找大印刷厂，大印刷厂一般不愿接这种小生意。你在附近找一家小印刷厂，也得与他们商量，尽管你掏钱，还得说“请帮个忙”。因为对于小印刷厂来说，你只印三五百册，仍然是一笔小生意。好在你自己录入排版了，不然他们仍然懒得做。你把文稿、图稿和软盘交给业务员，还得与他商定以下事项：

一、开本，内文用纸和油墨。

我们的书稿一般只用两种开本，32开或大32开。32开是787×1092毫米纸张的1／32；而大32开是850×1168毫米纸张的1／32。你最好印大32开本。

内文（包括目录、正文和附录）也有两种纸可供选择，一是60克的凸版纸，一种是80克的胶版纸。建议你选用80克的胶版纸，稍贵一点点儿，但纸好些。

内文一般用黑色的油墨印刷，如果你想与众不同，用蓝色油墨或绿色油墨印刷，也是可以的。勿需彩印，单色印刷就可以了。

二、封皮用纸，用字，彩印还是单色印刷。

封皮有两种情况可供选择：一是用 150 克的铜版纸，彩印。铜版纸纸面光滑，较白，吸墨，伸缩性小，抗水性能较强，你可选一张较好的头像照片放在封面上，前后最好有勒口（即封皮裁口处多留的 5 厘米或者 10 厘米供向内折叠的部分）；二是用 180 克的压纹纸，单色印刷。压纹纸有绿、米黄、蓝、灰、粉红几种颜色的，建议你选用绿色或米黄色的做封面。压纹纸性脆，就不要勒口了，它经折叠易断裂。压纹纸做封面，就不要能把照片放在封皮上，可用简单的图案，比如把你写在稿纸的字迹扫描在封面上，庄重而典雅。

封皮上的字，包括封面上的字、书脊上的字和封底上的字，你得用一张 16 开的白纸按封皮模样把字写在上面。

封面上必须有书名，如“某某某回忆录”；作者名，如“某某某著”；（插页的第一面权作内封，要重复书名和作者名）。

书脊上要有书名和书稿者名，印制者名可省去。

得在右下角印上内部资料准印证的号码，不能印定价，但可印上“工本费每册多少元”的字样。

封面、内封、书脊、封底上的字体、字号、字距，所处位置，都可委托排版者全权安排。他们做过书，是能安排恰当的，还会打样儿让你校对，若不满意，你在校样上还可改动。

三、插页用纸，彩印还是单色印刷。

插页一般 4 面或 8 面。你得同印刷厂业务员当场敲定照片怎么安排、照片的说明文字怎么安排，说明文字你得写在照片的背面，以免排版时弄错。

这一切敲定后，就是谈价格了。印制费用，包括排版费（尽管你在家里的电脑里排过版，从软盘拷入印刷厂的电脑后他还得重排，对你原来的排版还可能有所改动，封皮、插页还要扫描照片、排版)、制版费（制成胶片，才能上机印刷）、纸张费、印刷费、装订费和附加管理费，框算起来，10 万字的书稿印制两百册，约需 2000 元，平均每册 10 元左右。如果你印一万册，可能只要 4 万元，平均每册 4 元钱。但你没有必要印那么多，又不能拿到市场上出售。即使是公开出版，出版社也不会印那么多，他卖不出去呀！

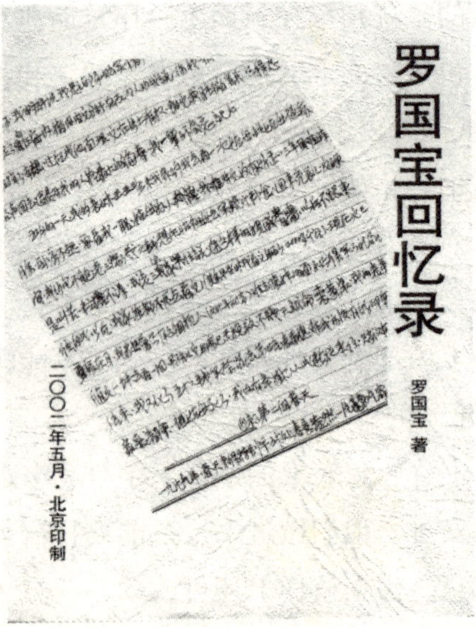


笔者印制的是父亲所写的回忆录

如果印刷厂做得快，不几天就会通知你去取校样校对，虽说你已经事先搞过“三校一读”，为了消灭差错，不妨再来个“三校一读”，除你再看一遍外，最好再找两个没有看过你文稿的人各看一遍。这样更保险一些。

校对完毕后，印刷厂会让你在清样上签字。你签字后，他就要开印了，不几天就通知你带钱去提货。

经过一两周的印刷装订，你的书稿终变成书了。翻开属于你自己的书，一股油墨的香气扑鼻而来，你摩挲着书页，一股暖流涌遍全身，你的眼睛有些湿润了，你的心真是醉了！

## 十二

你想将你已发表的短篇作品编个集子出版，可能还不知出版行情。现在作家们在报刊上发表的短篇作品，想结集出版也是十分困难的。我建议他像你印制书稿一样，到新闻出版局去开个内部资料准印证自费印制个人专集，分送亲友。我们单位门前路那边是一家很大的报社，报社有几百名离退休人员，其中有不少是离退休的高级记者，他们写了一辈子通讯报道，但从未写过自己。他们离开工作岗位后，将自己一辈子写作发表的通讯报道和别的文章，选编成一个集子，不能公开出版，也是作为内部资料印制的。印得很漂亮，一点儿也不比书店里出售的书差，只是没有书号，不能出售。

他们想得开，有人在台上，借助权力或金钱，将自己七拼八凑的东西公开出版，那是为了评职称、为了升官晋级而弄的“资本”，除了作为申报材料外也只有送人，并不能进入市场，没有人肯掏钱买回去阅读，更不能流传下去；而自费印制的内部资料，如果真是好东西，真是精品，也能传世，说不定几十年、几百年后，还有人挖掘出来，公开出版。沈从文的《边城》，钱钟书的《围城》，都是解放前出版的，解放后二三十年内，人们难以看到，甚至连他们的成就、他们的名字都不知道，改革开放以来，他们的旧著被发掘出来，大量出版，受到读者欢迎。

人类的出版活动，是大浪淘沙，历史的长河总在不断地淘汰相形见绌者，淘汰假冒伪劣的出版物，也淘汰一般的平庸的书稿，而“自动”地保存精品、经典，即所谓传世之作。出版物既要经受实践的检验，也要经受时间的考验，这是不以书稿作者和出版者的意志为转移的，也不是一时间被吹捧或被贬斥就成定局的。历史是铁面无私的，是严肃认真的，它不和我们开玩笑，弄儿戏。孔夫子离我们已两千多年了，一时被捧到天上，一时被捺入地下。捧也好，捺也罢。他编订的书稿确有文化价值和思想价值，所以流传至今，还将流传下去。我们的书稿虽谈不上是精品、经典，但只要它是真实可信的，有阅读价值的，就能够流传下去。

# 编后记

## 书之痛

社会已发展到为纸本书唱挽歌的时代，不知爱书之人有何感想。对一个后半生选择与书为伴并以此为终生职业的人来说，何其痛苦。

罗维扬先生又特指定本人为《纸本书挽歌》作后记，愈是伤口撒盐，痛之又痛。既言应下了这事，只好撑着作了。

书是有灵魂的，人与书的关系是息息相关的，有人说书是朋友，有人说书是恋人，我说书是我的所有，此生与书为伴足矣。对人来说，书具有多种功用，可以满足人的多种需要，实用性不言自明。我国著名藏书家唐弢晚年作诗咏叹：“平生不羡黄金屋，灯下窗前常自足。购得清河一卷书，古人与我话衷曲。”他老人家与书是挚友间对话的关系，神交之中几分超然。人与书的关系，既折射了社会与时代的关系，也折射了个人的性情，有时堪称个人的心灵史。

一切都是缘分吧，也许本人和这本书的缘分是天注定的。那天下午，放下手头的杂事，去给好友也是作者的晓航兄送样书《风吹来，满天都是白色的伞》，晓航兄用稿费一次购了 300 本，一是支持我工作，二是我们有共同经历使他买了 300 本送人，这 300 本书和 300 人发生了关系，有了缘分。刚落座，罗兄也匆匆赶来，告知晓航说书稿上午终于写完，本人马上问什么书稿，罗告知即是《纸本书挽歌》，我立马站起来说，给我，我要。又犯了职业病。当告知“中国书籍出版社”已先我一步订下这本稿子时，我的性子使了起来，我一定要这部书稿，只要还没签合同！经过再三要求，终于如愿。

当我一听到书名时，脑子里第一时间闪现出我写了10万多字小说的结尾：小说主人公“书虫”举着火把一步步走向广场堆起高海拔的书山，书虫和书燃起大火整整烧了一个世纪。当我的虚构即将成为现实的时候，当社会和时代发展到纸本书是有钱人的摆设，没钱人的奢侈品时。真不知是好事还是坏事。

当然，罗维扬所著《纸本书挽歌》唱的是挽歌，写的是颂歌。从有书那时起就编书立道的孔子，到现代出书第一人的张元济，从活字印刷的毕昇，到大开汉字出版方便之门的王选。从纸本书到电子书，从小众读物到大众摆设。

是社会发展进步的必然，还是书的一场自然的变革。总之，高科技的发展，使当今出版传播有了两种方式，数字出版和印刷出版；使阅读也相应有了两种选择，即屏阅读和纸阅读。

纸本书也好，电子书也罢，有本书读就好，有好书读更好，爱书自是最好。人好，书更好，因书比人长寿。我想罗维扬先生就是一个爱书之人，爱书之人成痴之时，书就成了一种依依不舍的牵挂。

人与书相处，最难过的是分离。人间没有不散的筵席，书与人的筵席亦如此。人与书的相遇相知，相随，最终亦难超越归于寂灭的命数。拥有是一种快乐，但是拥有不能成为永久时，我们何不换一种释然的心态呢？只要拥有过。罗兄你我只要拥有过此书，足矣。

**张福臣**

2012. 6. 19 于珞珈山